京师 生物学教育丛书

扫码查看资源

生物学实验教学论

丛书主编◎刘恩山　崔　鸿
主　　编◎杨红丽　李秋石
副 主 编◎孟凡龙　张海珠　张嘉伦

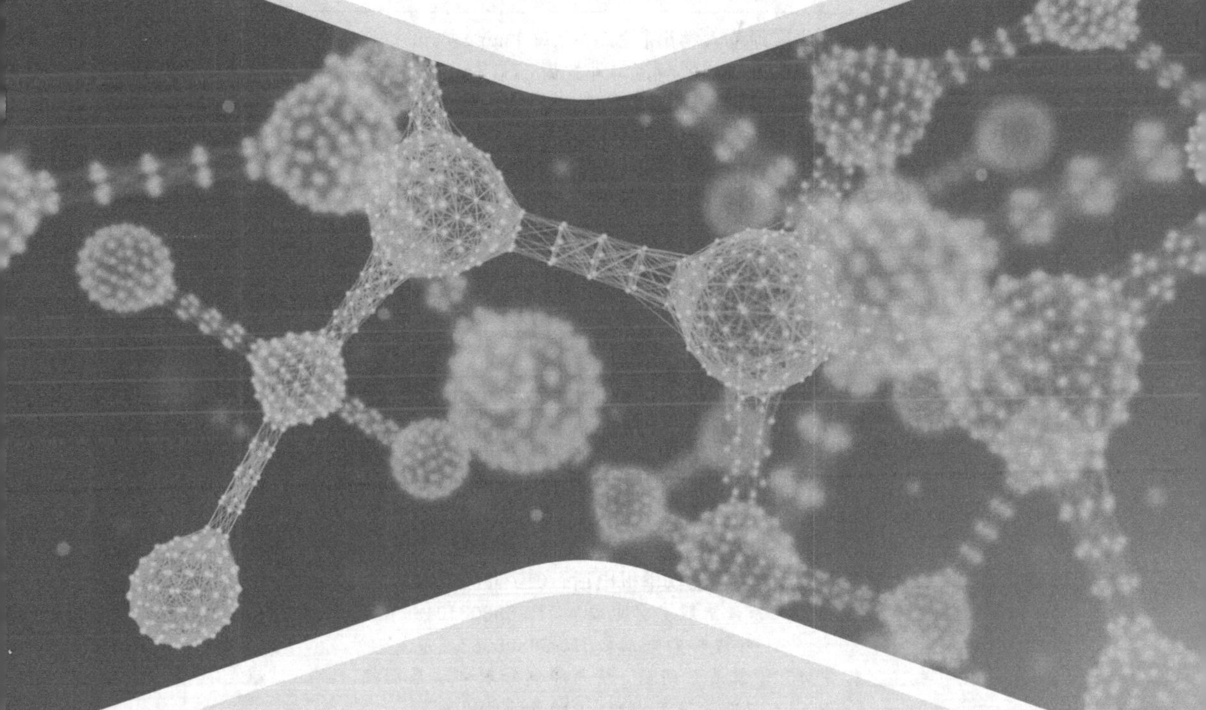

北京师范大学出版集团
BEIJING NORMAL UNIVERSITY PUBLISHING GROUP
北京师范大学出版社

图书在版编目(CIP)数据

生物学实验教学论/杨红丽，李秋石主编. —北京：北京师范大学出版社，2023.10

(生物学教育丛书/刘恩山，崔鸿主编)

ISBN 978-7-303-28322-4

Ⅰ.①生… Ⅱ.①杨… ②李… Ⅲ.①生物课－教学研究－中学 Ⅳ.①G633.912

中国版本图书馆 CIP 数据核字(2022)第 217013 号

图书意见反馈：gaozhifk@bnupg.com 010-58805079
营销中心电话：010-58802181 58805532

出版发行：北京师范大学出版社 www.bnupg.com
北京市西城区新街口外大街 12-3 号
邮政编码：100088
印　　刷：北京虎彩文化传播有限公司
经　　销：全国新华书店
开　　本：787 mm×1092 mm 1/16
印　　张：15.5
字　　数：280 千字
版　　次：2023 年 10 月第 1 版
印　　次：2023 年 10 月第 1 次印刷
定　　价：39.80 元

策划编辑：刘风娟　　责任编辑：刘风娟
美术编辑：陈　涛　李向昕　　装帧设计：陈　涛　李向昕
责任校对：陈　民　　责任印制：马　洁　赵　龙

总 序

为落实“立德树人”根本任务，核心素养成为我国基础教育课程改革深化的主要环节，我国基础教育也迈入了“核心素养时代”。在生物学教育界，生物学学科核心素养也是当前的讨论焦点。一直以来，人们把学科教学理解为知识教育，导致了学科育人功能的结构性沉默。生物学学科核心素养是生物学学科育人价值的集中体现，是学生通过学科学习而逐步形成的正确价值观、必备品格和关键能力。然而，在这个核心素养体系中，“知识”被摆放在了哪里？许多学者和教师曾一度疑惑，无论在曾经的“双基”中还是在“三维目标”中，“知识”都是制订学习目标的基本维度，而在当前的“核心素养”中却隐匿不显。是“知识”不再重要了吗？那么生物学教学教什么？学生学什么？考试考什么？

近几年来，以“指向生物学学科核心素养的课程与教学”为主题的教师培训活动屡见不鲜，相关的学术成果也时常见诸各级各类刊物。广大一线教师逐渐接受并开始实施以核心素养为导向的教与学。大家逐渐意识到，“知识”在核心素养体系中仍然占据至关重要的地位，知识、能力、品格、价值观在核心素养体系中得以关联、融合。核心素养时代的生物学教学，不仅仅关注知识教学本身，更关注“知识之后是什么”，教学不是单纯的知识授受，而是通过知识的学习来发展学生的核心素养。

可是，知道或理解学科核心素养是什么，仍不代表教师就能在教学中真正实施基于学科核心素养的教学。许多教师似乎有这样一种认识：只要知识教学还是重要的、必要的，那么传统的教学似乎不会发生什么实质性的变化。于是，我们在广泛的教研活动中发现，教师在备课、上课的过程中，还常常抱残守缺，执着于过去“三维目标”的教学。或者“旧瓶装新酒”，在教学设计、教学过程中，在形式上披上几件核心素养的“外衣”，似乎也可以“瞒天过海”。我们还看到：生命观念的教学多停留在概念讲解的层面；科学思维与科学探究犹如隔靴搔痒，不够深入；社会责任的培育浮于表面，流于形式……此时，我们意识到，必须要立足于对生物学学科核心素养的时代审视，以及国际科学教育的前沿动向，为广大一线教师提供系统而适切的教学指导参考，以理论更新观念，以案例引领实践，推动生物学学科核心素养在教学中落地。

于是，我们便萌生了编写本套丛书的念头。

2018年9月，我们召集了本套丛书的编写团队，在风景秀丽的长阳清江河畔，在这座“天然古生物博物馆”中，以“核心素养时代的生物学教学”为主题进行了一次大讨论。围绕着落实生物学学科核心素养，大家再一次交流并梳理了教师教什么、怎么教、怎么发展，以及学生怎么学习、怎么评价等基本问题。与会者一致认为，在贯彻落实以核心素养为宗旨的生物学课程理念下，重新认识和审视这些课程与教学的基本问题是必要的、迫切的。在讨论中，我们凝练形成了8个有待深入研究的课题，并分别组建小组，围绕8个课题进行了思考、写作和整理。这8个课题即为本套丛书的8个分册：《生物学课程论》《生物学教学设计》《生物学教育评价与测量》《生物学课程资源与案例(精选)》《课外科学教育的理论与实践》《生物学实验教学论》《生物学教育科学研究方法》《生物学教师专业发展概论》。

丛书各分册彼此联系，形成了一个内容整体，关注了生物学教学的各个方面：既回应了课程教学中，教师教什么、怎么教、如何发展、如何开展研究活动，以及学生怎么学、怎么评价等基本问题；还关注到生物学作为一门实验科学，实验课程如何开设的问题；更把视野从课堂移到课外，从生物学教育领域聚焦到科学教育领域，探讨了课外科学教育环节的理论与实践。

在编写伊始，我们还做出了两条原则性的规定：第一，在每册书稿编写中必须充分阅读国际文献，确保内容的权威性和代表性；第二，每册书稿必须以丰富的、经过实践检验的教学案例为引领，确保内容的实用性、适切性，保证该书能为教师开展教学带来具体参考。

历时两年多的磨砺，本套丛书得以问世。值得一提的是，一批年轻、刻苦的生物学教育研究者成为本套丛书编写的主力军，这不仅是一种传承，也在昭示着生物学教学研究新时代的到来。对此，我们十分欣慰。书中颇多内容，有的是在博士学位论文基础上修改完成的，有的是课题研究的成果，整体达到了较高水平。然而丛书内容牵涉广泛，难免挂一漏万，我们恳请广大读者批评指正，并将组织各册作者继续深化完善有关内容，为新时代生物学教育做出更大的贡献。

本套丛书得到了广大教育工作者的关心和帮助，此处不再具名，一并致谢！此外，还要感谢北京师范大学出版社给予的大力支持，谨在此表示衷心感谢！

刘恩山　崔　鸿

2021 年 3 月

前 言

科学教育是提升国家科技竞争力、培养创新人才、提高全民科学素质的重要基础，党的二十大把教育、科技、人才进行“三位一体”统筹安排。2023 年 5 月，教育部等十八部门联合印发了《关于加强新时代中小学科学教育工作的意见》，要求“深化学校教学改革，提升科学教育质量。各地要加强教学管理，按照课程方案开齐开足开好科学类课程”“创造条件丰富内容，拓展科学实践活动。各地要按照课程标准，开展实验和探究实践活动”。伴随着科学教育的不断深入发展，课程与教学研究的新成果不断涌现，落实和提高实验教学的质量已经成为当前我国科学教育最为重要的任务。作为一门科学课程、一门以实验为基础的学科，生物学课程实验教学的重要性更是毋庸置疑，也是落实发展学生核心素养最为重要的途径。对于高等师范类院校而言，发展职前教师的实验教学能力自然更是迫在眉睫。因此，编写一部反映当前国际科学教育中关于实验教学的新理论、新方法，又结合当前我国生物学实验教学的实际情况和具体问题展开讨论的教材，并运用于生物学教师教育课程中，是一件极具意义的事情。

在北京师范大学和华中师范大学牵头下，包括西南大学、河北师范大学、山西师范大学、泰州学院在内的几所师范类院校生物学课程与教学论的教师共同组建了编写团队，完成了这部《生物学实验教学论》教材的编写工作。参与编写的教师大多长期从事生物学课程与教学论的教学和研究工作，具有丰富的教学、研究与实践经验。他们研读了大量的中外文文献，吸取了科学教育最新的理论和研究成果，将理论辨析与我国实际情况相结合，因此本教材绝不是简单的内容堆砌，而是融入了编写团队对生物学实验教学的深度思考和理解。相信这种基于理解和实践的写作，会提高教材的可读性，更容易引起读者的共鸣，帮助读者更好地理解与生物学实验教学相关的理论，指导读者更好地习得与生物学实验教学相关的能力。

这部教材将理论辨析与实践经验相结合，注重促进学习者对内容的理解和应用。全书共包括绪论和五个章节，主要涵盖了生物学实验教学目标、生物学实验教学设计、生物学实验教学实施、生物学实验教学评价、生物学实验室建设与运行方面的内容。理论辨析方面，突出国内外科学教育特别是实验教学的成果以及我国生物学实验教学的发展变化与趋势，立足于生物学科的性质与特点，以学科逻辑与心理逻辑统一为原则对生物学实验进行分类，关注生物学实验教学的目标导向。实践经验方面，通过“问题聚焦”“案例研讨”“核心概念”“学以致用”等栏目立足于现实问题和情境，从身边出发，引发读者的深度思考和共鸣，用理论指导实践，聚焦落实发展学生核心素养。如对于从“科学探究”到“科学实践”的论述，不仅基于文献从理论上对概念进行了辨析，而且结合我国基础教育课程改革的实际情况和具体案例，分析了存在的问题及解决策略。这种编写方式与本书中论述的实验、科学探究的本质具有高度的一致性，这本身也体现了学科逻辑与心理逻辑的统一，真正做到了知行合一，不仅可以促进读者的理解，还可以启发读者的思维，指导读者的实践。扎根中国、融通中外，立足时代、面向未来，本教材的编写一定能引发广大职前、职后教师深入理解“扎根中国大地办教育”的思想，凸显了课程育人的理念，很好地体现了党的二十大报告中“全面贯彻党的教育方针，落实立德树人根本任务，培养德智体美劳全面发展的社会主义建设者和接班人”的重要精神和要求。因此，本教材不仅非常适合作为高等师范类院校生物科学专业师范生、学科教学(生物)专业教育硕士教师教育类课程的教材和学习参考用书，也可以作为在职中学生物学教师的教学参考资料，对于生物学非师范专业，但有志于成为未来中学生物学教师的各类学生也有很大的学习价值。

本教材在编写过程中得到了业内其他同行的帮助，也得到了专家学者的认可，非常感谢各位同行、专家学者的大力支持和帮助！无论中学生物学课程改革如何发展变化，实验教学永远都是生物学教学中最为重要的内容，也是生物学课程实现育人价值最为重要的途径。我们由衷地希望本教材能够得到广大科学教育领域理论研究者和实践者的关注、支持和指教。同时，我们也深刻地意识到，由于编写者自身的水平和认知的局限，疏漏之处在所难免，希望广大读者能够在阅读和学习的过程中给予积极的反馈，提供有价值的意见和建议，以帮助我们不断提高和改进。探索从未停步，超越永无止境，感谢广大读者的一路同行，我们定会继续努力！

编者

2023 年 8 月

目 录

绪 论

2023年5月17日，教育部等十八部门联合印发的《关于加强新时代中小学科学教育工作的意见》指出，以习近平新时代中国特色社会主义思想为指导，全面贯彻落实党的二十大精神，按照中央"双减"工作部署，聚焦立德树人根本任务，完善课程体系，修订科学教材，改进教学方法，加强师资队伍建设，用好实践场所，推出优质资源，做强品牌活动，推进学科建设，开展科学研究，调动社会力量，推动中小学科学教育学校主阵地与社会大课堂有机衔接，提高学生科学素质，培育具备科学家潜质、愿意献身科学研究事业的青少年群体，培养社会主义建设者和接班人，为加快建设教育强国、科技强国、人才强国，全面建设社会主义现代化国家夯实基础。重在实践，激发兴趣。以学生为本，因材施教，推进基于探究实践的科学教育，激发中小学生好奇心、想象力和探求欲，培养学生科学兴趣，引导学生广泛参与探究实践，做到学思结合、寓教于乐，自觉获取科学知识、培养科学精神、提升科学素质、增强科技自信自立、厚植家国情怀，努力在孩子心中种下科学的种子，引导孩子编织当科学家的梦想。创造条件丰富内容，拓展科学实践活动。各地要按照课程标准，开展实验和探究实践活动，落实跨学科主题学习原则上应不少于10%的教学要求。

一、生物学是一门以实验为基础的学科

生物学是自然科学六大基础学科之一，是研究生命现象和生命活动规律的科学。作为一门自然科学，观察和实验是生物学的基本研究方法。

(一)观察和实验是人类探索自然的基本方法

1. 观察是主体和客体相互作用的过程

观察属于科学实践。所谓科学观察，就是为了科学研究的某一目的，有计划地、有选择地和能动地对自然条件下所发生的某种特定过程和现象进行系统的和仔细的考察。观察是在人脑思维的组织下有目的、有计划的主动知觉，是获得感性认知的重要方法之一，是人们运用多种感觉器官或借助一定工具、仪器有目的、有计划地考察研究对象的一种方法。

观察既是接收外部信息、获取经验事实的基本方法，又是检验理论认识的基本手段。在认识过程中，要求科学的研究对象及其理论、假说的推论，都应具有可观察性。观察是主体和客体相互作用的过程。作为主体的观察者在一定的背景条件下，通过感觉器官从客体即所观察对象那里获得感觉映像，形成感

性经验，最后得出观察陈述，这是观察过程的一般程序。这一过程中的每一个环节，都存在着可能导致观察错误的某种因素。排除这些因素的干扰，克服由此而产生的各种局限性，是增强观察能力、提高观察陈述可靠程度的重要条件。观察方法正是在不断克服这种局限性的过程中得到发展的。

与科学实验相比较，科学观察的主要特点在于它直接观察自然条件下所发生的过程和现象，而对自然过程和现象不进行人工干预。观察包括通过感官接受外部世界知识或使用科学工具和仪器记录信息。在实验中记录的任何数据都可以称为观察。

2. 实验充分体现了人在认识客观世界中的主观能动性

与一般的科学观察不同，科学实验也可以说是一种特殊的科学观察。它一方面把观察活动寓于自身之中，另一方面又有别于一般的科学观察。它与一般的科学观察的根本区别在于，它是在人工控制的条件下复制或模拟自然现象并在实验过程中干预现象的进程。

科学实验是人为地干预、控制所研究的对象，并通过这种干预和控制所造成的效应来研究对象的某种属性。观察有时也要对研究对象做某些处理，但这只是为了更好地观察自然发生的现象，而不是要考察由这种处理所引起的效应。实验是根据科学研究的目的，尽可能地排除外界的影响，突出主要因素并利用一些专门的仪器设备，而人为地变革、控制或模拟研究对象，使某一些事物(或过程)发生或再现，从而去认识自然现象、自然性质和自然规律。所以，与科学观察相比，科学实验对于探索自然现象的奥秘来说，又具有以下优点。

(1)实验能得到在自然条件下遇不到的现象和条件，从而使我们能够通过实验认识在非人工控制条件下不可能认识到的自然界各种现象的特性和规律性。

(2)通过人工控制和人为创造条件，我们就有可能通过实验来加速或延缓自然现象的进程，在较短的时间内观察到自然界中往往需要几年、几十年、几百年、几千年甚至几万年方能完成的某种缓慢变化的全过程，或者通过延缓某一转瞬即逝的自然现象的发展进程和节律，对它们进行仔细的观察和研究。

(3)在实验中，人工控制和人为改变现象发生的条件，干预现象的进程，能够更好地暴露现象中各种内在因素和外在因素之间的相互联系，从而能使我们比较容易认识和把握对象。

(4)在实验中，既然是在人工控制下复制或模拟某一自然现象，我们就有可能使现象以纯粹的形态表现出来，而排除其在自然条件下不可避免的各种干扰。这样就使现象单纯化，以利于我们对它进行认识和研究。

(5)在实验中，我们是在人工控制下复制或模拟自然现象，所以可以根据需要多次重复某一现象，而不需要在自然条件下艰难地进行寻找和等待。①

因此，实验是自然科学最重要的研究方法，以生命现象和生命活动为研究对象的生物学也必然是一门以实验为基础的学科。

3. 实验与观察相互支撑

实验与观察相比虽然有许多优点，却不能因此而排斥观察，因为并不是在任何条件下都能运用实验方法。运用实验方法进行研究，往往必须满足两个条件：①所研究的对象和现象的性质有可能进行复制；②我们已经事先具备了相应的知识，能够对相关的现象进行复制。这两个条件是相互联系、相互制约的。为了获得实验所需要的知识，我们往往以观察研究为先导，而对于像动植物分类学等这样的一类学科，目前还是主要以观察来进行研究的。

(二)实验教学是促成学生达成核心素养的重要支撑

实验教学是实践性教学的一种组织形式。学生利用仪器设备，在人为控制的条件下，引起实验对象的变化，通过观察、测定和分析，获得知识与发展能力。

《普通高中生物学课程标准(2017 年版 2020 年修订)》(以下简称《2020 年修订版高中生物学课标》)指出，“实验教学”是指教师组织学生在生物学实验室和校园内外开展的教学活动，既可以是动手、观察类的实践活动，也可以是以问题解决为特点的探究活动。实验教学是生物学课程的特点，也是生物学教学的基本形式之一。通过实验教学，学生不仅获得了知识，还体验了知识产生的过程，掌握了进行科学研究的方法，发展了科学探究的能力，训练了科学的思维方式，培养了科学研究的态度和精神。因此，实验教学是促成学生达成核心素养的重要支撑，必然也是落实核心素养的重要途径。

二、生物学实验教学随着时代发展不断发生着变化

(一)我国生物学实验教学的起始

自清末开始至今，我国开设生物学已过百年，经历了不同的历史时期。随着各个时期经济政治形势的不同，生物学实验教学在沿袭传统的过程中不断发生变革。

1912 年，南京临时政府教育部公布的《中学校令施行规则》中提到“博物宜授以重要植物、动物、矿物、人身生理卫生之大要，兼课实验”，第一次将实

① 林定夷. 论科学中观察与理论的关系[M]. 广州：中山大学出版社，2016：10.

验列为生物学教学内容。随后，1923 年我国第一次将实验操作纳入考试内容，1932 年第一次专门安排了实验课时，当时少数中学具备一定的实验条件，并重视生物学实验的开展。当然，大多数的中学都不具备必要的实验条件，生物学实验往往都是照本宣科，按图索骥。

(二)我国生物学实验教学内涵的深化

实验教学作为一种培养人的活动，其内涵并非固定不变。中华人民共和国成立后，特别是改革开放后，实验教学的内涵随着时代进步及社会发展不断深化。

20 世纪 70 年代末 80 年代初，我国的教育教学工作逐渐恢复重建，这个时期的教学目标在于加强基础、发展智力、培养能力，如当时颁布的《全日制十年制学校中学生物学教学大纲(试行草案)》中关于实验教学部分有如下要求：教师应认真做好演示实验，并重视其示范工作。在实验前预习实验内容，实验后进行总结，并完成实验报告。可见当时的实验教学把“双基”置于核心地位，并强调发展学生的智力和能力，演示实验和验证性实验占实验教学的大部分，更加注重学生实验技能的培养。

20 世纪 80 年代中期以来，实施素质教育逐渐成为教学的主旋律。在素质教育的呼声中，实验教学本身所具有的教育功能得以展现，即传授知识技能，发展智力和能力，提高创新意识，培养科学精神等。无疑，实验教学的育人功能与素质教育对人的整体关注完全切合。它主要表现在两个方面：一是创新能力的培养与知识积累之间存在着必然的联系，基础实验教学使学生获得一定的基础知识和经验，培养基本操作技能，因而在发展学生创新能力方面起着奠基性作用。二是探究性实验教学是培养学生创新能力直接有效的途径，其目的是探索未知，教学过程注重自主设计，结论具有不确定性和发散性。2001 年颁布的《全日制义务教育生物课程标准(实验稿)》和 2003 年颁布的《普通高中生物课程标准(实验)》对发展学生的科学探究能力提出了明确要求，更加重视探究性实验的教学。

(三)我国生物学实验教学的现状

近年来，随着我国实验教学内涵逐步深化，形式走向多元，而且有了一定的政策保障和较为坚实的理论基础。但实验教学在实践中仍然存在着许多问题，比如实验课程的边缘化、实践性的弱化、师资力量不足、设备配置不足等。

通过对现有文献的分析发现，我国实验教学理论虽然得到了较大的提升，但对一线科学实验教学的指导还比较欠缺。我国地域辽阔且人口基数大，在生物学实验教学开展方面地域差异、城乡差异、校际差异显著。目前我国生物学实验教学仍以验证性实验为主，由于课时安排、教学环境等因素的制约，验证性实验又以演示实验为主。在教师进行演示的时候，学生往往处于旁观者的角色，很少能跟随教师的脚步边动手、边观察、边思考。即使在进行实际操作时也处于单纯的模仿和重复教师的演示状态。在这种状态下学生几乎没有思维活动，很难起到发展学生的核心素养的作用。

除客观因素外，还有很多教师对实验教学的有效性并不认同，认为学生无法从实验中获得系统的、有意义的科学知识，而且在实验教学中的付出与收获不成正比，教学效率不高。即使部分教师认同实验教学的意义，但由于大多数学校没有配备专职实验教师，往往由任课教师兼任实验教师，因其实验能力较低或教学任务繁重的现状，导致实验教学的有效开展困难重重。同时在应试教育的背景下，较为沉重的学习负担和社会、学校、教师对实验教学的忽视导致学生对生物学实验也缺乏兴趣，严重影响了实验教学发挥其应有的功能。

(四)国内外生物学实验教学的历程及现状具有相同和不同之处

1985 年，布彻(Butcher)等人提出微型实验(microscale experiment)和微型实验室(microscalc laboratory)的概念，通过节省实验材料和试剂用量来减轻实验研究造成的环境污染，节约资源，降低实验费用，缩短实验时间，提高实验室空间容纳量，还能够锻炼学生的实验操作技能。1996 年，随着美国《国家科学教育标准》的提出，美国的实验教学逐渐实现了实验目的规范化、实验过程活动化、实验方案微型化、实验内容人性化、实验评价行为化的转变，以适应新时代对社会公民的要求。

相较于国外，我国更加重理论，轻实验。通过对比我国与英国、美国等国外生物学教材及实验评价体系可以发现，我国探究性实验明显少于国外。如在美国“生物科学课程研究”(the biological science curriculum study，BSCS)教材中实验课时超过总课时数的一半，主要引导学生在实验的基础上进行探索式学习。此外，在实验难度上也有不同，国外教材更善于挖掘实验中可探究的元素，将验证性实验改为探究性实验，开放性更高。在实际教学中，我国也更加注重实验在帮助学生理解概念方面的作用，而忽略实验对于学生的实验技能及相关能力的培养，“讲实验”现象较为常见。

此外，在实验内容的选择方面，相较于英国简单易行的“游戏式实验”，我国实验教学的内容距离生活较远，学术性较强，并且在实验教学过程中过于强调实验操作的规范性，导致实验教学的趣味性显著降低，学生对实验的兴趣也大幅下降。同时在实验教学内容和方法的选择上，受客观条件的限制，我国生物学实验也具有一定的滞后性，如果蝇的培养等实验，国外在中学阶段就已开展，而我国在大学阶段才接触，偶尔会有学校带领学生进行课外实验。

三、聚焦于落实发展学生的核心素养将成为生物学实验教学的主要发展趋势

(一)核心素养与生物学实验育人价值的高度一致性

中国学生发展核心素养是党的教育方针的具体化、细化。为建立核心素养与课程教学的内在联系，充分挖掘各学科课程教学的独特育人价值，各学科基于学科本质凝练了核心素养。核心素养是生物学学科育人价值的集中体现，是学生在生物学课程学习过程中逐渐发展起来的，在解决真实情境问题时所表现出来的价值观念、必备品格和关键能力。实验教学，既可以是动手、观察类的实践活动，也可以是以问题解决为特点的探究活动。这些活动为学生发展生物学学科核心素养提供了丰富的真实情境。同时，作为生物学的研究方法，实验也体现了生物学学科的本质特点，实验教学也是学生认识和理解生物学学科的重要平台。因此，生物学学科核心素养与生物学实验育人价值具有高度一致性。

(二)生物学实验教学的发展趋势

通过检索生物学实验教学相关文献发现，自 2001 年起，此类文献数量呈现逐年增长的趋势，尽管近几年出现轻微波动，但数量依然可观。由此可见，在课程教学改革的推动下，生物学实验教学越来越被重视，已经成为生物学教学研究中非常重要的一部分，随着研究和实践的不断深入和重视，呈现明显的发展趋势。

1. 从理论到实践

过去，由于实验环境、课时安排等原因学生上实验课的机会不多，能动手实践的机会更是少之又少，即使有实践，大部分也是固定的、规定的必做实验。生物学实验往往停留在理论知识学习层面，往往通过纸笔测试考核学生对实验原理及结果的理解、在实验操作中的注意事项等。如在 20 世纪 90 年代以前，全国高考题中对实验内容的考查局限在识记实验过程及简单的操作失误分析。但随着学科核心素养的提出，育人目标也随之转变，生物学实验教学应使学生能够真正参与到实验中，在动手动脑中建构概念、形成科学思维、发展科学探究能力；评价方式也应从单一的纸笔测试转变为对实际操作结果进行讨论、评价，实验考查形式逐渐多样化，未来在条件许可的情况下，实验评价将

逐渐实现过程与结果相结合、定性与定量相结合、局部与整体相结合，使评价更加全面客观，指向学科核心素养。

2. 从单一到多元

进入21世纪，伴随着高中生物学教科书的不断修订，教科书中的实验数量，从15个增加到24个，直至《2020年修订版高中生物学课标》中建议开展的29个实验，可以发现实验数量有所增加，同时实验种类也逐渐多元化，如探究性实验、验证性实验、演示实验、观察与思考、模型制作、模拟实验、课外实践、调查、设计等多种类型。

目前大部分学校在进行实验教学时多采用较为规范的实验材料和仪器设备进行实验，但为了培养学生的科学探究能力及创造性思维，应该让学生更多地参与实验设计，对于实验策略和方法、实验材料和试剂的选择，不再进行过多的限制，而是引导学生选择低成本、低污染、低消耗的实验材料，更多地取材于生活，使实验材料多样化。实验材料的创新使实验操作更加简单，实验现象更加显著，从而提高学生的学习兴趣，在保证实验安全的基础上可以进行更多的实验。如在“探究细胞的呼吸方式”实验中，利用酸性重铬酸钾检测产物中是否含有酒精时常常用到浓硫酸，很多学校考虑到实验安全及操作的复杂程度往往选择进行演示实验或观看实验视频，但利用便携式酒精检测仪不仅操作简单，而且能够从定性分析到定量分析，使实验结果更加科学、准确、直观。

3. 从预设到生成

以前的生物学实验教学更注重课堂预设，为了保证实验教学的顺利进行，教师往往想要实际实验课堂与预设尽可能相符却忽略了实验教学的生成性。实验教学是教师与学生共同参与的过程，在实验教学过程中，学生往往随着认知的加深会提出与教师预设不同的问题，并且认知结构不同的学生对于同一现象提出的推论也不尽相同，甚至可能会对问题、方法、证据从不同的角度进行论证，而这些多样化的问题和推论恰恰是学生通过理性思考后的创造性成果，在教师的合理引导下，学生能够培养科学探究能力和科学思维，特别是创造性思维和批判性思维，从而科学地构建生命观念，形成社会责任，真正落实发展核心素养。

4. 从传统到现代

在传统生物学教学中，教师通过一支笔、一本教材、一块黑板、几张挂图就能向学生传授知识。随着现代化、数字化实验室的建成，除利用生物材料设计和开展实验外，还可以更多地通过电子设备进行模拟实验，对于一些在实验室内无法完成的实验甚至可以利用互联网、无线通信技术进行虚拟实验。在实验结果收集和统计方面，相较于传统的生物绘图，使用电子设备不仅更加科学准确，而且提高了实验效率，便于交流分享。

5. 从验证到探究

验证性实验能够帮助学生理解生物学中的重要概念，掌握相应实验技能，通常有明确的实验步骤和预期结果，学生往往按部就班进行操作，以得到预期结果为最终目的。但随着发展学生核心素养的提出，越来越强调学生在建构生物学概念的过程中，发展科学探究能力和科学思维，探究性实验在生物学实验教学中的地位越加突出，且必须从“假探究”走向“真探究”，而且除了完全探究性实验之外，还强调在验证性实验中融入探究成分，使其具有一定的探索空间。如在进行“检测生物组织中还原糖、脂肪和蛋白质”等实验时，可以由学生自主选择实验材料，自主设计提取和鉴定方法，通过这样的探究活动促使学生深度学习。

6. 从封闭到开放

相较于传统实验教学的封闭性，开放式实验教学将成为未来实验教学的趋势。它主要体现在实验室时间的开放、实验内容的开放和实验方法的开放。通过调查发现让学生多次重复实验，提高实验的成功率有助于提高学生的学习兴趣，相较于以往只有实验课时学生才能进入实验室的做法，灵活的开放实验室更加有利于提高学生的自主学习能力。相关实证表明，学生经过重复实验，根据建议改进实验，误差被最小化，从而获得信心。学生从做一次实验到重复做多次实验，在实验课程中提高自我效能感，获得自尊与满足，从而爱上实验。在此过程中，教师从教授者的角色向引导者的角色转变，能够迅速建立学生学习的信心和对实验的兴趣。在准备好实验方案的前提下，学生提前预约实验室，在教师的指导下可以根据兴趣和需要自主进行实验探究。此外，根据学生不同的认知水平和兴趣方向，学生可以自主选择实验内容和方法，以小组合作的形式进行探究，在教师的指导下完成实验方案，通过实验来答疑解惑，并切实提高科学探究能力，培养合作能力及组织沟通能力。

7. 从学科到科学

在新课程改革的持续推进下，从以往关注学科内的实验与联系，走向更加注重各学科间整体的联系。自然科学中的物理学、化学、生物学，其基本概念与原理、研究内容、研究方法都有着密切的联系，同时生物学与数学、工程学、信息科学之间也是相互渗透、协同发展的，甚至生物学与社会科学中的各学科也有密切联系。例如，探究“发面”的原理，选择不同的实验材料会涉及不同学科的知识，如小苏打的发面原理是利用化学反应产生气体，而用酵母菌等微生物材料则涉及生物学中细胞呼吸的内容，有条件的学校在开设此类实验时可以设置双师实验，由不同学科的教师共同指导学生进行跨学科实验探究。随着学科横向联系的增多，跨学科实验也逐渐增多，这更加有利于学生理解科学本质，形成科学思维，提高科学探究的能力，从而真正落实发展学生的核心素养。

四、从生物学实验分类到生物学实验策略，再到生物学实验教学策略

随着当代生物学学科以及生物学教学的发展，越来越多的生物学实验类型出现。

(一)不同的分类依据，生物学实验分类方法也不一样

1. 根据学科分类

从生物学学科基本分类和学科特点看，生物学实验可分为形态学实验、解剖学实验、生理学实验、生物化学实验、细胞生物学实验、微生物学实验、遗传学实验、生态学实验等。

2. 根据实验场所分类

从进行实验所在的场所看，生物学实验可分为实验室实验和自然实验等。

实验室实验通常指在实验室内，借助各种实验仪器设备，严格控制实验条件，主动创造条件，实施操作，产生一定的现象，在这种条件下研究现象产生的原因、特点和规律的方法。

自然实验是指在日常生活条件下和自然环境中，适当控制条件或选择合适的自然条件，研究实验对象现象产生的原因、特点和规律的方法。

3. 根据实验主体分类

从教学中进行实验的主体看，生物学实验一般可以分为学生实践实验和教师演示实验。

学生实践实验主要是指学生亲自进行实验操作的实验，实验方案可以来自教师，也可以由学生自行设计。

教师演示实验主要是指由于实验器材的限制、学生操作能力有限或学生操作存在危险性等原因，只是由教师做实验，而学生认真观察实验现象的实验。

4. 根据实验教学活动的特点和目的分类

从实验教学活动的特点和目的看，生物学实验可以分为验证性实验和探究性实验。

验证性实验是指对研究对象有了一定的了解，并形成了一定认识或提出了某种假说，为验证这种认识或假说是否正确而进行的一种实验。验证性实验是为了检验一个已知结果的正确性，为了培养学生的实验操作、数据处理等其他技能。例如，“观察植物细胞的质壁分离与复原”实验，根据实验要求所获得的结果是否出现“质壁分离和复原的现象”来验证实验原理。

探究性实验是对未知的结论进行探求，其目的是充分调动学生学习的主动性、积极性和创造性，并把所学的基础知识综合地应用于探究的选题、设计、实施、结果分析和报告撰写。探究性实验是通过实验来回答一个感兴趣的科学问题，激发学生的好奇心，培养科学探究能力和科学思维，如探索蔗糖溶液质量浓度与植物细胞发生质壁分离和分离现象的关系、预测植物细胞细胞液的浓度等。

5. 根据实验环境的真实性分类

从实验环境的真实性看，生物学实验可以分为真实实验和虚拟实验。

真实实验是我们所熟知的。

虚拟实验是指借助于多媒体、仿真和虚拟现实(virtual reality，VR)等技术在计算机上营造可辅助、部分替代甚至全部替代传统实验各操作环节的相关软硬件操作环境，实验者可以像在真实的环境中一样完成各种实验项目，所取得的实验效果等价于甚至优于在真实环境中所取得的效果。一些危险性实验、极端破坏性实验、反应周期过长实验、无法控制反应过程以及在传统实验室中无法完成的实验等，都可以通过模拟实验安全、直观地展示出来。

(二)生物学实验的教学思路与实验问题解决策略和技术路线具有一致性

在生物学研究中，实验是指为检验假设或寻找特定问题的答案而进行的收集数据的活动。在学校的生物学教学活动中，实验是指学生在学校的实验室或教室中使用多种工具、器材和设备所完成的观察、验证和探究等各种动手活动。但无论是将实验作为真正的科学研究活动，还是将其作为学生的学习活动，实验中一切活动都是围绕“问题”而展开的。更重要的是，在实验教学中，实验要解决的问题，也是教师要带领学生一起解决的学习问题和教学问题。而每个实验都有其独特的问题，同时每种问题又有其独特的解决策略、逻辑主线和技术路线。因此，为了更好地达成实验目标和教学目标，教师组织教学的思路与实验问题的解决策略和技术路线应保持一致，如“探究细胞大小与物质运输的关系”的探究主线如图 0-1 所示。

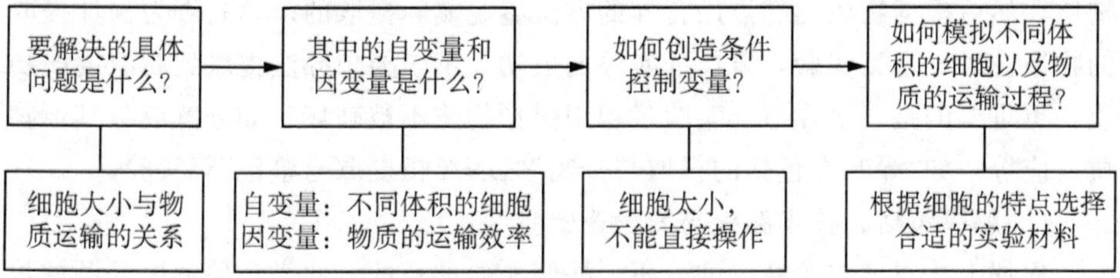

图 0-1 “探究细胞大小与物质运输的关系”探究主线

此探究主线既是本实验中问题的解决策略和技术路线，也是本节课的教学逻辑主线。从探究要解决的具体问题出发，通过逻辑推理，衍生出探究过程中需攻克的各个关键问题，最后又回到探究的具体问题。正是“问题”将这些探究环节从本质上串联在一起，使其成为一个整体，这样才能真正培养学生的科学思维方式和发展其科学探究实践能力。在这个过程中，教师的教学思路与实验问题的解决策略和技术路线保持一致，教师可以根据学生的活动进展为学生提供及时、有力的指导和帮助，使整个教学充满逻辑，为学生创设真实的探究学习情境，从而使学生的归纳、演绎、建模等科学思维得到充分的训练。学生不仅完成实验，得到结论，还可以加深对科学本质的理解。因此，生物学实验的教学思路应与实验问题的解决策略和技术路线具有一致性。

（三）每种具有相似“问题及问题解决策略和技术路线”的生物学实验也有其独特及统一的教学逻辑主线

既然所有的实验都有其要解决的“问题”，而生物学实验的教学思路与实验问题的解决策略和技术路线又具有一致性，那么“基于问题及问题解决策略和技术路线”的生物学实验分类就显得极为重要。基于此，可以针对问题及问题的解决策略和技术路线确定每种实验的教学逻辑主线。在以上常见分类的基础上，从实验本身的问题入手，本书将生物学实验进行了重新分类，并分析了每类实验的特点及其在解决策略、技术路线与教学逻辑主线上的共性。

1. 提取鉴定类

(1)特点分析。

提取鉴定类实验，顾名思义，就是从生物材料中提取物质并进行鉴定。一般中学生物学实验包含两种情况。一种情况是，不需要提纯，直接对生物材料进行简单操作，用相关的方法验证该生物材料是否含有某种成分。另一种情况是，首先用物理、化学、生物等方法从生物材料中分离、提纯、获取特定的物质，然后根据物质的特点用特异的方法鉴定实际提取的产物是否为预计提取的物质。对于这类实验，要保证实验的成功，不仅要想办法提取到高浓度的物质，更重要的是，要在整个实验过程中保护物质不被破坏，如分解或与其他物质反应等，如“绿叶中色素的提取与分离”“DNA 粗提取与鉴定”等实验。

(2)解决策略、技术路线与教学逻辑主线。

根据上述对该实验特点的分析，按照实验的目的，此类实验解决问题的策略和技术路线可以设计为：选取或制备生物材料→初步提纯→分离纯化→鉴定，具体内容和途径如图 0-2 所示。由于实验的教学思路与实验问题解决策略和技术路线具有一致性，因此这也是该类实验的教学逻辑主线。

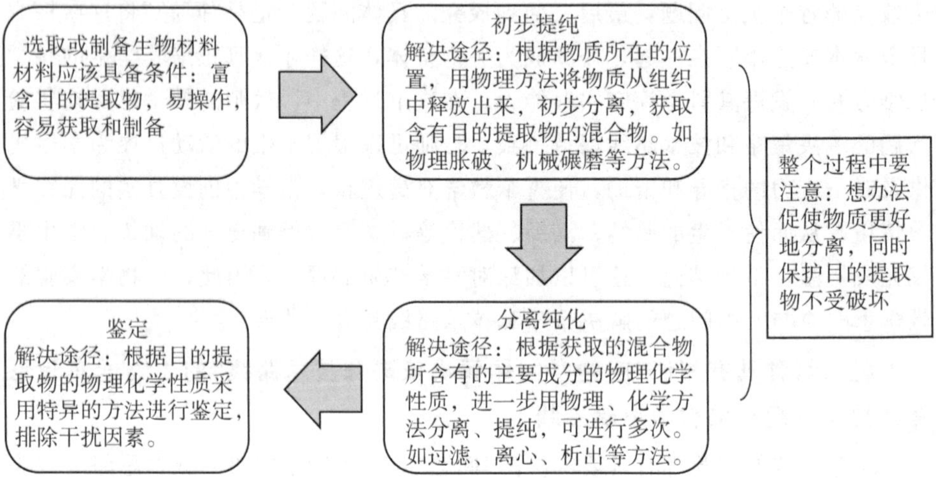

图 0-2　提取鉴定类实验主线

2. 制作观察类

(1)特点分析。

这里的制作观察类实验，不是肉眼直接观察的实验，而是借助于观察工具实现观察的实验。为了便于用观察工具来观察对象，必须对富含观察对象的材料进行加工处理，即制作。此类实验首先是根据实验目的和条件选择合适的材料，然后根据材料的特点，对其进行加工处理，使之便于观察又不被破坏。还要根据观察材料和观察对象的特点，选择合适的观察工具，并能熟练地操作，如“观察 DNA、RNA 在细胞中的分布”“观察根尖分生组织细胞的有丝分裂”等实验。显微镜作为生物学重要的观察工具，中学生必须学会操作和使用。中学阶段的显微镜基本都是普通的光学显微镜，那么如何根据观察对象和材料的特点制作玻片标本并在普通光学显微镜下进行镜检，就是此类实验讨论的重点。

(2)解决策略、技术路线与教学逻辑主线。

根据上述对该实验特点的分析，按照实验的目的，此类实验解决问题的策略和技术路线可以设计为：选取和制备生物材料→制作玻片标本→用显微镜观察，具体内容和途径如图 0-3 所示。这也是该类实验的教学逻辑主线。

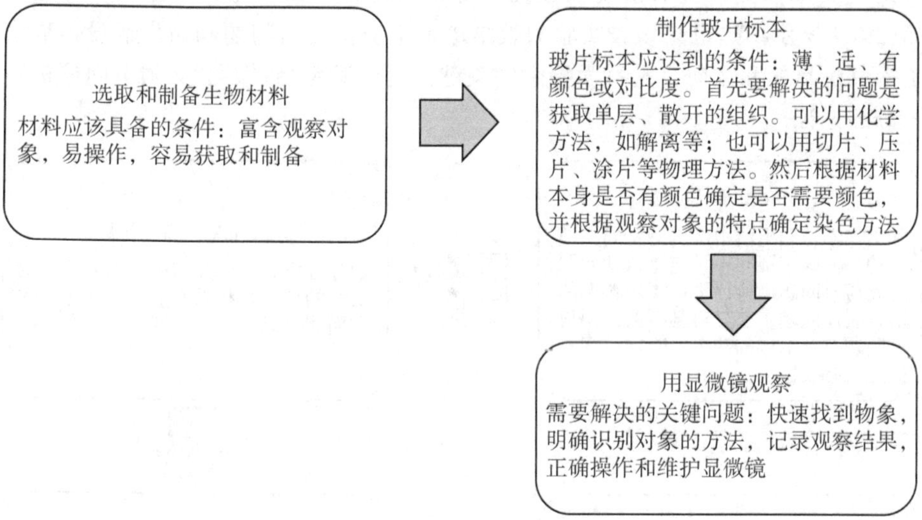

图 0-3 制作观察类实验主线

3. 探究类

(1)特点分析。

此类实验是中学生物学实验中数量最多的实验，包括三种类型：一是普通的探究类实验，确定某个未知问题，分析问题，设计解决问题的方案，获取信息和证据并对其进行分析和讨论，得出结论，如探究酵母菌细胞呼吸的方式等。二是调查类探究，与普通探究不同的是，需要通过调查的方法获取信息和证据，从而找到问题的答案，一般不需要实验，但要求学生掌握调查的方法和技能，如用抽样方法调查双子叶植物的种群密度、调查人群中的遗传病等。三是模拟类探究，与普通探究不同的是，由于客观原因所致，不能对探究对象直接操作，而只能模拟实验对象或实验条件、特点，然后再进行探究。因此，这类探究的准确性经常遭到质疑，需要不断地去创设符合实际情况的条件，如细胞大小与物质运输的关系、模拟保护色的形成过程等。

但更重要的是，这三类实验具有共同的特点，即要求学生在进行科学探究和实践活动的过程中，获取进行科学研究的方法和能力。因此，科学探究和实践活动需要哪些具体的方法和能力，以及如何在实践中培养学生的这些方法和能力也是讨论的重点。

(2)解决策略、技术路线与教学逻辑主线。

根据上述对该实验特点的分析，按照实验的目的，此类实验解决问题的策略和技术路线可以设计为：评价和确定问题→分析问题，确定变量→设计探究方案→实施探究，获取信息和证据→分析讨论，得出结论，具体内容和途径如图 0-4 所示。这也是该类实验的教学逻辑主线。提出问题和做出假设，决定了探究的目的和方向，是科学探究的关键，为了避免“假探究”必须对问题进行充分的论证。

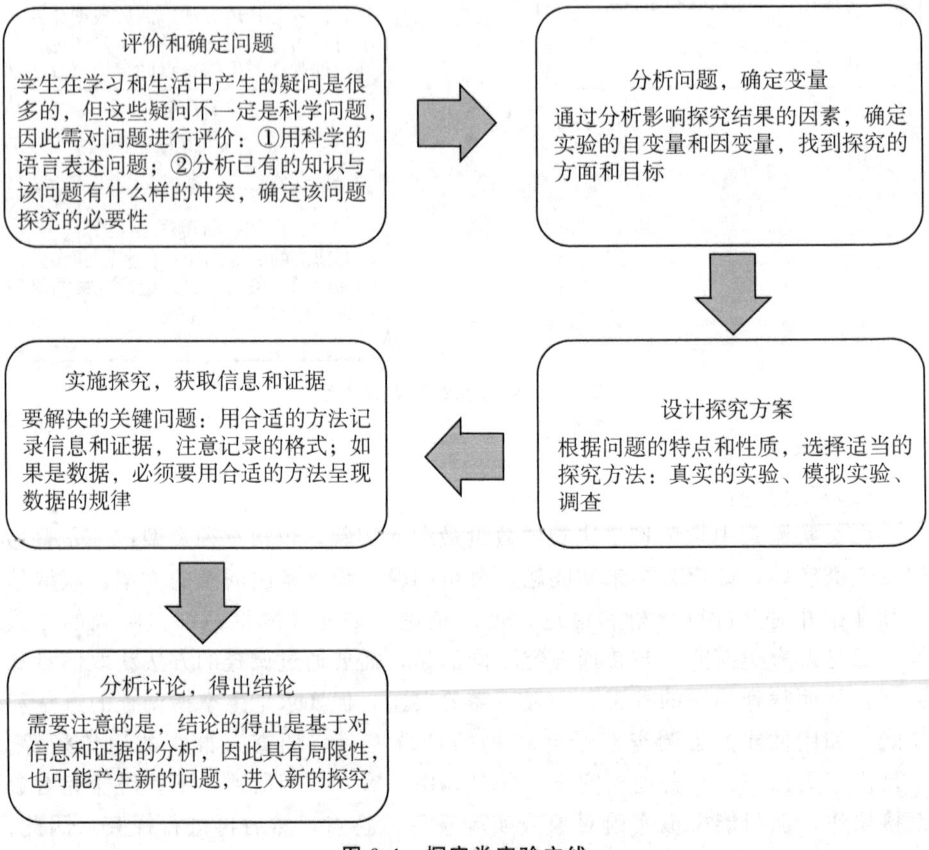

图 0-4　探究类实验主线

4. 生产生活实践类

(1)特点分析。

此类实验属于与人们的生产生活紧密联系的应用类实验。通过这类实验，学生可以更直接地体会到生物科学技术与生活的关系。学生会发现神秘、复杂的工业生产活动、食品加工工艺可以通过简单的实验室实验完成，其原理并不是那么遥不可及，就在生物科学里，科学就在我们身边。因此，此类实验所用的方法、技术和原理在前面几类实验中基本都出现过，关键是要找准和理解实验原理，在此基础上尝试应用并对实验进行改进和创新，如腐乳和泡菜的制作、酵母细胞的固定化等。

(2)解决策略、技术路线与教学逻辑主线。

根据上述对该实验特点的分析，按照实验的目的，此类实验解决问题的策略和技术路线可以设计为：弄清原理→根据原理设计和改进装置→选择材料→进行实验→分析与比较，具体内容和途径如图 0-5 所示。这也是该类实验的教学逻辑主线。此类实验最有价值的实践性体现在最后一个环节"分析与比较"上，通过分析与比较，学生能体会真实生产实践的复杂性。当然，有条件的学校也可以直接组织学生进入家庭、社区或工厂等真实环境进行参观等实践活动，这些方式更有利于发展学生的核心素养。

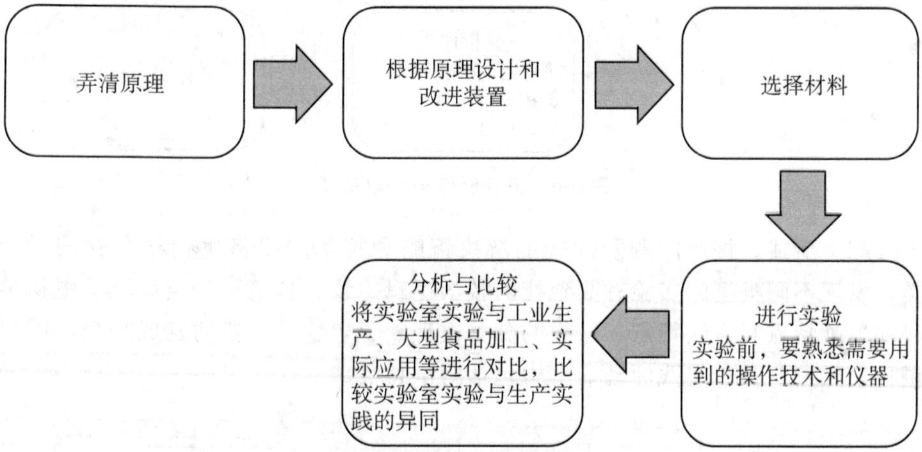

图 0-5 生产生活实践类实验主线

5. 设计制作类

(1)特点分析。

此类实验最常见的是模型建构或科技小制作，往往不需要学生在实验室完成，可以利用课堂时间在教室完成，也可以作为学生的课外活动或家庭作业，所用到的材料都可以在生活中找到，而不是专门的实验室用品。在制作方法上可以因人而异，取决于学生的设计，整合学生科学、技术、工程、数学、艺术等各方面的素质，鼓励学生大胆尝试创新，如制作 DNA 双螺旋结构，设计、制作生态缸并观察其稳定性等。

(2)解决策略、技术路线与教学逻辑主线。

根据上述对该实验特点的分析，按照实验的目的，此类实验解决问题的策略和技术路线可以设计为：设计草图→寻找材料→确定制作步骤→合作完成制作→分析评价，具体内容和途径如图 0-6 所示。这也是该类实验的教学逻辑主线。此类实验属于跨学科实践活动，教师在教学中应鼓励学生大胆创新，运用多学科的知识和方法，通过设计和制作，解决现实问题或生产特定的产品，发展核心素养。

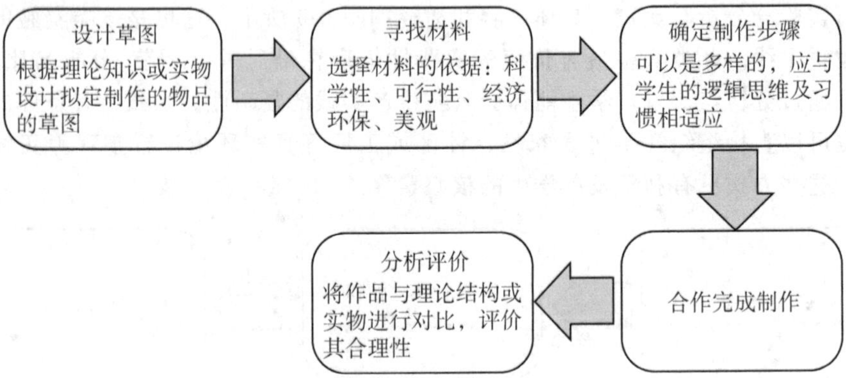

图 0-6 设计制作类实验主线

综上所述，按照问题及问题的解决策略和技术路线将生物学实验进行分类，发现不同类型的实验有其独特的教学逻辑主线，且这种分类反映了生物学科的思维特点和方法特点。这样的分类也反映了生物学实验的发展趋势，即强调科学探究与科学实践活动，其中包括跨学科实践。

第一章　生物学实验教学目标

【学习目标】

通过本章的学习，学习者应能够：

1. 认同基本操作技能和实验方法对于学习生物学的重要性，在生物学实验教学中掌握基本操作技能和实验方法的基本规律。

2. 明确科学探究在生物学实验教学中的重要地位和作用，并在教学实践中从科学探究出发落实发展学生核心素养。

3. 阐明从“科学探究”到“科学实践”的变化内涵，尝试在教学实践中通过学生活动体现真实科学研究中的社会性活动特质，并重视跨学科实践活动。

【内容概要】

生物学实验有其独特的基本操作技能和基本实验方法，教师应该根据技能形成的规律和实验方法的教学要求，逐步培养学生稳定的生物学实验基本操作技能，帮助学生掌握基本实验方法。科学即探究，生物学实验教学是发展学生科学探究能力的主战场，而探究性实验教学是落实发展学生核心素养的重要途径。从科学探究到科学实践是一种复杂性思维，科学实践反映的是真实复杂情境，实验教学应体现真实科学研究中的社会性活动特质，生物学实验教学应重视工程与技术实践活动。

【学法指引】

本章内容涉及生物学实验教学目标的理解和落实问题。首先，应从课程目标出发，特别是基于发展学生的核心素养来理解科学探究的重要性。其次，应联系教学实践问题，多反思、多辨析，理解科学探究走向科学实践的原因、变化的内涵，理解科学实践的社会性活动属性，去除科学探究的模式化，加强科学探究中的论证成分。最后，正确看待基本操作技能和基本实验方法对科学探究的支撑作用，结合教学实践反思教学中训练学生的方法是否遵循基本技能和方法养成的基本规律，并尝试进行调整完善。

第一节 基本操作技能和实验方法是生物学实验教学的基本目标

【问题聚焦】

1. 为什么说基本操作技能和实验方法是生物学实验教学的基本目标？

2. 生物学实验中关于基本操作技能和实验方法的教学要求是怎么样的？

3. 如何在生物学实验教学中帮助学生掌握基本操作技能和实验方法？

【案例研讨】

图 1-1 中的显微镜为生物学实验中常用的普通光学显微镜。(a)图所示为自然光源的普通光学显微镜，(b)图所示为通电源的普通光学显微镜。其中第一种是各学校应为生物学实验提供的标准配置，有条件的学校可以配置第二种。某师范大学教师发现师范生在使用这两种显微镜时，缺少规范的操作，特别是在通过调节粗准焦螺旋找到物像时，随意乱调，没有章法，不能根据两种显微镜的构造原理，灵活操作，导致显微镜镜头被严重损坏和污染。

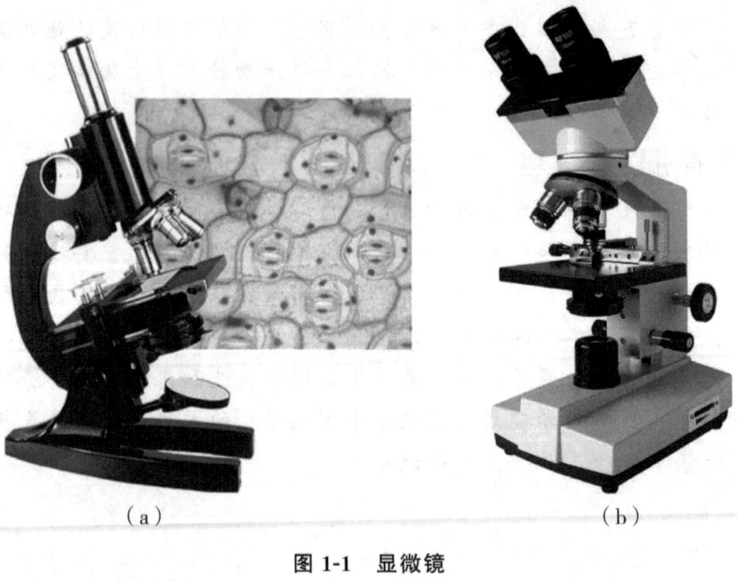

(a) (b)

图 1-1 显微镜

以上两种显微镜在构造原理上的主要区别是什么？教师该如何根据显微镜的工作原理培养学生扎实的显微镜操作技能？

操作技能，是指通过学习而形成的合法则的操作活动方式，调节、控制着操作动作的执行，是一种动作经验而非认知经验，同时有别于心智技能，具有物质性、外显性与展开性。实验方法是根据研究问题的本质内容设计实验，控制某些环境因素的变化，使得实验环境比现实相对简单，通过对可重复的实验现象进行观察，从中发现规律的研究方法。操作技能和实验方法是实验的基本构成，任何一个实验都离不开它们。在科学实验中，操作技能是实验方法应用和实施的基础，实验方法为操作技能指明了方向，二者相辅相成，自然也成了生物学实验教学的基本目标。

一、生物学实验有其独特的基本操作技能

学生掌握了理论知识并不一定能顺利应用，而是要先将知识应用到实践中形成技能，通过长时间深层次的积累逐渐才可能形成具有心理特征的能力。由此看来，技能是知识转化为能力的中间环节，而基本操作技能更是学生在生物学学习中发展科学探究能力、训练科学思维等的重要桥梁，即学生探究生命现象、探索生命活动的规律、理解和建构生物学概念等都离不开观察、实验等活动，而基本操作技能正是实施这些活动的基础。

生物学实验基本操作技能包括显微镜使用、徒手切片和制作临时装片等。实验操作技能作为最基本的动作技能，在心理学中认为是可以通过不断练习形成的一种习得能力，可以通过使用工具和操作过程等将骨骼肌肉和相应的神经活动过程表现出来。从信息加工理论来看，人的动作或操作可以分解为复杂的刺激与反应过程，包括将从环境中获取的信息输入，再对信息进行编码、加工、译码至输出等步骤，从有意识的学习模仿操作到自动操作的过程中，人会慢慢省略中间的部分步骤。如在显微镜的使用中，从认识显微镜结构、理解显微镜使用方法到显微镜的具体操作，开始学习时是逐步分解的，而由于人脑可以储存操作技能的程序并向肌肉发出指令，随着练习的增多，中间反应变得不再重要，神经系统中的程序很少需要知觉系统监视，可以直接自动化连续进行，由此熟练的操作也就形成了。

(一)基本操作技能养成三阶段

教师应该根据技能形成的规律，逐步培养学生稳定的生物学实验基本操作技能，具体讨论如下。

1. 初学期——激发兴趣与需要

在技能学习初期，学习者通过指导者的讲解或示范从动作的模仿开始学习。此阶段最重要的是兴趣的激发，教师可以从成就感、求知欲等方面激发学

生的兴趣。有了学习兴趣和需要，学生的内驱力就会促使他们积极主动地进行学习。例如，在学习显微镜的操作步骤前，教师可以从想要探索的问题出发进行引导，“洋葱鳞片叶表皮细胞、哺乳动物成熟红细胞等几乎所有细胞都很小，是肉眼不可见的，即使用放大镜也难以观察，那么什么样的仪器能解决这个问题?”该问题可以引出放大倍数更大的仪器——显微镜，也可以引起学生对学习显微镜重要性的关注。

2. 练习期——理解价值及原理

在学习的初期，学生可能会因兴趣而产生动力并尝试操作，但当操作练习多次失败时往往会失去继续学习的动力，此时外部诱因或动力并没有真正转为内部动力。因此，在有了学习的目标和动力之后，教师往往需要引导学生理解所学技能的重要性，理解其具体的应用价值和学术价值，使学生的动力能够持续下去。兴趣可以激起学生一时的学习欲望，但坚持下去的动力往往依靠匹配的价值观，即学生能够意识到学习和掌握该技能的重要性，能够在遇到困难和挫折时拥有耐心和克服困难的毅力。例如，在学习植物组织培养技术时了解其在生产生活实际中的应用和学术方面的价值；在学习显微镜的使用步骤前先明确显微镜的工作原理，在掌握原理后更有利于理解操作步骤，且使用过程中遇到的问题也能迎刃而解。要让学生知其然且知其所以然，在遇到仪器故障时能够准确判断并进行处理，这样即使多次失败，学生也能够获得越挫越勇的毅力和耐心，并进行反复练习。

在明确了操作的重要性及原理后，非常重要的阶段就是学生自主练习。在最初的独立操作时，学生难免会手忙脚乱，要一边回忆教师的示范和说明，一边进行实际独立操作，同时还会担心仪器和材料的损耗，在这种情况下，教师应该接受学生的错误，提供重复练习的机会，避免指责带来的消极影响，并引导学生分析出错的原因，给予恰当的指导，起到外部强化的作用。

3. 应用期——鼓励拓展与创造

在熟练掌握基本操作技能后，该技能会向高层次水平发展，特别是在发展学生的创造性方面。比较有效的方法是，组织学生运用该技能来完成相关学习任务，如学会使用显微镜后，学生可以用显微镜观察各种动植物细胞结构；学会制作临时装片后，学生可以观察多种生物结构，并在观察中尝试构建自己的知识体系。除此之外，在遇到突发状况时，教师应引导学生根据所学知识进行应变，如在突然停电时如何解决显微镜光源问题等。在应变阶段不同学生的能力水平得以显现，此时已有的科学思维能够左右动作，具有应变能力的学生在此阶段能够获得极大的成就感，也能获得较强的学习动力，而无应变能力的学生在此阶段的自我效能感可能较弱，这就需要教师在进行教学设计时根据学生的不同水平合理安排和搭配。应用的最高阶段是创造性，在熟练应用的前提下部分学生能够实现高水平的创造性。

(二)基本操作技能的教学要求

在生物学实验教学中，学生基本操作技能是教师在实验教学中不断有意识地培养训练而逐步形成的。因此在学习的不同阶段，教学要求的设定应当循序渐进，符合学生的智力发展水平，体现一定的层次。选择和确定生物学实验基本操作技能，应当遵循以下几点：①学习基础知识所必需。倘若不学会这类操作技能将会阻碍或降低学生学习当前新知识的能力，导致死记硬背，甚至出现边学习边遗忘的情况。②培养素养所必需。不学会这类技能，有碍于学生的科学探究能力和科学思维水平的发展。③未来继续学习、生活及就业所必需。这类技能是联系知识与实际生活的桥梁，是学以致用的必备技能，是发展学生核心素养的关键因素。

基于以上原则，可以进一步确定操作技能的教学要求，包括操作与使用各种常规实验用具和仪器的熟练程度、规范程度，结果或产品的科学程度、美观程度，对突发问题的处理情况等。

二、生物学实验有其独特的基本实验方法

不同于物理学实验中的理想状态、化学中纯度为100%的晶体等，生物学实验更加注重现实存在的现象和变化，在无法达到理想状态下生物学实验有其独特的实验方法。生物学实验基本的实验方法，包括一般的科学工作方法和思想方法，如观察、测量、数据的记录和处理等，但在生物学领域又有其独特的属性。

本书在绪论中讨论了观察与实验的关系，下面以“观察”这一最基本的实验方法为例，探索如何帮助学生掌握基本实验方法及其教学要求。

(一)科学观察是科学过程的核心要素

作为人类认识世界获取知识的重要途径之一，观察是科学探索的一种主要方法，是一切科学研究的基础，是生物学领域中最基本的实验方法之一，可以说所有自然科学知识都是基于观察的结果。科学实验过程需要对自然进行观察，并构想和检验假设，一般由以下几个步骤组成：①观察事物，并提出关于自然现象的问题(科学观察)；②进行假设；③对假设的逻辑后果做出预测；

④通过控制实验、自然实验、观察研究或现场实验来测试预测；⑤根据实验中收集的数据或信息创建结论。在此过程中，观察不仅是第一步，而且在提出问题和解决问题方面都起到了重要的作用，因此，科学观察是科学实验过程的核心要素，科学家的核心技能是进行观察。

纵观生物学科发展的历程，可以说生物学是建立在观察的基础上的，许多科学发现和成果直接来源于科学观察。如孟德尔对遗传学的见解源于对田间一畦畦豌豆的观察，达尔文的《物种起源》源于航海途中对各种生物的观察，果蝇的奥秘也源自摩尔根细致入微的观察。常用的观察方法有：①验证观察法，如用显微镜观察验证各种细胞的结构；②比较观察法，如用显微镜观察并比较植物细胞与动物细胞的异同；③顺序观察法，如观察植物细胞质壁分离及质壁分离复原的情况；④动态观察法，如观察植物的生长、发育、开花及结果整个过程。

（二）生物学实验教学要重视观察技能的培养

观察是科学实验过程的第一步，通过实验教学，学生应该能够掌握如下观察技能。

（1）明确观察目的。在观察前学生应该预先规划好观察目的，减少盲目性，以便有目的地进行观察，并根据目的尝试预测可能的现象。学生能正确指出观察的重点，选择适合的观察对象，在排除无关干扰的同时又要能够从不同角度进行全面观察。

（2）具有一定的观察能力和方法。学生能根据不同的观察对象选择适合的观察工具，并且在观察中能遵循一定的科学程序，如从整体到局部、从宏观到微观、从表面到深入。

（3）能够调整改进观察方法和工具。在观察过程中遇到突发问题或障碍时，学生能及时找到原因和解决方案。

（4）能够及时准确地抓住细节和瞬间的现象，用恰当的文字或绘图准确地记录、描述观察结果并对观察到的现象做出合理解释。

（5）在观察过程中能够保持较长时间的注意力，能对持续时间较长的生物学过程进行连续性的观察。

通过一定时间的科学观察训练，学生最终能够全面地认识事物的特点并对其性质、状态、数量等数据进行科学准确的描述，具备观察能力，即充分利用自身的感官或借助工具仪器主动客观地观察，并在观察中寻找对比、发现观察对象的特点、规律。

(三)教师应选择合适的途径帮助学生掌握观察技能

1. 激发观察兴趣，明确重要性

兴趣是学习的原动力，教师要在生物学实验教学中激发学生学习的兴趣，通过实际生活中的问题、对未知探索的动力，激发和培养学生的观察兴趣。除常规地提供实验材料引导学生观察、实地考察外，教师也可以利用现代教育信息技术手段为学生提供跨时空的观察资料，增强其对学生的吸引力，还可以结合科学史，如展示达尔文、童第周、巴斯德等伟大的科学家是如何重视观察的，细胞、青霉素、自然选择学说、孟德尔定律是如何通过观察发现和提出的等来引导学生领悟观察的重要性。

2. 明确观察目的，增强观察动力

有效的观察是在有目的、有计划的前提下进行的。实验课中，学生的学习效率不高，特别是进行较为常规、简单的观察类实验时兴致索然，往往是因为学生实验前没有明确的实验目标和计划，实验时容易盲目不知所措。只有目的明确、目标清楚，在观察的时候才能抓住重点，注意力集中在被观察对象中。赞可夫教学论中认为，应该在教学中让学生明确教学目的，了解教师意图。在进行生物学实验教学时，教师首先应该帮助学生明确观察目的，让学生清楚地知道要观察什么，鼓励学生对观察现象和结果进行大胆的预测，以增强学生学习的动力、自主性并避免学生被无关内容所吸引。

3. 掌握观察顺序，提高观察效率

明确观察目的后，教师应该引导学生按照实验目的及观察对象的特点有计划、有顺序、有层次地进行观察。无论是常用到的顺序观察(如观察桃花的基本结构的实验)、比较观察(如观察比较植物细胞和动物细胞结构的实验)、动态连续观察(如探究种子的萌发)等定向观察，还是按照观察所得到的资料数据特点所划分的定性、定量观察，实验教学中所有的观察都是依据观察目的和对象的适用性进行选择的，依照一定的观察顺序进行实验不仅能够提高观察效率，还能够引导学生从常见事物中发现问题，在偶然的事物中尝试推理，从而有所发现。

三、生物学实验教学应首先实现基本目标

生物学实验教学中，基本操作技能和实验方法是最基本的教学目标，只有在具备一定的技能和方法基础后，才能够在遇到问题时游刃有余地进行选择和创造。实验策略和方法的选择往往是由要解决的问题决定的，不同的问题解决策

略不一样，同样的策略也可以有很多不同的方法，而基本操作技能是用好这些方法的基本保障。学生所了解掌握的实验方法和技能越多，可选择的余地越多，就能选择更合适的实验方法，熟练的操作技能也能够为实验的顺利进行保驾护航。

以“数据的记录与处理”为例，掌握科学的记录方法能够有助于获得更加可靠的实验结果，提高实验效率。例如，在利用显微镜进行观察实验时，除了传统的绘图记录实验结果，教师还应该鼓励学生尝试多种记录方法来培养自己记录信息的能力，如通过照片、录音、录像、计算机等形式对文字、图标、声像等不同形式的内容进行记录。因此，在进行科学实验时学生应该像科学家或研究者一样，知道如何客观地记录原始数据，能立足研究对象，采用多种方法记录实验的真实情况，力求排除主观因素影响。又如孟德尔的豌豆杂交实验，倘若孟德尔当时没有掌握数学统计的方法，在收获豌豆得出实验结果后也不可能有超越前人的发现和突破，正是因为他选用了适当的数据处理方法，才发现了遗传学的两大定律，成为“现代遗传学之父”。

因此，生物学实验教学应将培养学生扎实的基本操作技能和操作方法作为实验教学的首要目标。

【学以致用】

学生发现学校的银杏树叶有些先变黄，有些后变黄，查阅资料发现，这可能与水分有关，也可能与树的性别等有关，无法确定原因。请你说一说如何指导学生通过观察活动找到引起银杏树叶颜色变化的原因。

第二节　科学探究是生物学实验教学的核心目标

【问题聚焦】

1. 科学探究的本质特点是什么？
2. 为什么说生物学实验教学是发展学生科学探究能力的主战场？
3. 如何在探究性实验教学中落实发展学生的核心素养？

【案例研讨】

某教师在带领学生探究种子萌发的外界条件时，设置了该探究性实验的教学目标为“用所给的材料探究种子萌发的外界条件”。在实际教学中，直接为学生拿出了如图 1-2 所示的实验方案并进行了讲解，然后让学生按照此方案进行操作。

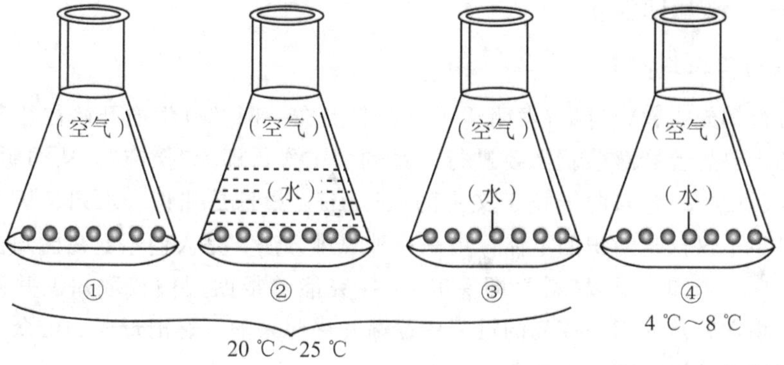

图 1-2 实验方案 1

另一位教师在带领学生进行该探究性实验时，设置的教学目标如下：

1. 能从生活、生产实践中提出探究的具体问题；

2. 运用对照原则设计三个自变量的实验组和对照组，并能进行合并或自创实验装置；

3. 根据实验结果，分析影响种子萌发的具体环境条件。

在实际教学中，该教师首先引导学生从生产、生活实践中种子萌发和播种的经验出发，引导学生提出问题并做出假设。接着让学生运用对照原则设计实验方案和装置，并通过实验结果验证假设是否正确。最后有学生进行了如图 1-3 所示的实验。

图 1-3 实验方案 2

你更赞许哪位教师的做法？为什么？

一、科学即探究

(一)科学与探究

陶行知先生曾说过："发明千千万，起点在一问。"科学的开始往往源于发现问题，要想答疑解惑就需要进行一系列的工作，即为"探究"。从词源来看，science(科学)一词来源于拉丁文中的 scientia，意思是知识、求知。从本质来看，科学不仅仅是知识的本体，更是一种思维方法，是人们不断在已知世界的基础上探索未知，所以"科学即探究"，探究能够帮助人们获取知识并认识世界。生物学就是人们在探究的过程中逐渐发展起来的，逐渐形成了由众多生物学事实和理论组成的知识体系。

探究是人类认识世界的途径，也是学生学习知识的有效方法之一。探究包括提出问题、做出假设、设计实验、得出结论等一系列连续的过程。纵观科学发展的历程，科学也是通过一系列探究历程逐步完善的，如进化科学理论的建立是通过不断地发现问题、做出假设、进行实验、得出结论实现的，后人再从已有结论中发现问题、提出假说、实验验证、得出结论，在科学的道路上不断前赴后继，推陈出新。科学理论发展的历史就是通过探究形成结论、发展和更替结论的历史。恩格斯认为，自然科学的发展形成就是探究，当新事物被发现，与原有的科学知识产生矛盾时就必然需要新的解释，这种新解释往往以有限的事实和观察为依据，要想进一步证明就需要完整的探究过程，并在原有科学理论基础上进行修正或舍弃，科学理论的构建和完善是通过无数研究者的努力达成的。

科学探究方法的选择是由问题的性质决定的；科学探究活动是在现有科学知识的指导下进行的，科学家进行调查研究的原因是多种多样的。他们依靠技术来加强收集、处理数据的效率，把数学工具运用到科学探究的各个方面；科学家之间进行公开交流和讨论，报告探究的方法、过程和结果，且科学解释必须符合逻辑和有关的科学知识体系。

(二)探究性实验的本质特点

在生物学教学中，探究性实验是指学生在实验与观察的基础上通过科学抽象、逻辑思维，自己概括得出结论的一种实验教学形式。其特点是根据实验的目的，利用已知的、未知的因素去干扰、处理研究对象，看它会发生怎样的变化、出现怎样的现象、产生怎样的结果。相较于其他实验，探究性实验面对更多的不确定性，探究方向由学生确定，实验过程由学生自主设计，实验结果和结论也是不确定的、开放的。心理学研究表明，不确定的信息能够激发学生的内部动机，促使学生通过探究性实验来满足自己的求知欲，从学习本身获得满足感，体验到科学探究的乐趣和魅力，从而提高学生的核心素养。

二、生物学实验教学是发展学生科学探究能力的主战场

伴随着课程改革的不断推进，从倡导探究性学习，到发展科学探究能力，再到将科学探究作为生物学科要发展的核心素养的重要维度，科学探究一直都是重要的学习方式，更是要着重培养的能力。《2020 年修订版高中生物学课标》中强调，探究性实验教学是促成学生达成生物学学科核心素养的重要支撑。生物学课程中要求学生主动地参与学习，在亲历提出问题、获取信息、寻找证据、检验假设、发现规律等探究过程中习得生物学知识，养成科学思维的习惯，形成积极的科学态度，发展终身学习的能力。因此，探究性实验恰好可以作为发展学生核心素养的载体。

(一)探究性实验教学有助于学生科学思维的培养

生物学课程中常常开展验证性实验、演示实验等形式的实验，在此类实验课程中学生参与度较低，常常处于"照方抓药"的状态进行实验，容易形成思维定式，思维并没有得到锻炼和提升，处于被动状态。"求知欲"既是学生学习的内在动机，也是最有效的动机，探究性实验恰好可以满足学生的求知欲，围绕所要探究的问题积极思考。思维通过不断地观察、发现和解决问题得以锻炼，当学生存在对某一现象的困惑或需要解决所遇困难时，思维就活跃起来。通过观察，学生能够自主发现实际问题，再结合头脑中的已有知识和他人研究成果提出问题，如"探究细胞的呼吸方式"实验中，学生通过观察"发面"的现象，结合已有的生物学、化学知识就可以对酵母菌的呼吸方式进行假设。探究性实验能够帮助学生理解、体验科学探究的过程，并通过反复多次训练，学生能够将这种探究过程内化为思维习惯，从而形成科学思维。

在学习过程中学生常常会以过去的经验形成一种倾向性，常处于按照一种固定的思路去思考和分析问题的既定心理状态，这种心理状态往往使学生在学习过程中按照一定的习惯方法和思路去分析事物的现象及其原因。学生在学习过程中常常会按照教师所讲，书上所写进行简单的、机械性的模仿重复来实现短时记忆，而探究性实验能够打破学生的思维定式，使学生能够根据自己的认知过程充分发挥自主性，进行概念的建构和思维的培养。

(二)探究性实验教学有助于学生掌握科学探究的过程

探究性实验是科学家和学生对自然界和研究现象提出问题并通过实验进行的一系列相互联系的过程，是一个学习的过程。目前很多教师将探究性实验单

纯地理解为“科学实验过程”“让学生参与实验活动”，而对探究性实验对于学生能力的发展认识不够。尽管在目前的探究性实验过程中学生会用到观察、推理等科学探究过程和方法，但真正的探究性实验更加强调的是用思维逻辑和以事实、证据为基础的猜想。通过完整的真正意义上的探究性实验教学，学生能够体验到科学探究的过程：问题→假设→实验→结论。

(三)探究性实验教学有助于学生科学能力的提升

在科学教育中要实现从“读”科学到“做”科学的转变，教师应该在生物学实验教学中为学生提供更多的机会发展学生科学探究能力。探究性实验恰好可以让学生在参与过程中，通过设计、实施实验，结合实验结果不断构建自己的学科知识体系，并形成相应的生命观念，培养科学能力。如“探究细胞呼吸方式”的实验不仅仅是让学生通过实验结果掌握细胞呼吸的方式及产物等结论，更重要的是让学生通过观察提出问题并学会通过设计、实施实验来得出结论，解决问题，从而培养学生的科学思维，提高科学探究的能力。

生物学实验是培养学生生物学学科核心素养的载体，能让学生直接接触生物学，探究性实验能够深入培养学生的科学思维，通过对实验结果进行论证分析能够培养学生分析归纳的能力，通过小组合作完成实验等形式培养学生的合作能力，通过解决实验过程中遇到的问题能够帮助学生形成科学的态度、观点，从而培养学生的社会责任。

进行探究性实验教学在问题个性化、猜想多样化、方案差异化、操作规范化、结论精准化、交流多元化、反思深刻化等方面更好地培养学生的科学探究能力，是发展学生科学探究能力的主战场。

三、探究性实验教学是落实发展核心素养的重要途径

与其他类型实验相比，探究性实验不仅要求学生掌握实验原理及步骤，还要求学生能够通过逻辑思维来发现问题、提出假设、设计实验，并结合实验结果进行推理论证，从而得出结论。因此探究性实验教学能够有效发展生物学学科核心素养中“科学思维”“科学探究”“生命观念”三个维度，从而间接影响“社会责任”的培养。下面将从几个方面探索作为教师如何在探究性实验教学中发展学生的科学探究能力，以及核心素养。

(一)开放教学，培养探究能力

实践表明，最有效的学习动机来源于内部的求知欲。探究往往从问题开始。在探究性实验教学中，教师通过给学生提供更多展示、实践的机会，使学生对生物学及相关内容产生探索的兴趣，通过给学生提供开放、平等、自主的

学习环境，充分利用学生的好奇心，激发学生的求知欲，指导学生去探索生物学世界中的未知领域，学生的参与度更高，更能积极主动地投入学习。教师通过适当的问题补充能够帮助学生深入思考。这样就能够避免学生盲目、不知所措地机械式进行实验。开放性教学使师生处于平等的地位。在探究性实验中，问题的多样性、材料选择的多样性、实验方法的多样性能够使不同层次的学生都学有所得，极大地激发了学生的主动性。学生在实验得出结果后通过对比分析可以发现，方法不同，实验结果可能不同，这样可以引导学生除了关注实验结果外，还要对实验过程、方法、技巧都有所重视，强化了对证据的论证，甚至对实验原理和实验目的产生了更深入的兴趣。在实验过程中遇到的新问题会使学生在解决问题的过程中得到意想不到的收获。

(二)提高实验教学的容错性，重复实验

在实际教学中，由于课时有限，教师往往不敢放开手让学生自主实践，学生由于考核等因素也不敢动手操作，这就导致实验的有效性大大降低，在分组实验中往往实验能力较强的学生起主导作用，而实验能力较差的学生处于打下手的状态，无法使学生均衡发展，对于实验能力较差的学生来说收获较少。中学生学习负担较重，教师教学任务较重，教师和学生往往忽略课前自主探究部分，所谓的探究性实验往往只是让学生在课堂开始利用短暂的时间在教师引导下思考，几分钟后即开始动手操作，只有探究的“形”，没有探究的“魂”，是一种“假探究”。鉴于此种情况，应该加强课前自主探索设计实验方案的部分，并在实验方案中分配小组成员任务。在探究性实验中，学生在碰到实验结果与预期假设不符的情况时就会探其究竟，在探究的过程中与实验相关的知识就会得到补充，会碰撞出思想的火花。与其他实验相比，探究性实验更能创造冲突，使学生产生疑问和怀疑，在不断探索过程中激发学生的创造性思维，培养学生的创造能力。教师要引导学生敢想敢做，抓住“闪念”，在科学理论的支撑下，敢于对自己所思、所疑进行实践探索。学生在实验过程中反复尝试，通过不断探索、调整，体验科学家在真正进行科学探究时的过程，培养学生的实验能力和百折不挠的科学精神。

(三)以大概念为标题，设计系列探究性实验

以往的探究性实验，常常是通过教师给定的问题或现象，学生在一定的范围内，有倾向地提出问题进行假设。不同于以往，要想切实发展学生生物学学科核心素养，可以将生物学大概念作为标题，编制设计组合实验，设计一系列实验活动，如探究动物的行为、探究生物的适应性等，每个大标题下可以设计一系列具体的探究性实验，让学生分组选择探究的子实验，并在最后汇报交流。不仅可以让学生更加自由自主地跟随兴趣进行探索，还能够培养合作的科学精神，循序渐进地在实验中提高科学探究的能力。如施莱登和施旺就是在各自擅长的植物学、动物学领域探索生物学的本质，并在得出结论后共同创立了“细胞学说”。

生物学作为自然科学，通过以大概念为标题的系列探究性实验来帮助学生了解关于自然科学的知识，引导学生关注“科学知识可能会随着研究的深入而改变”“科学工作依赖观察和推论”等科学本质，帮助学生建立生命观念、辨别科学与伪科学，承担一定的社会责任，从而促进学生发展核心素养。

【学以致用】

你参与过哪些探究性实验？以你参与过的实验教学为例，说一说其中的探究性体现或者存在的不足。

第三节　科学实践是生物学实验教学的归属目标

【问题聚焦】

1. 从“科学探究”到“科学实践”，该变化的内涵是什么？
2. 如何在实验教学中体现真实科学研究中的社会性活动特质？
3. 为什么生物学实验教学应重视工程与技术实践活动？

【案例研讨】

在学习“达尔文的自然选择学说解释模型”时，教科书上常用“长颈鹿长脖子的进化”的案例，组织学生开展“运用自然法则学说解释适应的形成”的活动。提到长颈鹿长脖子的优势，教科书和教师们也常常是从“长颈鹿主要以树叶为食，而在漫长的干旱季节，食物的缺乏是经常发生的”这样的情境出发的。毫无疑问，该情境对于启发学生的思考起到了积极的促进作用。但如果每位教师都采用同样的案例，选用同样的情境，那必然会造成学生在尝试回答“长颈鹿的长脖子具有哪些优势？”这一问题时，做出同样的假设。以此为出发点，在解释长颈鹿长脖子的形成机制时也会采用同样的解释过程。很显然，这是不能真正训练学生的科学探究能力的。

作为教师，从长颈鹿的生活实践出发，根据对长颈鹿的观察活动，你能否引导学生对“长颈鹿的长脖子具有哪些优势？”这一问题做出假设并尝试让学生讨论各种假设的合理性？

一、从“科学探究”到“科学实践”是一种复杂性思维

（一）从“科学探究”到“科学实践”的变化

科学的目的在于认识世界，技术的价值在于合理应用。科学只有在合理实践的基础上才能造福人类。爱因斯坦曾说过：“科学不只是定律的收集和事实的罗列，更是人类智慧伴随着各种新思想和新概念的创造与结晶。”科学源于生活，最终也将回归于生活，科学的有效性是需要实践来检验的，这种检验不同于实验室中的验证，也不同于科学探讨中的理论论证，最终要能经得起千变万化的世界的考验，从探究到实践，对科学的有效性提出了更高的要求，与此同时也为科学的发展提供了动力。

1996 年美国《国家科学教育标准》中提出了“科学探究”一词，并将其作为核心理念，我国借鉴了这一标准，而在 2011 年美国国家研究理事会（National Research Council，NRC）发布的《K-12 年级科学教育框架：实践、跨学科概念和核心概念》中则提出以“科学实践”一词为核心理念。科学探究主要体现了科学实验方法和思维方法的应用，是与科学知识并列的。而科学实践则融合了社会、行为、认知三个维度的实践观，与科学知识相融合。“实践”这个术语能够突出课堂活动是一个重复的并随着对学科核心概念的理解而不断深入的过程。相较于科学探究而言，科学实践更加关注的是探究过程中产生知识的具体活动。在 AlphaGo 战胜围棋世界冠军的人工智能时代，教育的目的不再局限于增加知识和信息储备，更重要的是培养科学思维的方式以及获取信息并应用它们分析解决问题的能力。

从“探究”到“实践”，究其根本是为了强调那些在目前探究教学中被忽略的重要科学实践行为，避免将科学探究过程缩减拆分，避免在进行科学探究时陷入思维定式，避免产生完全不符合探究教学初衷的教学。科学实践并不否认科学是一个探究的过程，它更加关注的是探究过程中产生知识的具体活动。[①] 而在课堂教学中往往导致科学探究与科学知识相脱离的现象，科学探究被片面地当作围绕经验调查开展的活动，过分强调科学方法和固定程序，忽视了学生对科学概念和理论的理解。过分强调探究技能的形成使得学生对如何得出结论以及科学知识产生的过程知道甚少。科学实践与科学知识是相互融合的，在课堂

---

① 卢姗姗，毕华林. 从“科学探究”到“科学实践”——科学教育的观念转变[J]. 教育科学研究，2015(1)：65-70.

中脱离了科学知识学习的科学实践是不存在的。人类通过科学实践形成、扩展和完善科学知识，而科学知识是学生参与科学实践及进一步探究的保障。从“探究”到“实践”，规范了科学探究的理念，改变了科学探究模式化的现状，让学生进行真正的科学探究，理解科学教育的本质。

(二)科学实践是真实复杂情境

每一项科学实践都可以在不同的年级开展，随着学生科学知识的不断丰富以及对学科核心概念理解的不断深入，学生参与科学实践也将复杂化和精致化。以“提出问题”为例，“提出问题”也是科学探究的重要环节，但与科学探究不同的是，学生在科学实践中不仅知道如何提出问题，而且还能够知道为什么要提出问题并对问题做出评价。这与真实科学研究实践活动是一致的，与人们面对和解决真实问题也是一致的，在这样真实的实践情境中，充满着质疑、争辩、论证，反映了真实世界中问题的复杂性，而这样的过程在形式化的科学探究中常常被忽略。因此，科学实践更多地反映了科学研究的社会化属性，只有把握好这一重要特征，才能真正落实发展核心素养。

二、实验教学应体现真实科学研究中的社会性活动特质

(一)真实、自主、体验

随着“思维五步法”的提出，在科学教学中逐渐将科学探究固定分解为几个步骤，而忽视科学理论和科学共同体的存在。在以往的课堂教学中，教师总是让学生从提出问题开始，按照科学探究的环节逐步得出结论，常常导致科学探究的程序化和机械化。部分教师可能认为学生无法自主构建科学理论，摆出“稚子不可为”的严肃面孔，甚至完全剥夺了学生自主构建理论的机会，对其产生的科学萌芽视而不见甚至抹杀。近年来的科学心理学研究表明，“儿童都是研究者”，小学生甚至是学龄前儿童也可以进行理论推理，对问题进行科学解释。

真正的实验教学应该是如布鲁纳所说的“在教室里所做与科学家在实验室里所做只有程度不同，没有本质区别。”真正的科学探究应该是真实的、可变的，学生在学习时分阶段进行科学探究无可厚非，但若让学生按照菜谱做菜一样进行科学探究，抹杀其中创新的部分，就如同厨师没有自己的创意菜，学生永远只能成为实验操作者而不是科学家。在实际实验教学中教师应该给予学生充分的自主权，以学生的思考和发展为主体，自主构建科学理论。

(二)交流

科学作为社会性活动的特质，科学探究是一种社会活动过程，为了实现科

学探究的社会性过程，交流是必不可缺的。在以往的教学中，常常通过小组合作的方式进行讨论交流，但由于教师分组的随意性导致自然的社会活动被形式化。要想让学生真正理解科学的本质，应在生物学实验教学课堂上实现从以往的个体行为向群体行为发生转化，课堂互动反映科学共同体的真实互动。随着大数据时代的到来，学科交叉往往能够实现创新，也就要求科学研究者越来越需要交流合作，通过交流、挑战、质疑，取长补短、推陈出新。因此，在实验教学中教师也应该引导学生主动进行交流合作，如为学生提供进行开放性讨论的机会，让学生各抒己见，据理论证，秉承对自身和他人的想法负责的态度。教师通过营造平等自主、交流碰撞的学习氛围，鼓励学生融入科学创造者、构建者的角色，敢于挑战权威，构建学习共同体，从而实现理想的生物学实验教学。

(三)容错

大多数学校在开展实验时，每种实验只进行一次，学生只能操作一遍。许多学校在开展探究性实验时，提供准备好的材料、仪器、试剂，让学生能快速地做出实验结果，达到“高效”的实验教学。教师为了更容易掌控课堂，常提出封闭式的问题，让学生探索，这背离了实验教学的初衷。

为了避免探究的形式化，让生物学实验更加贴近真正的科学实践，学校和教师应该敢于放手，应适当地开放实验室，让学生在反复实验中成长，在失误中收获宝贵的经验。在科学探究的道路上不因一两次失败就气馁，而应该引导学生学习科学家永不言败的精神，认真分析错处、承受失败，逐渐形成坚韧不拔、越战越勇的精神，敢于从头开始。

三、生物学实验教学应重视工程与技术实践活动

科学实践包括科学上的探究实践和工程中的设计实践两部分。科学上的探究实践，帮助学生理解科学知识是如何发展的，引导学生掌握观察、调查、建模等解释世界的多种方式；而工程中的设计实践则让学生了解工程师的工作以及工程和科学之间的联系，建立科学与生活的联系。

学习来源于生活，最终也将走向生活，在生物学实验教学中重视实践活动有助于学习者理解科学知识的发展过程，提高学习者运用生物技术的能力，实现科学在生产生活中的回归。学生还能通过实践增强情感体验，形成对科学、技术、社会的整体认知，意识到技术并不遥远，用科学技术回馈社会，并反思科学艺术与社会的伦理问题。此外，学生还能够增强对科学知识的了解、科学方法的掌握、科学技术影响力的认识，从而提高核心素养。

(一)为未来职业选择与专业发展奠定基础

在生物学课程中重视工程与技术实践活动，能够帮助学生通过参与和解决实际问题来获取科学与技术知识，树立正确的态度、价值观和社会责任感。在日常生活中或未来就业后能够把所学知识和方法与实践结合，对科技引起的问题进行思考和判断。在进行职业选择时能够依照自己的核心素养做出科学合理的判断，根据实际情况深入分析是否适合，避免出现“叶公好龙”的情况，并能够采取适当的行动，做出最适合自己的判断。

在生物学实验教学中引入现代化科学技术、仪器，帮助学生在学习阶段掌握并应用现代科学技术，从而使学习与应用更加匹配，缩短从毕业到实际工作的时间。

> **核心概念**
>
> **跨学科实践**是从学生的日常生活和发展需要出发，从生活情境中发现问题，转化为活动主题。其包括三重要义：跨出学科思维，到生活中去；跨出学科壁垒，到联系中去；跨出教学对立，到实践中去。
>
> 《义务教育生物学课程标准(2022 年版)》新增了“生物学与社会·跨学科实践”学习主题。本主题包括模型制作、植物栽培和动物饲养、发酵食品制作三类跨学科实践活动。通过本主题的学习，学生能够认识生物学与社会的关系，能够理解科学、技术、工程学、数学等学科的相互关系，并尝试运用多学科的知识和方法，通过设计和制作，解决现实问题或生产特定的产品，发展核心素养。

(二)推动学科进步，服务人类生活

生物学知识是生物工程的设计基础，而生物工程技术则是对所学知识的应用，不断进行产品研发进而推动生物学不断进步，提高人类的生活质量。随着生命科学的发展，在 20 世纪 70 年代，分子生物学与工程技术相结合，开辟了生物工程领域。基因重组技术、PCR 技术、细胞工程、基因工程、染色体工程、胚胎工程等的诞生已在农业、工业、医疗卫生方面得到了广泛的应用，并取得许多突破性的进展。在生物学学习中重视工程与技术实践活动能够在保护人类健康、促进农业生产发展、恢复生态环境等方面做出不可估量的贡献。

在生物学实验教学中融入实践能够推动学科进步，服务人类生活。如北宋诗人周敦颐对荷花“出淤泥而不染，濯清涟而不妖”的赞美流传千古，学生通过观察也能发现，荷叶不沾水。通过深入探索，学生能够得知正是荷叶表面纳米

双重结构使荷叶与水或尘埃接触面积有限，从而使荷叶具有防水和自洁的能力。在实验教学中引入工程与技术实践探索就可以将这种发现应用到户外建材或皮肤破损方面，研究仿生材料。学生能够通过实践认识到科学与工程有利于解决当今社会面临的重大难点与挑战，如疾病的治疗与预防、淡水和食物的供应、气候变化等。

（三）打破学科界限，学以致用

在实际生活中，我们很难把日常生活或工作中所遇到的问题单一地划分为哪个是生物学问题、哪个是物理问题，往往一个问题需要多学科知识综合才能够解决。在生物学学科教学中重视工程与技术实践活动能够打破学科间的界限，锻炼学生应用所学知识，实现有意义学习。学生学会多角度地分析和解决所遇问题，锻炼综合能力，学以致用。

随着科学技术的不断发展，科学和工程技术之间的界限日渐模糊，任何科学研究或工程设计都离不开相应的技术支持和理论科学，工程技术和社会之间的相互联系日渐密切，不可分割。开展工程与技术实践活动能够将具有内在联系的生命科学、物质科学、空间科学甚至社会科学等学科及领域联系在一起，使学生从整体上认识客观世界，培养深刻理解并灵活运用科学知识、科学方法和综合解决现实问题的能力。

（四）培养世界观

青少年正处于世界观形成的关键阶段，对于青少年而言，对世界的认知正确与否会对其未来产生深远的影响，如果只是闭门求知而不能从实践中睁眼看世界很难树立科学的世界观。传统的学科教学拉开了学生与社会生活的距离，延缓了学生社会化的进程，而开展工程与实践技术活动能够为学生提供接触社会、分析、处理问题的机会，帮助学生科学地认识社会从而树立科学的世界观。

【学以致用】

以中学生物学中的某一科学史为例，谈一谈科学研究中的社会性活动特质对于实践活动的重要性。

【拓展延伸】

《义务教育生物学课程标准（2022 年版）》选取了“生物学与社会·跨学科实践”的学习主题，从内容结构上看，该主题与其他 6 个学习主题构成了完整的课程内容体系，它们之间是相互融合的关系。请你结合实践，谈一谈如何落实该主题的学习。

第二章　生物学实验教学设计

【学习目标】

通过本章的学习，学习者应能够：

1. 运用先进的教育教学理念、基本范式进行具体实验教学的设计。
2. 基于验证性实验设计的基本规范发展学生的基本实验素养。
3. 掌握探究性实验设计的基本规范，并尝试进行实验创新。
4. 尝试利用虚拟实验优化生物学实验教学设计。
5. 深入开展生物学实验教学的科学实践，全面提升科学素养。

【内容概要】

生物学实验教学设计首先要符合基本的教学设计规范，在充分彰显先进教育教学理念下分析生物学验证性实验、探究性实验和虚拟实验的基本教学要求、教学过程和基本原则，并选用典型案例阐释不同生物学实验教学设计的特征与评价。注重科学实践在生物学实验教学设计中提升科学素养的功能，发展和完善科学探究的实践本质。

【学法指引】

在本章的学习过程中，建议读者首先明确本章的学习目标和主要学习内容，总体上把握本章的总体要求和内容概要。在学习每节内容时，以节前的"问题聚焦"为主线，在分析教学实践中具体案例的基础上进一步明晰学习重点，从本质上理解生物学实验教学设计在验证性实验、探究性实验和虚拟实验中的应用，以及科学实践在生物学实验教学设计中的重要作用。本章内容后有"学以致用"栏目，读者可以借此对本章学习效果进行自我评估。

第一节　生物学实验教学设计应符合基本规范

【问题聚焦】

1. 生物学实验教学设计需要彰显哪些教育理念？
2. 生物学实验教学设计有哪些方面的参考范式？
3. 生物学实验教学设计需要遵循哪些规范？

【案例研讨】

> **核心概念**
>
> **教学设计**是根据课程标准的要求和教学对象的特点，将教学诸要素有序安排，确定合适的教学方案的设想和计划。教学设计一般包括教学目标、教学重难点、教学方法、教学步骤与时间分配等环节。

刚入职的教师A在第一次上实验课之前感到忐忑不安，不清楚中学生物学实验课需要提前准备些什么。于是她在一次教研活动会议上提出了自己的顾虑，希望能得到本校同行的关心和支持。

教师A：学校的实验课教学需要提前准备些什么？肯定要写实验教学设计的吧？怎么写呢？是不是跟正常的课堂教学一样，包括教学目标、教学重难点、教学过程等方面？

教师B：生物学实验教学肯定要写教学设计，但和一般的课堂教学有所不同，要体现出实验课的特点，将动手与动脑相结合，引导学生在实验中发现问题、科学解释、设计论证。在实验中学生可能会提出很多意外问题，教师要善于运用这些教学资源，启发学生的科学实践。

教师C：是的，实验课并不仅仅是教学生做课本的实验，而是基于某一个具体实验，结合学生的认知规律、学习特征等，紧密联系学科核心概念、跨学科概念开展科学实践活动，学生在实验中体现出来的探究能力、探究精神需要及时鼓励与赞扬。当然初次进行生物学实验教学时一定要熟悉实验的常规操作流程，进而熟练掌握实验教学设计的基本规范和各种教学范式。

教师D：我建议你首先根据生物学实验课的特点设计实验教学流程，可以参考一些优秀的实验教学案例，也可以先跟着其他教师去实验室听课，认真观察实验课中教师的指导和学生的表现，然后写出自己的实验教学设计。重点是激发学生参与实验的兴趣，真正体现学生的思维活动过程，让学生在实验课上有所收获，而不只是热闹、好玩。

生物学实验教学设计与一般的教学设计相比，有什么独特之处？应遵循哪些基本的规范？如何在设计上指向核心素养的达成？

实验教学作为生物学课堂中非常重要的组成部分，需要教师更深入地理解实验教学的基本理念和设计规范，通过科学的设计激发学生真正参与到实验中来。

一、生物学实验教学设计应彰显先进理念

(一)生物学实验教学设计要凸显学科核心素养

《2020年修订版高中生物学课标》明确指出，基础教育课程承载着党的教育方针和教育思想，规定了教育目标和教育内容，是国家意志在教育领域的直接体现，在立德树人中发挥着关键作用。党的二十大报告明确提出："育人的根本在于立德。全面贯彻党的教育方针，落实立德树人根本任务，培养德智体美劳全面发展的社会主义建设者和接班人。"2017年版2020年修订的高中课程标准是在2003年教育部印发的普通高中课程方案和课程标准实验稿的基础上，深入总结21世纪以来我国普通高中课程改革的宝贵经验，充分借鉴国际课程改革的优秀成果，努力将普通高中课程方案和课程标准修订成既符合我国实际情况，又具有国际视野的纲领性教学文件，构建具有中国特色的普通高中课程体系。课程标准的主要变化体现在进一步明确了普通高中教育的定位、进一步优化了课程结构、强化了课程有效实施的制度建设、凝练了学科核心素养、更新了教学内容、研制了学业质量标准、增强了指导性。课程标准通俗易懂，逻辑更清晰，原则上每个模块或主题由内容要求、教学提示、学业要求组成，大部分学科增加了教学与评价案例，同时依据学业质量标准细化评价目标，增强了对教学和评价的指导性。本次修订是深化普通高中课程改革的重要环节，直接关系育人质量的提升。普通高中课程方案和课程标准必须在教育教学实践中接受检验，并不断完善。

生物学实验教学设计要突出《2020年修订版高中生物学课标》倡导的基本理念，即以核心素养为宗旨，着眼于学生适应未来社会发展和个人生活的需要，从生命观念、科学思维、科学探究和社会责任等方面发展学生的学科核心素养，充分体现本课程的学科特点和育人价值，是本课程的设计宗旨和实施中的基本要求；内容聚焦大概念，课程的设计和实施追求"少而精"的原则，必修和选择性必修课程的模块内容聚焦大概念，精简容量、突出重点、切合年龄特点、明确学习要求，确保学生有相对充裕的时间主动学习，帮助学生深刻理解和应用重要的生物学概念，发展生物学学科核心素养；教学过程重实践，高度关注学生学习过程中的实践经历，强调学生学习的过程是主动参与的过程，让学生积极参与动手和动脑的活动，通过探究性学习活动或完成工程学任务，加深对生物学概念的理解，提升应用知识的能力，培养创新精神，进而能用科学的观点、知识、思路和方法，探讨或解决现实生活中的某些问题；学业评价促发展，重视以评价促进学生的学习与发展，重视评价的诊断作用、激励作用和

促进作用。致力于创建一个主体多元、方法多样、既关注学业成就又重视个体进步和多方面发展的生物学课程评价体系。提倡在评价中关注学生的个体差异和发展需求，帮助学生认识自我、建立自信，改进学习方式，促进生物学学科核心素养的形成。

生物学实验教学设计要彰显核心素养，首先要理解其本质。学科核心素养是学科育人价值的集中体现，是学生通过学科学习而逐步形成的正确价值观念、必备品格和关键能力。生物学学科核心素养包括生命观念、科学思维、科学探究和社会责任。“生命观念”是指对观察到的生命现象及相互关系或特性进行解释后的抽象，是人们经过实证后的观点，是能够理解或解释生物学相关事件和现象的意识、观念和思想方法。学生应该在较好地理解生物学概念的基础上形成生命观念，如结构与功能观、进化与适应观、稳态与平衡观、物质与能量观等；能够用生命观念认识生物的多样性、统一性、独特性和复杂性，形成科学的自然观和世界观，并以此指导探究生命活动规律，解决实际问题。“科学思维”是指尊重事实和证据，崇尚严谨和务实的求知态度，运用科学的思维方法认识事物、解决实际问题的思维习惯和能力。学生应该在学习过程中逐步发展科学思维，如能够基于生物学事实和证据运用归纳与概括、演绎与推理、模型与建模、批判性思维、创造性思维等方法，探讨、阐释生命现象及规律，审视或论证生物学社会议题。“科学探究”是指能够发现现实世界中的生物学问题，针对特定的生物学现象，进行观察、提问、实验设计、方案实施以及对结果的交流与讨论的能力。学生应在探究过程中，逐步增加对自然现象的好奇心和求知欲，掌握科学探究的基本思路和方法，提高实践能力；在探究中，乐于并善于团队合作，勇于创新。“社会责任”是指基于生物学的认识，参与个人与社会事务的讨论，做出理性解释和判断，解决生产生活问题的担当和能力。学生应能够以造福人类的态度和价值观，积极运用生物学的知识和方法，关注社会议题，参与讨论并做出理性解释，辨别迷信和伪科学；结合本地资源开展科学实践，尝试解决现实生活问题；树立和践行“绿水青山就是金山银山”的理念，形成生态意识，参与环境保护实践；主动向他人宣传关爱生命的观念和知识，崇尚健康文明的生活方式，成为健康中国的促进者和实践者。生物学学科核心素养是学生在生物学课程学习过程中逐渐发展起来的，在解决真实情境中的实际问题时所表现出来的价值观、必备品格与关键能力，是学生知识、能力、情感态度与价值观的综合体现。

实验教学是生物学课程的特点，也是生物学教学的基本形式之一。《2020年修订版高中生物学课标》课程内容中“教学提示”部分所列的教学活动有一部分就是实验教学。实验教学是促成学生达成生物学学科核心素养的重要支撑。为更好地开展实验教学，建议教师注意以下几点：①实验设计应该多样化。例如，可以采用比较规范的实验仪器设备设计实验，也可以设计低成本、低消耗、低(无)污染的教学实验；可以采用生物材料设计和开展实验，也可以利用电子设备完成模拟性实验；有条件的学校还可以充分利用多媒体、互联网及无线通信技术进行虚拟实验。应鼓励学生参与设计实验。②在重视定性实验的同时，也应重视定量实验，让学生在量的变化中了解事物的本质。教师应给学生提供机会学习生物学研究中的测量方法，实事求是地记录、整理和分析实验数据，定量表述实验结果等。③要注意实验安全教育。安全使用实验器具(如解剖器具、玻璃器皿、酒精灯等)和实验药品(如酒精、酸、碱等)是生物学实验的基本技能。教师应强化安全教育，增强学生自我保护意识。同时，要注意实验室废弃物的妥善处理。

(二)生物学实验教学设计要积极开展科学实践

在美国《新一代科学教育标准》(*Next Generation Science Standards*，NGSS)中，学习科学有三个截然不同但同样重要的维度。这些维度结合起来形成每个标准或表现期望，每个维度与其他两个维度一起工作，以帮助学生随着时间的推移建立对科学的凝聚性理解。美国国家研究委员会(National Research Council，NRC)框架描述了精通科学意味着什么的愿景，它依赖于科学作为知识体系和以证据为基础，模型和理论建立企业的观点，不断扩展、提炼和修改知识。它提出了三个维度：横切概念(crosscutting)、科学和工程实践(practice)、学科核心理念(core idea)。科学教育的主要目标之一是培养学生的思维习惯，以及从事科学探究能力，并教他们如何解释科学方面的理由。科学和工程实践的基本要素主要包括：①提出问题(科学)和定义问题(工程)；②开发和使用模型；③规划和开展调查；④分析和解释数据；⑤运用数学和计算思维；⑥构建解释(用于科学)和设计解决方案(用于工程)；⑦参与证据辩论；⑧获取、评估和传达信息。美国此次基础科学教育课程改革的核心是强调科学探究向科学实践的转变，为科学探究课程理念正身，改变科学探究模式化的现状，让学生体会真正的科学探究，也让教师理解真正的科学教育本质。“真正的科学探究”是科学知识的生成、验证和发展的过程，面对的是开放性的问题，需要探究者科学的知识、直觉、想象力、创造力及个性品质的介入，不存在一套普适性的、正确的方法和逻辑。

生物学实验教学设计要以科学实践为核心理念和内容，凸显基础科学教育发展的主要方向，在价值取向、内容、结构和实施中突出实验教学设计的主要特征。在价值取向上，科学实践标准追求科学教育公平性，体现科学本质向实践转变的趋势，强调科学知识与实践的结合教学；在内容上，延续科学课程内容综合化特性，包括科学实践与跨学科概念、学科核心概念的综合化及科学和工程实践的综合化，科学实践与科学探究相比较，内容特征还体现在科学语言的规范和合理运用、重视现有教学情境中的学习进阶；在结构上，按照学科和主题体现标准内容，以“表现预期＋基础框＋联系框”组合形式呈现标准，具有整合性，遵循 K-12 年级循序渐进的学习进阶、知识与实践的合理对接，具有连贯性。在实施上，每位教师在进行生物学实验教学设计的过程中能够充分体现教学自主性、过程有序性、参与广泛性。

科学实践强调知识与实践相结合，理论性探究应该在教学中占主导地位。实验教学设计的主要特点是强调探究活动的进行，使探究活动与科学概念的学习相关联。在教师恰当的引导下，学生完全可以理解科学解释，形成科学论据并反思科学知识。科学实践强调理论性论证的建构是对“学科学”的进一步重视，是在掌握基础知识的前提下培养学生的理论探究思维和能力。科学实践强调知识与实践相结合，实践性活动仍然应该贯穿于课堂教学。科学实践中的活动力图使学生在动手动脑的基础上动嘴动笔，以语言的方式让思考可视化，以文字、数字、图表、模型等方式展现自己的研究过程和结果，不仅清楚明了而且具有很强的说服力。科学学习过程中，学生要动笔，使用这些科学代表物和工具来表达自己的科学观点，以及帮助自己理解和分析现象，构建自己的论证体系，以从个人的科学活动向团体的科学活动转变，充分体现科学家科学研究的社会性活动本质。科学需要细致的交流和观点的表达，科学家时常与研究团队分享自己的理论和方法，并且需要借助语言来表达自己的观点和看法，不仅如此，研究成员之间关于研究对象的解释和争论同样需要语言的支撑。课堂中的科学教学是科学家研究过程的缩影，因此，应该在实验课堂中建立讨论规则，尊重不同个体在文化、语言和经验上差距的基础上进行角色定位，鼓励对话和争论，运用语言通过对话和争论进行科学学习。①

二、生物学实验教学设计具有基本范式

教学设计是根据课程标准的要求和教学对象的特点，将教学诸要素有序安排，确定合适的教学方案的设想和计划。一般包括教学目标、教学重难点、教学方法、教学步骤与时间分配等环节。实验教学设计以促进学生的学习为根本目的，运用系统方法，将学习理论与教学理论等的原理转换成对实验教学目

① 刘恩山. 中学生物学教学论[M]. 北京：高等教育出版社，2003：173-174.

标、实验教学内容、实验教学方法、实验教学策略和实验教学评价等环节进行具体计划，创设有效的教与学系统的"过程"或"程序"。教学设计应用系统方法研究、探索并协调教与学的关系。因此，它考虑的因素包括设计理念、教学目标、教学内容、教学方法、教学背景、教学对象、教学策略、教学媒体、教学评价等，并用系统论的方法来加以统筹规划和组织。实验教学设计更多的是研究学生"如何做实验"，以及教师和学生在实验中的互动，使实验真正达到优化的效果。

加涅(Gagne)在《教学设计原理》中将"教学设计"界定为："教学设计是一个系统化规划教学系统的过程。教学系统本身是对资源和程序做出有利于学习的安排。任何组织机构，如果其目的旨在开发人的才能均可以被包括在教学系统中。"帕顿(Patten)在《什么是教学设计》中指出："教学设计是设计科学大家庭的一员，设计科学各成员的共同特征是用科学原理及应用来满足人的需要。因此，教学设计是对学业业绩问题(performance problems)的解决措施进行策划的过程。"查尔斯·M. 瑞格鲁斯(Charles M. Reigeluth)在《教学设计是什么及为什么如是说》中指出："教学设计是一门涉及理解与改进教学过程的学科。任何设计活动的宗旨都是提出达到预期目的最优途径，因此，教学设计主要是关于提出最优教学方法的处方的一门学科，这些最优的教学方法能使学生的知识和技能发生预期的变化。"梅里尔(Merrill)等人在《教学设计新宣言》中对教学设计所做的新界定值得引起人们的重视，他们认为："教学是一门科学，而教学设计是建立在这一科学基础上的技术，因而教学设计也可以被认为是科学型的技术。"美国学者肯普(Kemp)给教学设计下的定义是："教学设计是运用系统方法分析研究教学过程中相互联系的各部分的问题和需求。在连续模式中确立解决它们的方法步骤，然后评价教学成果的系统计划过程。"

通常，实验教学设计可分为两类：一类是对长期教学活动的规划，如学年实验计划、学期实验计划、单元实验计划、每周实验计划等；另一类是对短期的每个实验教学活动的计划。这里讨论的实验教学设计主要是针对每个实验教学活动的设计，它一般包括以下过程。

(一)生物学实验教学注重目标制订

在制订实验教学目标时，要注意实验教学目标正确表述的四要素①：①实验教学目标的行为主语是学生，强调的是学生在实验中做什么；②实验教学目标的行为动词要意义明确、易于观察、便于检验，可以采用一些技能性目标行

① 陈迪妹．中学化学实验教学与创新研究[M]．北京：科学出版社，2014：8-10.

为动词来表达，如“尝试……”“使用……”“制作……”等，因此，有人也把实验教学目标视为学生的学习目标；③行为条件的恰当界定指的是有时需要表明学生在什么实验中或在什么情况下完成的实验、达成的实验教学目标的条件范围，如“在色素的提取和分离实验中，学生……”中的“在色素的提取和分离实验中”就是行为条件的界定表述；④表现程度的准确表述指的是学生实验结果应该达到的水平程度，如“学生规范地写出实验报告”中的“规范地”和“学生快速地做好装片”中的“快速地”就是关于表现程度的表述。从设计的理念上还要注意：根据具体实验设计尽可能地通过学生活动、模仿体验、探究实践等方法策略选择性地培养学生的学科核心素养。

（二）生物学实验教学关注学情特征

分析学生学情不仅能够帮助他们解决实验中的困难，完成实验任务，而且教师的教学还要努力去满足学生的需求，努力去实现学生实验的目的，分析学生的学习特征时，既要考虑学生群体之间稳定的、相似的特征，又要分析他们之间变化的、差异性的特征。相似性特征的研究可以为大众化实验教学提供理论参考，差异性研究能够为个别化实验教学提供依据。学生特征分析包括：学生一般特征的分析、学生实验起点能力的分析、学生实验风格的分析、学生实验需求与趋向的分析①。

（三）生物学实验教学关注内容分析

实验教学内容分析，主要是以教材上的实验内容作为依据，根据教材的实验内容，厘清实验内容体系，明确实验中的重、难点。在核心素养的背景下进行实验教学内容分析时要关注学科内和跨学科知识的融合，如将验证性实验改变成探究性实验、将单一性实验内容转变为综合性实验内容，以项目化形式，基于现代教育信息技术来开展实验教学。

（四）生物学实验教学注重方法设计

实验教学方法的设计要根据实验教学目标、实验教学内容、学生的认知特征、教师的实验教学风格、实验教学时间、实验教学条件、实验教学环境等因素，采用多种实验教学方法的有机组合，以最恰当的方式呈现实验教学内容，调节和强化学生的实验教学行为，获得最优化的实验教学效果。实验教学方法的设计要注重多元化、多手段的教学呈现方式，除了采用教授法、演示法等传统实验教学方法外，还可以采用“引导-探究法”“模拟实验法”，基于网络虚拟实验

① 何克抗，林君芬，张文兰．教学系统设计[M]．北京：高等教育出版社，2006：58.

平台的虚拟仿真技术、VR与AR技术建构数字化、游戏化、交互性的实验。

在中学生物学课时非常有限、教学要求较高的情况下，实验教学方法的设计可以更多地关注项目化学习。项目化学习的设计关注核心知识，在概念或者核心概念的层级上进行设计，用这些概念来包容我们现在的基础知识，达到课时和知识上的整合，进而形成学习素养下项目化学习设计的框架。这样的实验教学设计，旨在促进学生的心智在不同情境中进行灵活转换，成为心智自由的人。关注核心知识和挑战性的问题，引导学生在此过程中具有高阶的认知和一系列社会性的、调控性的、审美性的、技术性的实践，最终使学生产生个性化的表达。在这个过程中培养学生的科学精神，帮助学生养成科学思维的习惯，形成积极的科学态度，发展创新实践能力，进而树立社会主义核心价值观，落实立德树人根本任务。

(五)生物学实验教学关注媒体选择

实验教学媒体是指以采集、传递、存储和加工实验教学信息为最终目的的工具和载体，它用于实验教学信息从信息源到学生之间的传递，具有明确的教学目的、教学内容和教学对象①。根据媒体作用于人体感官的不同，实验教学媒体可以分为视觉型媒体(如图片、黑板、印刷品等)、听觉型媒体(如口头语言、录音机、广播等)、视听型媒体(如电影、电视、计算机等)、交互型媒体(如多媒体、虚拟实验平台等)。

《2020年修订版高中生物学课标》在“地方和学校实施本课程的建议”中提出“积极开发和利用信息技术课程资源。学校应加强信息技术资源的建设，鼓励教师开发课件、微课以及各种多媒体课程资源，不断丰富校园网上的各种生物学信息。学校应创造条件，鼓励教师积极运用信息技术资源，一方面服务于课堂教学活动，改进课堂教学方式，增加师生间和生生间的互动交流，提高课堂教学效率；另一方面服务于学生的自主学习活动，让学生利用校园网上的课件、微课、微视频，以及各种生物学信息资源，开展自主学习，拓展学科视野”。这就要求教师根据实验教学的需要，对各种辅助教学的媒体进行恰当的选择和组合。选择实验教学媒体时，要依据：①实验教学目标和实验教学内容的要求；②学生的年龄特征；③现有的实验教学资源条件等多种因素。要做到传统媒体与现代媒体结合、单项媒体与多项媒体结合，既要大力推广使用现代化的多媒体，也要提倡用好教学挂图、教具模型、投影图片以及小黑板等传统的教学媒体，从而优化实验教学设计，真正起到激发学生的实验兴趣、创设

① 陈晓慧. 教学设计[M]. 北京：电子工业出版社，2005：157.

良好的实验环境、扩大实验信息容量的作用，最终实现提高实验教学质量的目的。

(六)生物学实验教学注重过程设计

由教师、学生、教学内容、教学媒体、实验室、实验环境等要素组成的实验教学系统，其运动变化即为实验教学过程。实验教学过程的设计就是将前面制订的实验教学目标、设计的实验教学方法在实验中具体实施的过程。实验教学过程的设计是实验教学设计的核心，实验内容和实验对象的分析是否合理，实验教学目标的设计是否科学准确，实验教学方法的选择与组合是否恰当，学生实验方法的指导是否到位，实验教学媒体的选择和运用是否合适，这些都将在实验教学过程中得以体现。实验教学是师生双主体进行"教学"与"实验"的双向互动过程，而不是单一方向的线性传输过程。实验教学在以"目标—策略—评价"为主线安排进程的同时，也出现了"实践—体验—展示"的实验新路径，在实验中体验学习，同时通过多元的评价方式，进一步促进学生科学探究实践能力不断提升。

如"植物细胞的吸水和失水"实验的教学以生活中"葱动"魔术实验现象导入，引起学生的学习兴趣，设下疑问进入课堂新课学习。以观察渗透现象为基础，分析渗透作用的原理和条件；以渗透作用的原理为基础，分析动物细胞的吸水和失水；以动物细胞的吸水和失水为基点，探究植物实验细胞的吸水和失水。具体流程如表 2-1 所示。

表 2-1 "植物细胞的吸水和失水"实验的教学过程

教学步骤	教师的组织和引导	学生活动	教学意图
宏观实验引导	演示"葱动"魔术实验。 引导学生观察实验动态变化过程。 【附录像片段 1】	观看实验动态变化，思考引起变化的原因	【创新】利用日常生活食材设计神奇的动态变化，设下疑问，激发学生的学习兴趣
讲授理论知识，为探究植物细胞吸水和失水做铺垫	要解释"葱动"魔术实验，先要学习渗透作用原理和条件。 播放渗透作用的动画，引导学生分析渗透作用的原理和条件。 提出问题：如何制备纯净的细胞膜？ 展示水分子进出哺乳动物红细胞的状况图片。	观看视频动画，进行讨论并且说出渗透作用发生的必要条件。 回忆以哺乳动物红细胞为材料制备细胞膜的实验，并回答。 利用"假说-演绎法"得出结论：细胞膜相当于	增设观察渗透现象实验，让学生直观感受渗透现象，激发学生的学习热情。 教师以学生已有知识为过渡，建立前后知识的联系。 学生体会如何提出问题、做出假设，为后面

续表

教学步骤	教师的组织和引导	学生活动	教学意图
	提出问题：动物细胞吸水和失水的原理？在动物细胞这个渗透装置中，半透膜是由什么结构充当的？浓度差又在哪里？ 引导分析“葱动”魔术实验与细胞吸水和失水的关系。 【附录像片段 2】	半透膜，细胞质溶液与外界溶液存在浓度差 思考引起“葱动”魔术实验现象的内因。 回忆植物细胞的显微结构——从外到内依次是细胞壁、细胞膜、细胞质、液泡膜、细胞液	探究性实验打下基础，有助于重难点突破。 运用细胞吸水和失水的原理解释生活中的现象，体现所学知识与生活的联系，激发学生学习热情
微观观察，进行探究性实验	由宏观转入微观探究 展示：成熟的植物细胞显微结构示意图。 引导思考：植物细胞能不能依靠渗透作用吸水和失水？是否具备渗透作用的两个条件？哪个结构充当半透膜？ 发放“探究植物细胞吸水和失水”的实验设计卡。提出要求：结合“葱动”魔术实验实例和成熟植物细胞的结构，尝试提出有探究性价值的具体问题并做出假设。 引导全体学生对各小组的问题和假设进行评价与修正，最终确定最合理的假设。 展示：实验备选材料、备选试剂、备选仪器的范围(并投影出备选材料及试剂的特点)。 指导学生进行探究性实验设计。 【附录像片段 3】	以两人为一个小组进行讨论，提出问题，做出假设，小组之间进行交流。 确定最合理的假设：植物细胞的原生质层充当半透膜。 以小组为单位设计实验，明确实验思路，选择恰当的实验材料、试剂和仪器	引导学生尝试从生活现象中提出问题、做出假设并设计实验。 【创新】针对教学难点，教师将探究性实验步骤细化，以实验设计卡方式呈现，让学生明确探究性实验步骤，同时提供蔗糖加红墨水的实验试剂，让学生的实验设计多样化，使学生能够直观看到细胞壁具有全透性的证据，更加有利于得出实验结论； 鼓励学生用手机拍下所观察到的实验结果，进行分享实验结果，便于交流，增加学生的学习热情

续表

教学步骤	教师的组织和引导	学生活动	教学意图
表达与交流并总结	指导学生分小组进行实验，并要求学生注意观察并记录： ①临时装片中洋葱表皮细胞中央液泡的大小和原生质层的位置。 ②当洋葱表皮细胞浸泡在蔗糖溶液或红色的蔗糖溶液中后，细胞壁的位置、中央液泡大小、原生质层位置、红色蔗糖的分布。 ③当洋葱表皮细胞重新浸泡在清水中后，细胞壁位置、中央液泡大小、原生质层位置。 组织学生进行交流汇报并分析实验结果。 【附录像片段 4】 总结： ①植物细胞吸水和失水的过程。 ②探究性实验的基本过程	进行实验，记录实验现象。 小组成员代表汇报实验结果，最终得出结论："成熟植物细胞的原生质层充当半透膜"。 回顾本节课探究过程，阐述探究性实验的基本方法和步骤：提出问题，做出假设，设计和进行实验，分析结果，得出结论	通过实验进行总结，从实践升华到理论。 阐明探究性实验的基本方法和步骤，为教材后面的探究性实验的顺利完成打下基础。 结合洋葱表皮细胞的质壁分离与复原实验得出结论：植物细胞的原生质层相当于半透膜。成熟的植物细胞的细胞液与细胞外界溶液发生了渗透作用：当细胞液浓度＜外界溶液，细胞失水，发生质壁分离；当细胞液浓度＞外界溶液，细胞吸水，发生质壁分离复原

(七)生物学实验教学关注评价设计

实验教学评价是指以实验教学目标为依据，制订科学的标准，运用一切有效的技术手段，对实验教学活动过程及其结果进行测定、衡量，并给予价值判断。实验教学评价对于提高实验教学效果具有诊断、激励、导向、调控的功能。对实验教学设计本身的评价应该从实验设计方案的科学性、完整性、规范性、可操作性、创新性等方面进行，对实验教学效果的评价应该包括对学生的实验教学方法、实验教学媒体、实验教学过程、实验结果等方面的评价。

实验教学设计的评价途径：①在实验教学设计实施之前，教师对已形成的实验教学设计方案进行预测，以便于在即将进行的实验教学过程中从容应对各种意外发生的教学事件，更好地在实验活动中进行有针对性设计的再度创造；②在实验教学活动过程中，针对学生在实验操作、意外处理、实验改进等方面进行有针对性的表现性评价、过程性评价；③在实验教学活动完成后，对实验教学设计以及实验教学活动过程与结果进行及时的反思性评价，目的是对实验教学设计再一次地进行检验，通过师生的共同反思评价后对实验教学设计进行进一步的修改和完善。

三、生物学实验教学的设计需遵循基本规范

生物学实验教学的设计一般包括生物学实验教学目标、生物学实验教学方法、生物学实验教学组织策略、生物学实验教学创新等部分。

(一)生物学实验教学关注目标设计

实验教学目标应该是准确具体的、可操作、能检测的。实验教学目标是实验教学的核心，教师应认真钻研新课标、新课标解读和教材，在了解教材的横向联系和纵向联系的基础上，根据每次实验的具体内容、学生的认知水平与规律制订切合学生实际的实验教学目标。首先，实验目标要具体，即根据实验的动作技能和心智技能的难易程度，把所定目标落实到某项技能上，让学生学有可依，对达到目标充满信心；其次，实验目标要具有可操作性，即目标是外显和可见的，一般采用外显行为动词来表述，同时还要能落实到具体的教学工作中，便于实现；最后，实验目标要能检测，即实验目标既是实验开始前的“预设期望”，又是实验结束后的“达成结果”，所以既要可观察，又要可量化，还能作为实验结果的检测评判标准，从而测定出学生实验是否实现了既定的学习目的。

生物学实验教学目标的设计应紧密结合《2020 年修订版高中生物学课标》中的“学业质量水平”的要求，明确实验教学的目标导向，注重从不同的素养维度提升学生的实验设计、实施和评价的能力，关注不同学业质量水平要求，突出学生的进阶表现，进而以第四级水平描述来界定学生的等级发展层次。

在生命观念维度上，能运用结构与功能观、物质与能量观、稳态与平衡观等观念，阐释生物体组成结构和功能之间的关系、遗传与变异的物质和结构基础、稳态的维持和调节机制、生态系统的平衡原理等；运用进化与适应观阐释生物的多样性和统一性，以及与环境的关系；在新的问题情境中，能以生命观念为指导，解释生命现象，探究生命活动的规律；基于上述观念，能够将科学(science)、技术(technology)、工程(engineering)和数学(mathematics)(STEM)知识和能力综合运用在实践活动中，解决生活中的实际问题。

在科学思维维度上，能基于事实和证据，采用归纳与概括、演绎与推理、模型与建模等方法，以恰当的形式阐释分子与细胞、遗传与变异、稳态与调节、生物与环境等相关概念的内涵，论述生物工程与技术的原理及其与社会之间的关系；在面对生产、生活中与生物学相关的新问题情境时，能熟练运用科学思维方法展开探讨、审视或论证；在面对有争议的社会议题时，能利用生物学重要概念或原理，通过逻辑推理阐明个人立场，做出决策并解决问题。

在科学探究维度上，能够针对日常生活和生产中的真实情境，提出清晰的、有价值的、可探究的生命科学问题或生物工程需求，查阅相关资料、设计并实施恰当可行的方案，运用多种方法如实记录，创造性地运用数学方法分析实验结果，并客观分析与评价生物技术产品在生产和生活中的应用所产生的效益和风险；能论证人类的活动对环境产生的影响，阐释生物多样性对生态系统维持、人类生存和发展的重要意义；在生物学的探究过程中起组织和引领作用，运用科学术语精确阐明实验结果，善于沟通，开展有效的合作。

在社会责任维度上，形成珍爱生命、人与自然和谐共处以及可持续发展的理念，养成保护环境、维护生态平衡的行为习惯，积极参与绿色家庭、绿色学校、绿色社区等行动，并提出人与环境和谐相处的合理化建议；养成健康文明的生活方式，自觉远离毒品，参与毒品危害的宣传活动；能够鉴别并自觉地抵制封建迷信和伪科学；遵循正确的伦理道德，能对生殖性克隆人等社会热点议题进行科学的评价。

生物学实验教学目标是整个实验教学活动的起点和归宿，支配、调节和控制着整个教学过程，统领着教学系统的其他各要素。生物学实验教学目标的设计需要教师具有先进的设计理念，以学生发展、教学内容和社会需要为主要依据，包括起点分析、任务分解、目标确定、目标表述等设计步骤。

(1)起点分析。教学目标是对预期的学生学习成果的要求，需要对学习者的个体特征和社会特征及其水平进行分析，把握学习者的已有知识、经验、技能和能力，以准确定位教学起点。学习者的个体特征包括学习习惯、兴趣、方法、态度等，可以通过学习者对学习情境的反馈进行分析；学习者的社会特征包括群体的成熟程度、班级水平、心智发展水平等，可以通过理论学习、学业质量评价加以掌握。

(2)任务分解。不同层次的实验教学目标的设计是教学任务自上而下分析的结果，是不断具体化的过程。一般来说，教学任务可分为培养任务、年级教学任务、单元教学任务、课时教学任务。单元教学任务和课时教学任务在具体教学过程中起主导作用，可以根据布卢姆的教育目标分类理论，从认知学习领域、情感领域和动作技能领域展开生物学实验教学目标的设计，并指向核心素养的落实。

(3)目标确定。目标确定是对任务分解的进一步思考，以已经确定的单元教学目标为参考，一级一级地提问和分析，不断地在单元教学目标框架下对学习者进行提问和分析，从而得出每一个课时可以培养学生哪些次一级的能力，直到不能继续提问为止，按照认知、情感、动作技能领域对课时教学目标进行分析，从而确定每一个课时的具体教学目标。

(4)目标表述。课时教学目标的表述形式一般有行为目标表述、表意目标表述、综合目标表述三种。行为目标表述句中包含行为主体(audience)、行为(behavior)、条件(condition)状语、程度(degree)效果。表意目标表述主要描述学生经历的情境，突出学生描述的特性和重要性。综合目标表述则试图将内在心理变化和外在行为表现结合起来加以陈述，受到更多学习者的认可。

课程标准里的概念、原理、规律等主要内容就是实验的目标。如“探究酵母菌的呼吸方式”实验，对应的具体内容标准是：说明生物通过细胞呼吸将储存在有机分子中的能量转化为生命活动可以利用的能量。从物质与能量视角，探索呼吸作用，阐明细胞生命活动过程中贯穿着物质与能量的变化(生命观念、科学思维、科学探究)。因此，比较有氧、无氧条件下酵母菌细胞呼吸产物种类和含量的差异，成为实验的主要知识目标。结合知识目标中所蕴含的辩证唯物主义观点，使学生经历和认同这些观点，就是情感目标。如上例中明显的唯物论观点是，外因是变化的条件，内因是变化的根据，外因通过内因起作用。所以，认同外界的有氧、无氧条件，通过酵母菌细胞的内部结构完成有氧呼吸或无氧呼吸，就是本次实验的情感目标。结合知识目标设计实验，发展科学探究能力，进行科学思维训练，就是实验的能力目标。因此，能够使用现有设备，设计并进行有氧呼吸和无氧呼吸的对比实验，即是本次实验的科学探究目标。结合学生成长需要，尝试利用生活中的设备对六个科学探究过程中的某一个或两个过程进行实验改造，探究不同细胞的呼吸作用方式，结合教学内容，进行有氧呼吸和无氧呼吸的对比、寻找事物的异同及其本质与特性的训练，构建细胞生命活动过程中贯穿着物质与能量的变化的观念。

(二)生物学实验教学注重方法设计

实验教学方法是实现教学目标的媒介，是完成实验教学内容的手段。因此设计实验教学方法时，必须依据实验教学目标和实验教学内容的要求。教学理念也将直接影响实验教学方法的选择。

目前大多数中学生物学实验教学的现状基本处于实验教学模式化、程序化的状态，组织教学相对简单，适合我国大班额的实验课程的实施，实验教学成本投入较低，而产出效率大。但是从真正使学生全面发展的角度去分析，这种模式化的单一实验教学方法存在一些问题：学生基本处于被动接受状态，低于实验教学的预期结果；学生对实验的理解不到位，容易遗忘；在一定程度上限制了学生的创造空间，缺乏思维的创新；不利于科学探究过程的实践，不能正确理解科学本质。生物学实验是培养学生思维能力和实践能力的重要手段，是提升学生生物学学科核心素养的重要环节。在实验教学中，教师不能只照本宣科、照章操作，要大胆创新，不断探索先进的教学方法。要鼓励学生勇于质疑，敢于设想，充分发挥学生的创造力，不断总结便捷高效的实验操作方法。

生物学实验教学方法的设计要根据课程目标、课程内容、学生情况、学校设备等展开。《2020 年修订版高中生物学课标》中的课程目标是：学生通过本课程的学习，能认识到生物学在坚持人与自然和谐共处、促进科技发展、社会进步和提高人类生活质量等方面的重要贡献；树立生命观念，能够运用这些观念认识生命现象、探索生命规律；形成科学思维的习惯，能够运用已有的生物学规识、证据和逻辑对生物学议题进行思考或展开论证；掌握科学探究的思路和方法，形成合作精神，善于从实践的层面探讨或尝试解决现实生活问题；具有开展生物学实践活动的意愿和社会责任感，在面对现实世界的挑战时，能充分利用生物学知识主动宣传引导，愿意承担抵制毒品和不良生活习惯等社会责任，为继续学习和走向社会打下认识和实践的基础。以生物学理论基础知识、生物学实验基础知识的习得为目标的实验可选用讲授法、谈话法、讨论法等。借助这些方法可帮助学生认识生物学实验室的常用器具(如显微镜的结构、使用等)、化学药剂，了解生物学实验中的基本实验操作技术(如制作装片等)，把握实验原理、过程及设计科学探究性实验的一般方法。以德育、智育、美育为目标的实验教学可采用谈话法和讨论法。课程目标中的生命观念、社会责任(如关爱生命、保护环境等)都可在实验教学中体现出来。实验完成后，对植物、小动物(如鼠妇)、废弃物的处理方式的思考有助于培养学生爱护生物、保护环境的意识。以培养学生实验操作技能及其他实验能力为目标的实验可采用讲授法、观察法、演示法、谈话法、探究法、讨论法等。

(1)根据实验课程内容选择实验教学方法。中学阶段所涉及的生物学实验可分为显微镜观察类实验(如“观察植物细胞的有丝分裂”“观察植物细胞的质壁分离与复原”等)、鉴定类生化实验(如“生物组织中还原糖、脂肪、蛋白质的鉴定”“DNA 的粗提取与鉴定”等)、生理现象分析类实验(如“比较过氧化氢酶和

Fe^{3+}的催化效率"等)以及实习与实地调查类实验。根据不同的实验课程内容以及不同的实验类型，可侧重选择不同的实验教学方法，对于显微镜观察类实验来说，一般可选用讲授法、演示法、谈话法等，将显微镜的使用方法、操作中应注意的事项呈现给学生，同时使学生明白实验的基本原理，采用观察法观察显微镜下微观世界所发生的物质变化过程，并讨论其特点；鉴定类生化实验一般可先通过讲授法让学生明白基本的实验原理，之后进行探究，观察实验现象，讨论实验结果，这有助于学生进一步认识和巩固学到的理论知识；生理现象分析类实验侧重于对实验现象及结果的分析，不仅能加深学生对知识的理解，同时也有助于锻炼学生的科学思维能力。

(2)根据学生情况选择实验教学方法。学生的情况包括学生的一般特征、学习风格、认知能力、学习态度等，学生的不同特征对学生的学习状况、学习意愿、学习成绩等产生一定的影响。因此，在进行实验教学时，如果能有针对性地根据学生的具体情况(如年龄特征、认知成熟度、生活经验等)采用与之相适应的教学方法，则可以达到良好的教学效果。例如，目前常用的学习风格主要分为主动型和反思型、视受型和听觉型、直觉型和感官型、循序型和总体型。如果班上的学生以主动型、直观型居多，那么可考虑选择先实验后讲解或边实验边讲解的方法；反之，如果班上的学生多为反思型、总体型，那么可考虑采用先从整体上厘清实验的基本原理、过程等，再进行实验，通过谈话、讨论进一步深化学生对知识的理解方法。

(3)根据学校设备选择实验教学方法。不同的学校有其特定的条件，其学生的情况、学校设备、环境都存在一定的差异。这种教学资源的差异影响着学校对实验课程的开设，进而影响着教师选用实验教学的方式。对于同样的实验内容，不同的学校需要根据当地实验材料的获得情况，因地制宜地选择不同的实验材料，同时也需要根据学校自身的实验设施来选择与之相适应的方式。对于学校设施比较完备的学校，实验课上可利用计算机辅助教学，向学生充分展示实验发生的现象甚至微观的过程；不具备这些教学设备的学校则需要教师通过形象生动、富有感染力的语言、清晰的讲授及清楚的演示来向学生展示这一过程；而对条件比较艰苦的一些农村学校而言，其周围的自然环境及学生的生活经验就是生物学课程的一种教学资源，对生活经验的讨论有助于学生对知识的深化，同时周围的实验材料也弥补了学校实验设备不完善的不足。在具体操作的过程中，可以结合自身特定的情况，从以上几个方面或者其他方面综合地判断什么样的教学方式更适合各自的实验教学。

生物学实验教学方法在设计时，教师可根据实验内容、学校条件、学生实情进行传统和现代的实验教学方法的综合选择与使用。传统的实验教学方法有讲授法、演示法、谈话法、观察法、讨论法、探究法、模拟法等，现代的信息技术可参与实验教学方法，如重要知识点的原理与过程动画或微课、微观过程视频、复杂实验或中学无法完成的实验视频、虚拟仿真技术、AR 或 VR 技术，游戏化教学资源、数字化校本课程和拓展性课程资源。以中学生物学实验教学中常用的信息技术手段为主线，运用不同的信息技术手段来促进学生的生物学学科核心素养发展如图 2-1 所示。

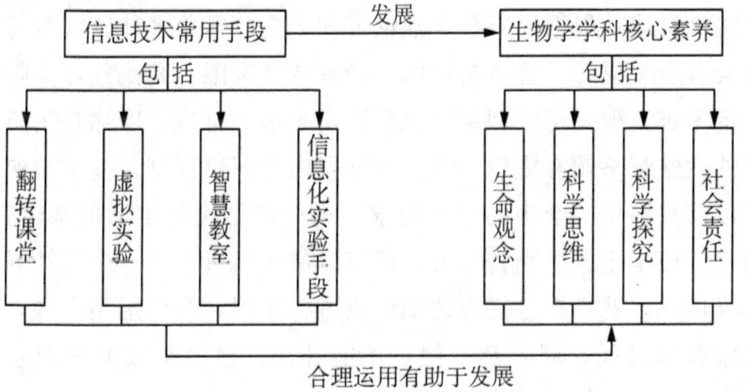

图 2-1　信息技术手段对发展核心素养的促进作用

生物学实验教学方法在设计时要创造性地将演示实验与探究性实验、线上与线下、课内实验与课外实验、传统实验与数字化实验相结合，开发实验教学的新方式。教师可将课堂转移到实验室中进行教学，使专业基础课中比较抽象的理论知识与生活实际结合起来，进而深度理解知识本质。在学生做实验之前可将事先摄录好的教师或学生规范的操作过程放给学生看，学生在操作过程中遇到的问题，可以通过自己的观察而得到解决，同时也提高了学生的观察能力。充分利用网络虚拟仿真技术进行线上实验与线下实验的有机融合，有助于学生对微观性、大数据实验的理解，如探索酵母菌种群数量的变化、不同条件下酶的特性、不同环境因素对光合作用的影响等实验可以通过改变不同条件形成相应的数据和曲线。课内实验与课外实验相结合，可以延伸实验教学时空，让学生尽可能地进行主动参与体验式学习，利用实验课时间进行生物学实验教学，充分发挥实验教学的功能，实验分析能力、实验设计能力等的培养不但可以在理论课上进行，还可以在课外进行。数字化教学是实现教学信息化和开展信息化建设的基础。在生物学实验教学中可以通过数字化手段模拟实验过程，定量检测并获得有关实验数据，彻底改变传统教学中的“纸上谈兵”现象，使课堂教学情境化和仿真化。

（三）生物学实验教学关注组织策略

高中生物学教学中，为完成不同的教学目的，需从多种多样的教学策略中选用最适合的策略，增强实验教学的效果，有助于完成教学既定目标。高中生物学课程中，实验教学的开展策略因实验的性质不同而变化。如基于微课的实验教学策略，再现科学探究历程，重现科学实验过程，让科学史再现，可以克服枯燥的文字描述，根据视听教学理论可知，充分运用多种感官参与学习，学习效率将会有较大提升。普通高中的实验室条件有限，受操作环境限制，再现实验有一定困难，但是可以利用微视频让实验情境再现，以弥补实验条件的不足。这样的教学策略颇有成效，学生对学习内容理解深刻。基于微课的翻转实验教学可以满足多层次学生的学习要求，可以满足优等生课前翻转完成自学，也可以满足一般学生课中翻转学习，还可以满足后进生课后翻转补漏。学生可以根据自身情况，选择自己需要的知识点进行学习，灵活运用微课，提高学习效率。规范教学时间，周末及节假日不能补课，已经是教育管理趋势，课时少，实验课比较费时间，更要充分应用周末及节假日的时间让学生自习，利用微课辅助假期学习，可以将一些实验带到课外自主完成。微课的不足也很明显，机器代替了教师部分角色，虽然制作微课的时候，尽力使微课显得有情感、有氛围，但是以机器代替教师角色的师生互动，其效果会大打折扣。微课的信息传递是单一方向的由机器传递给学生，而学生的情感态度变化机器不能获得。特别是在实验教学中，缺乏身临其境的操作感受，没有学习伙伴的交流讨论，很难营造科学实验的氛围。为此，建议能进入实验室操作的实验一定要操作，不建议以微课代替。微课在实验方面的应用在于实验的基础理论知识的学习或其他实验辅助活动。

探究式教学不仅传授知识，也传授方法，解惑的同时也传道。新一轮的课改直接将“科学探究”列为生物学学科核心素养的第三个核心素养，足见科学探究素养已经是不能忽视的教学目标之一。科学探究素养与其他三个生物学学科核心素养是有相互关联的，探究中获得知识，开阔视野，养成创新意识，提升科学思维，帮助理解生命现象，以生命观念认识生物世界，并从生物学层面认识社会，承担社会赋予的责任。探究性实验能更全面、多维度地达到教学目标。探究性实验教学的劣势是实施难度比过去大得多，一两次的探究性实验教学难以达到理想的目标。探究式教学比传统教学更难，教师需要付出更多，对教师的要求也更高。由于对探究性实验教学的理念模糊不清，导致知识至上，先解决问题，忽略过程方法的教学理念阻碍了探究性实验教学的发展。克服这些劣势，需要教师加强学习，提高自身素质。

演示实验一定要精心设计，力求直观反映教学内容，使学生在观看完演示实验后对新的概念知识印象深刻、理解加深。演示实验可用于情境导入，融入大量的趣味元素、引人思考的实验现象。演示实验要求安全无危险，若有安全隐患，要么改进实验，要么预备安全事故防范措施，以确保教学活动安全无事故。准备充分是演示实验的必要条件，演示实验的呈现形式是操作者亲自操作，犹如演员表演，观看演示实验的学生就是看表演的观众，操作者像演员一样，一方面要关注自己的表演，另一方面还要关注学生的感受，为了让表演顺利进行，就要熟知演示实验的每个环节。演示过程中操作必须规范化，任何一个实验操作要当作样本操作，因为学生除了关注实验现象，还会关注操作者的操作技巧，并在学习掌握后加以运用。演示时的语言神态也会影响演示实验的效果，幽默自然的演示，可以营造活跃的课堂气氛，吸引学生关注操作者的演示。演示实验的实验现象必须明显，有目共睹，看不清或看不见的演示实验是失败的，在登台演示之前，先预演一遍，以保证实验是成功的。演示的时候要注意演示地点环境条件的干扰，比如教室内的物件不能遮挡学生的观看视线，光线太暗则开灯，光线太强可以拉上窗帘，这都是为了增强演示实验的效果。演示实验还可以邀请观看者参与，甚至交给学生操作来提高学生的参与度。

验证性实验有明确的实验原理，像购物清单一样的药品器材清单，固定的操作步骤，未做实验就已经知晓实验的结果。验证性实验以高度可控制性受到广大的师生欢迎，教师容易对实验课堂进行把控，学生做实验的难度也没有探究性实验那么大。做好验证性实验，提高实验教学效率，是高中生物学实验课程建设的一大要点。验证性实验用来帮助学生体验生命科学史的探究历程，提高学科素养水平。与科学伟人做同样的事情，和他们一起思考，让学生对某一段科学发展史感同身受，树立生命科学史观。验证性实验可以有效训练学生的实验操作能力。验证性实验可以帮助学生高效地掌握理论知识，加深对概念的理解。在信息化高度发达的今天，掌握方法和拥有能力显得尤其重要，改变教学观念是顺应时代发展的要求。建议教师在开展验证性实验教学时，多引导学生关注实验的技巧和方法，体会实验带来的隐性价值。

模拟性实验是高中生物学常见的实验类型之一，同样是科学探究的基本方法，也是把抽象转为直观的良好选择之一。模拟实验将复杂的问题简单化，具有化难为易、化繁为简、化抽象为直观等功能。例如，在“制作DNA双螺旋结构的模型”这一实验中，在肉眼的宏观世界里，是看不到DNA双螺旋结构的，通过模型的制作，可以将这一复杂的结构在宏观世界得到模拟，将原本抽象的事物展示在学生面前，再通过对现实模型的模拟推测DNA的结构特点。模拟实验的模型灵感来源于生活，将生活中有趣生动的元素加入模拟实验中，增加课堂的现实感，拉近生活与学习的距离，激发学生学习的积极性，带动生活热情，增强学生的社会责任感。模拟实验还可以培养学生动手能力、思维类比与创新能力，是培养学生“举一反三”思维的好策略。

数字化实验的开展不比传统实验难，数字化设备辅助实验教学没有使实验原理改变，实验的本质不变，只是辅助手段更先进而已，开展数字化实验，依然要明确实验原理和实验目的，熟悉实验操作，除此之外，还要培训学生使用数字化实验设备的能力。数字化设备进入高中生物学实验，将过去一些由于技术限制不能开展的实验变为现实，学生可以开展更多的实验，尤其是以精密传感器为基础的探究性实验。虚拟实验在虚拟世界为实验操作者提供了所需的实验设备，但是具体怎样使用由实验操作者决定，实验过程力求与现实的实验一样逼真，所以虚拟实验也具有很强的交互作用。虚拟实验可以加深学生对实验原理的理解，虚拟操作可以帮助学生熟悉实验操作步骤，将实验结果反馈给学生，结论依然是由学生自己总结。

(四)生物学实验教学注重创新设计

生物学实验教学设计的变式，即引导学生在认识事物本质属性的过程中，不断变更事物的非本质属性，产生新的问题情境，诱导学生用不同的方法从不同的角度去思考问题，克服或弱化思维定式的干扰，突破旧的思维模式，产生创新思维的火花。在教学过程中，教师通过不同角度、不同侧面、不同情形、不同背景的变式方法，有效地帮助学生加深认识和理解教学对象的本质特征，从而把学生的思维引向新的高度，培养学生的多种能力。常用的实验教学变式有类比型变式，如相似类比、相异类比、纵横类比等；发散型类比，如改变实验材料、实验程序、实验条件、实验结果和表达形式、多方案发散、多因素发散等。

类比是思维的一种重要形式，通过类比能使已有的知识进一步得到巩固，并向更深的层次或更广阔的领域迁移发展，使原有知识得到升华。相似类比，即利用新实验，或要求学生设计的实验与学生已掌握或熟悉的实验，在实验原理、方法、程序、条件等比较相似的一面，而对新实验的其他方面进行类比思维。例如，在学生掌握了温度对酶活性的影响实验后，教师要求学生设计一个实验来说明 pH 对酶活性的影响。通过类比设计新实验，学生可以明确为什么要设置对照组，如何设置对照组等问题，从而理解对照实验的单因子变量原则，并学会一些简单实验的设计方法。相异类比，即从不同事物的某一侧面进行类比分析，寻找差异性，以揭示其本质，深化对事物的认识，使问题得到解答。例如，在鉴定可溶性还原糖和蛋白质的实验中，两个实验所用的实验药品都是 A 液 NaOH 和 B 液 $CuSO_4$，两种试剂在不同的实验中的浓度、使用方法等都有所差别，通过对这些差异的分析，学生能进一步明确实验原理。纵横类比，即通过归纳整理、比较联想把做过的实验直接或间接地连接起来，纵横交织使之成为一个完整的知识体系，将所学的知识系统化、深入化。在实验复习的过程中可以引导学生将初中阶段和高中阶段所提到的生物学实验按实验方法分为观察法、分析法、对照实验法、模拟实验法、演示实验法等，并要求学生熟练掌握各种实验方法的原理、程序、条件、结果等。也可以按照其他标准分类，从而在头脑中形成一系列有关实验的知识方法。例如，可以按实验材料的统一性进行纵横类比，将可选用同一实验材料的实验进行整理比较，从而明确不同实验对材料的不同取材部位的要求及原因。还可以将所有鉴定实验进行整理比较，如将 DNA、蛋白质、脂肪、还原糖、淀粉等物质的鉴定实验放在一起进行总结比较。

发散型变式教学要求教师在教学中引导学生在平常中发现不平常，进行多方位、多角度、多因素、多层次、多途径的探索，勇于求新、求异、引申、开拓，从而提高学生发散思维能力。改变实验材料，就是改变实验材料参与实验的状态或性质，更换实验材料或实验药品。如在“质壁分离和复原”实验中将蔗糖溶液更换成食盐溶液，或将洋葱先煮熟然后再做实验，或将洋葱表皮细胞换成口腔上皮细胞或洋葱根尖细胞；在“叶绿体色素提取和分离”实验中，将丙酮换成乙醇、变换画滤液细线的方式、改变层析液的配比等。这些变式有利于加深学生对实验原理的认识和理解。改变实验程序，即在实验教学过程中，在学生明确实验原理和方法后，先播放几段实验步骤有缺漏或次序颠倒的录像，让学生分析实验结果的可能情况，然后再做实验，如在观察植物细胞有丝分裂的实验中漏掉解离或漂洗等步骤会怎样？改变实验条件，即引导学生尝试改变实验条件深入探索实验的内涵与外延，例如，将植物的向性运动的实验设计和观察实验放到宇宙飞船上进行会有怎样的变化？还会表现出根向地性和茎背地性吗？如果再加上不同方向上的光照呢？如果要使实验结果发生改变，实验又可以进行怎样设计？请用折线图、表格、文字等多种表达形式将实验结果表现出来。

多方案发散，即在探究性实验教学中首先由教师提出问题或学生发现问题，然后学生设计多种实验方案加以论证，以达到巩固、消化知识及培养能力的目的。如验证甲状腺激素的生理作用，学生设计多种实验方案：用甲状腺激素溶液喷洒蝌蚪，用甲状腺激素饲喂蝌蚪，将甲状腺摘除一段时间后手术移植甲状腺等，然后将各种方案进行比较，分析其优点和不足，从而确定最佳实验方案。多因素发散，即针对某种实验中出现的异常现象或错误结果，引导学生分析可能导致这种异常现象或错误结果的各种干扰因素。如在观察植物细胞的有丝分裂实验中发现视野漆黑一团，没有发现细胞的分裂状态，教师要及时引导学生分析原因。

生物学实验教学的创新设计，可以参考以上几种实验教学变式来开展。具体讲，可以从调整实验材料、制作简易实验仪器和代用品、改进实验教学方法等着手。①调整实验材料：在实验中如何选准材料是实验成功的关键，实验材料的选取必须具备实验效果好、实验材料易得、成本较低、数量较多、符合各地季节性特色等。在生物学实验教材内容中，有些实验所需要的材料使用成本较高或不易采集，导致效果不明显，为了使实验顺利完成，就需要教师结合实验目的和要求，寻找替代材料。如“DNA 的粗提取与鉴定”实验的材料可以用香蕉、花菜、洋葱等替代鸡血，效果较好。②制作简易实验仪器和代用品：新的课标、教材结合生物学学科发展设计、更新了一些实验，同时新的实验涉及的一些实验器材相对而言比较高端，如 PCR 仪、恒温水浴锅、超净工作台，有的学校因为还在适应新的教学方法而忽视了配套仪器的购置，而有的地区因为经济条件的限制鲜有学校配备这类仪器。在这种情况下，教师可以发挥聪明才智，在了解其运作原理及基本设置的基础上，就地取材，自己动手制作简易实验仪器。如使用鸡蛋壳膜自制渗透装置、色素的提取和分离装置等。③改进实验教学方法：包括学生分组实验、教师演示实验、教材经典实验的教学方法的改进，如观察植物细胞有丝分裂的学生分组实验可以在实验材料、染色试剂、解离液的选择等方面进行优化，观察渗透现象的教师演示实验可以在半透膜的制作选择、装置的设计等方面更加贴近生活实践，教材经典实验，如酶、光合作用、生长素、遗传物质、DNA 双螺旋结构、遗传基本规律等内容的发现史可以采用就地取材、部分模拟的方法展开，以提高学生的科学探究能力和科学思维水平。

【学以致用】

1. 结合实验教学设计的理念，分析目前生物学实验教学的设计思路。

2. 结合生物学实验教学设计的范式，尝试设计生物学实验。

3. 在进行生物学实验教学设计时，你觉得哪种规范很重要？

第二节　生物学验证性实验能够培养基本实验素养

【问题聚焦】

1. 生物学验证性实验设计有哪些基本教学要求？

2. 生物学验证性实验设计要关注哪些注意事项？

3. 生物学验证性实验设计要遵循哪些教学原则？

【案例研讨】

> **核心概念**
>
> **验证性实验**是指实验者针对已知的实验结果而进行的以验证实验结果、巩固和加强有关知识内容、培养实验操作能力为目的的重复性实验。

在一次实验课的研讨中，有教师提出验证性实验的开设情况，是否需要开设验证性实验？如何有效地开设验证性实验？验证性实验的主要特征是什么？它与探究性实验有哪些区别和联系？

教师A：我认为首先要理解什么是验证性实验，教材中的观察类实验一般都是验证性实验。观察类实验主要是借助显微镜等实验设备对预期的实验结构、形态、颜色、现象等进行观察，这些实验的难度较低，旨在强化学生对知识记忆的深度。观察类实验一般着力培养学生的观察能力和动手能力，虽然相关的实验材料和实验步骤均已经给出，但学生想要得到理想的实验现象，仍需要注意对细节的把控。成功的实验能够提高学生的自信心，即使实验失败了，学生也能够很快找到实验失败的原因，及时纠正。鉴别类实验旨在通过某些颜色反应或颜色对比鉴别某种物质的存在与否。鉴别类实验的整体难度比较低，其主要目的是为了对某些已知物质的存在与否进行验证，通常在实验之前，学生已经知道预期的实验结果，但学生要学会由此及彼、举一反三，能够把所学的鉴别方法和试剂用于现实生活，最终实现知识的迁移和升华。

教师B：教材中的鉴别类实验一般也是验证性实验。验证性实验有明确的实验原理，有像购物清单一样的药品器材清单，有固定不变的操作步骤，未做实验就已经知晓实验的结果。验证性实验以高度的可控制性受到广大师生欢迎，教师容易把控实验课堂，学生做实验的难度也没有探究性实验那么大。做好验证性实验，提高实验教学效率，是高中生物学实验课程建设的一大要点。在新一轮的课改中，验证性实验虽然没有被直接提到探究性实验那么高的地位，但是，在高中生物学实验教学中，验证性实验是不可缺少的角色。

教师C：验证性实验用来帮助学生体验生命科学史的探究历程，提高学科素养水平。与科学伟人做同样的事情，和他们一起思考，让学生对某一段科学发展史感同身受，树立学生生命科学史观。

教师D：验证性实验可以有效提高学生的实验操作能力，通过基本的教材实验的操作过程使学生对基本的实验规范、实验流程、实验态度有更加深入的理解，因此验证性实验是高中生物学实验中必不可少的实验类型。

教师E：验证性实验也可以有效激发学生的学习兴趣，比如充分利用学校里现有的各种材料用具，让学生亲自动手实验，亲身体会实验操作过程，观察实验现象；利用多媒体技术构建实验模型，进行实验过程及实验现象的验证；将验证性实验探究化，鼓励学生发挥创新精神，实验过程多元化；利用评比等多样化手段，鼓励学生思考实验原理，主动参与实验过程。

那么，验证性实验的价值在哪里？如何在验证性实验中渗透探究元素，促进学生核心素养的发展？

验证性实验是高中生物学新课程中实验教学的重要组成部分，它具有明确的实验原理、固定的实验方法和步骤，学生在教师的引导下实验，在提高实验能力的同时，也能充分发挥学生学习的主体性，培养学生的创新思维，有利于增强学生学习的自信心，形成高效课堂。但教材中的验证性实验通常被忽视，如植物生长素的发现实验、植物组织培养、动物种群密度调查的模拟实验等课例通常被作为理论课上，不能激发学生的学习兴趣，不能开发学生的思维能力、实验能力，达不到好的教学效果。怎样才能让验证性实验教学既能提升学生的生物学学科素养，又能与核心素养的教学理念相符呢？

一、生物学验证性实验具有基本教学要求

验证性实验是指学生在已有的知识经验的基础上设计出程式化的实验方案，再通过对实验现象的观察与对结果的分析来验证生物学相关规律和原理，同时培养实验技能的一种实验方式。验证性实验可以帮助学生高效地掌握理论知识，加深对概念的理解。验证性实验基于对研究对象的初步了解，以证实某种相关认识或假说的正确性和可靠性，常用于验证相关事实、概念、原理或理

论，如观察植物细胞的质壁分离与复原实验，根据是否出现质壁分离和复原的现象来验证实验原理。验证性实验一般是为了培养学生的实验操作规范、数据处理分析等基本技能，常采用告知—验证—应用的教学模式来检验已知实验结果的正确性，对于初步接触实验的学生具有重要的规范引领作用。

教师的引导起着至关重要的作用。能否正确处理好实验课上教师教与学生学的关系，是能否达到帮助学生理解巩固验证理论或运用已学知识指导实验，和增强学生感性认识的关键，是验证性实验成败的关键。下面将从教师的教法和学生的学法两方面探讨独立实验的教学要求。

(一)生物学验证性实验设计注重开始前的准备

教师要根据实验内容的不同和学生状况的差异，对实验教学目的进行引导，对实验演示进行引领。每节实验课都有实验目的，为使实验目的贯彻好，达到预期的效果，教师可以在学生做实验前就提出明确的目的和要求。实验的目的必须提得恰当，以符合教材内容为宜。实验目的的提出可以用提纲或问题的形式要求学生了解实验过程中必须注意或做到的步骤和环节、在不同环节中要达到的目标或必须解决的问题，再由学生完成实验。对于一些实验目的明确、实验步骤简单、观察结果明显的实验，教师可以在学生独立完成整个实验的基础上，引导学生对实验进行更加深入的探究和拓展。例如，在“用高倍显微镜观察叶绿体”“观察细胞质的流动”这两个实验中，由于学生对显微镜操作技能在初中阶段已经掌握，其他的步骤均简单易做，学生完全可以自己达到教学目标的要求，在此基础上可以在显微镜的基本原理、使用注意事项、不同植物细胞中叶绿体的流动方向和速度等问题上加以拓展。在这两个实验中，均有三个目标要达到，会正确操作显微镜，能尽快准确地观察到实验对象的形态特征或动态变化，能准确对实验对象的形态特征进行描述或绘出图表，并写出正确结论。

演示法是指教师先将重点步骤或难点演示给学生看，使学生克服操作过程中的不合理因素和畏难情绪的一种教学方法。范学法是指教师指导一位或一组学生先做实验给全班同学看，在实验过程中强调重点和难点，利用师生互动纠正实验中出现的问题，以确保其他同学在后面的实验中准确无误的教学方法。在教学实践中，范学法更能引起高中生的注意力，他们或持有欲与同学一比高下的态度，关注同学的每一步操作，试着找出点错误，或怀着崇拜的心情，关注同学的每一步操作，把操作步骤和要领默记心间。因此教师可根据情况选择合适的方法，一般采用教师或学生对重点环节演示的方法为宜。对于较难理解或难以表达的内容，教师也可以借助多媒体动画或视频给学生强调重点，突破难点。例如，在“观察植物细胞的有丝分裂”实验中，教师需要重点演示的内容是：①装片制作步骤和压片技术要领；②高倍显微镜的操作方法。需要强调的是教师不要将实验结果直接呈现给学生，否则会使学生的求知欲望受挫。

验证性实验是培养学生动手能力、观察能力、分析能力和创新精神的一类实验。实验的成功与否直接影响观察的结果和最终结论。因此教会学生严谨的科学实验态度和正确的学法显得十分必要。简单地说，验证性实验的学法就是先学后做再总结。在实验开始前要配合教师正确取材、配好试剂。正确取材是实验成功的第一步。部分学生实验失败，往往是取材不正确而引起的，因而在实验时首先要正确取材。例如，在"观察植物细胞的有丝分裂"实验中，准确切取洋葱根尖生长点部位，是实验成功的前提。一些学生制成的装片中往往看不到或看到很少的分裂细胞，就是切取部位不正确导致的，即没有选准根尖的生长点部位。正确的取材应该是上午 10 时至下午 2 时，在洋葱根尖细胞有丝分裂的活跃期，剪取洋葱根尖的 2～3 mm 长度，即可很明显观察到各个时期的有丝分裂现象。在"观察植物细胞的质壁分离和复原"实验中，取材部位应该是在新鲜的洋葱鳞片叶外表皮的紫色较深处，而在内表皮或紫色很浅的部位取材，往往观察不到或仅有很少紫色液泡。试剂的配制要注意剂量适中，有些实验对药品与试剂的量有一定的要求，如许多观察实验在将观察物制成临时装片时需要染色，在载玻片上滴加蒸馏水时只需要一小滴，过少或过多都会导致无法固定材料，材料染色也需要 2～3 次才会清楚，染色过多或过少都会导致观察不清，这些也是进一步探究的着力点。

(二)生物学验证性实验设计注重过程中的操作

教师要在整个实验过程中加强指导与解惑，以提高实验效果。每次实验课都有一定的目的要求，所以在学生阅读实验指导和教师讲述实验方法后，教师必须在实验过程中做巡视指导，以帮助和启发学生进行操作和思考，提高实验的质量。根据教学实践中的体会和经验，教师通常需要在课的开始时把注意事项说清楚；在课的结束时把总结工作做好。而在实验的操作过程中，由于学生独立操作而个人的进度不一致，且注意力集中在自己的实验上，此时教师如果打断学生的实验，学生基本上听不进去。因为他认为这不是他的问题，无须浪费时间，或因为他已经比别人慢了，须赶时间，来不及听讲。因此，这就要求教师在课前要做足准备，把重点、难点和必须要在实验前交代的问题尽量考虑周全，用简练、通俗和准确的语言，向学生讲述演示要领，适当地指导学生加强对基础知识的理解和基本技能的训练，导于方法、导于规律，让学生在实验中有"法"可依、有规律可循，进而达到由表及里的理解和掌握教学内容的重点。此外的问题教师可以在巡视过程中进行个别辅导，因材施教，按需施教。

学生在实验操作过程中的操作步骤、方法都要严格遵守实验规范。实验操作步骤不能少，如在“观察植物细胞的有丝分裂”实验中，根尖用15%盐酸溶液解离后，若不经漂洗直接染色，则染色效果极差，因为根尖上附着的盐酸将和碱性染料起中和反应，从而影响着色；制片时，用镊子尖把根尖弄碎，这一步也易漏掉。用显微镜观察时更要严格遵守显微镜的操作规范，否则不易找到理想的物像。操作方法正确，如制作临时装片时，有的学生没有使用镊子将盖玻片沿一边成45°缓慢放下，而是直接用手将盖玻片放在水滴上，则容易导致气泡较多，严重影响观察。在“观察植物细胞的质壁分离和复原”实验中，应用镊子撕取洋葱表皮，而不少学生直接用刀片削或挖，以致取出的表皮厚薄不均，难以找到单层细胞，观察效果较差。学生在实验时的操作态度一定要严肃、认真、仔细。许多生物学实验对时间、次数、温度、湿度都有严格要求，如：在观察细胞有丝分裂实验中，若出现解离染色时间不够，漂洗的时间或次数不足；在制作洋葱表皮临时装片时，未将清水滴中卷起的表皮平展开来；在做质壁分离复原实验时，滴入清水的次数少，都会对实验结果有一定的影响。在观察时，一定要预先带着观察目的或任务，拟定相应的观察计划，按计划仔细地观察，并提出问题，寻求答案，这样才能保证学生的注意力集中在所要观察的事物中，并注意遵循先整体观察后局部观察的原则。

（三）生物学验证性实验设计注重结束后的分析

每个学生必须就实验观察所得完成实验报告。通过实验报告的形式将感性知识和理性知识进一步加以联系、深化。实验报告基本上在实验后当堂完成，因为刚做完实验时印象深刻，完成效果比较好，教师如发现学生出现了共性问题，可做统一讲解。或由完成好的学生来讲解，而且还来得及马上回看。实验完成后，对实验结果的分析也是提高学生能力的重要环节。请一些态度认真、观察细致、操作熟练、清楚实验步骤和实验目的、正确掌握实验技能并实验成功的同学简单谈谈收获、体会，也可由教师或者同学给予肯定评价和鼓励。对于实验现象明显、效果好的装片，让全班学生对比看，对实验效果差的同学，不应急于指出毛病在哪，而是要帮助他们分析没能达到预期效果的各种可能情况，通过学生交流、分析可能是哪步出现错误，引导学生自己找出失败的原因，从而提高学生分析问题的能力，同时培养学生严谨的学习态度。

观察实验的结论往往是对所学知识的巩固和延伸，因此实验结果正确能够加深对知识的理解。但实验结果若与课本知识相背，就要客观分析。可能是实验过程中的错误操作导致的错误结论，也可能会有意外的收获。科学史上通过观察，大胆质疑，产生新思想、新发现的事例屡见不鲜。只要学生操作正确、观察仔细、分析到位，就要鼓励他们敢于提出自己的新想法、新见解，这样才能具有探究问题的能力，学生才能更具研究生物学的潜力。

最后要强调实验态度要端正。注重“实事求是”的原则，不要照搬、照套教材上的现象和结论。要亲自观察，不要轻易放弃那些异常的现象，要积极思考，找出原因。要仔细认真地、实事求是地描绘自己实验得到的、看到的实际画面，或客观如实地统计自己测量的数据、记录发展的状况，不可闭门造车或依赖别人，从而培养学生严谨的科学态度。

二、生物学验证性实验要关注过程和原则

从图 2-2 可以看出，验证性实验的主要特点有：验证性实验从实验材料的选择到实验方法的设计都有实验原理作为依据；验证性实验注重培养学生规范的实验操作能力、观察能力、信息收集和处理能力等；验证性实验的实验结果是已知的、固定的，即学生通过验证性实验达到的终极目标基本一致。验证性实验通常采用“告诉—验证—应用”的教学模式，学生用实验验证已学过的生物学原理、生命规律，这种从本质到现象、从结果到现象的模式是高度固定化的。验证性实验的教学意义主要体现在有助于学生理解实验的一般原理和方法，有助于提升学生的实验操作技能水平，有助于培养学生的生物学学科核心素养，有助于巩固学生的生物学基础知识。

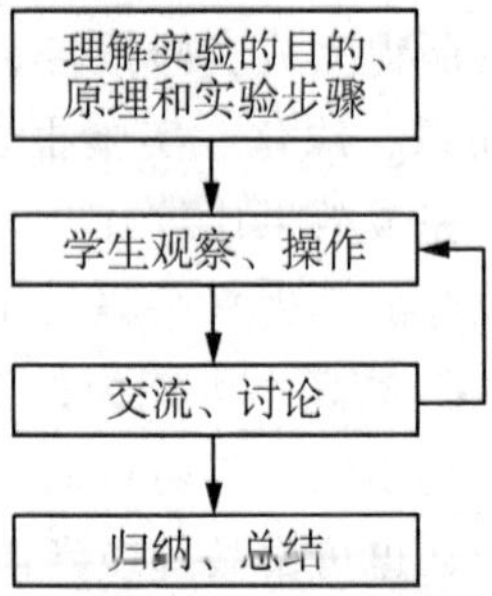

图 2-2　生物学验证性实验教学的一般步骤

验证性实验可以有效地训练学生的实验操作能力，高中生的实验操作能力不是与生俱来的。在教学中发现，每届新高一的学生，第一次进实验室时，有些学生在兴奋之余还有些紧张，紧张的同学主要是在担心自己的实验能不能顺利完成，还有的同学东摸西摸也没什么目的。在实验能力整体较低的情况下，验证性实验可有效训练实验的操作能力和综合处理实验的能力。一般高一开始的一两次实验都会以验证性实验为主，比如使用高倍显微镜观察几种细胞，除了观

察细胞，加深对细胞的了解，主要还是提高新生的生物学实验能力；如在显微镜的规范操作和临时装片的制作训练中，让学生知晓进入实验室要大胆的动手、认真细致的操作，这些训练可以为以后的实验顺利开展打下良好的基础。

(一)生物学验证性实验设计关注教学过程

根据图 2-3 所示的验证性实验的教学程序，验证性实验在进行教学设计时一定要关注如下问题的执行情况。

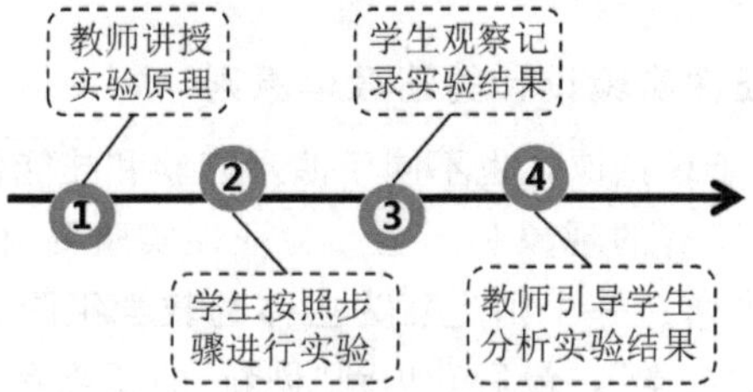

图 2-3　验证性实验的教学程序

1. 情境创设

情境创设是必要的环节，良好的情境能吸引学生关注，激发实验兴趣。科学发展史有很多值得再次验证的实验，通过详细介绍实验的背景，了解实验的来龙去脉，学生也理解为什么要进行这个实验，实验的目的是什么。除了介绍实验背景，不同的验证性实验还有不同的情境创设方式，有的是围绕主题提问的问题创设方式，有的是以新奇的事物及现象创设情境。成功的情境创设直接影响学生参与实验的热情，比如在开展使用高倍显微镜观察几种细胞这一实验之前，可以在屏幕上展示一些显微镜视野下非常漂亮、新奇的图片，或者播放一些微观世界的短视频，激发学生的热情，驱使他们参与实验，观察微观世界。

2. 明确目的

明确实验的目标是有效开展验证性实验的保证，进入实验室之前一定要明白自己将要干什么，怎么干。系统地学习验证性实验的基本原理、实验目的、操作步骤、要验证的内容。无预习、无准备的验证性实验，学生进入实验室就一头雾水，不知从何做起，照着教材或教辅乱做一通，不知道每种药品的具体作用，也不知道每一步操作的具体目的，这是流于形式的表演，没有意义的浪费时间。

3. 过程管理

管理实验现场纪律，实验操作过程要严谨、科学、规范。不打闹起哄，不做危险操作，爱护实验财产，养成优良的实验作风。实验过程中教师应根据现场实验的情况，提供适当的实验技术指导或帮助。规范操作是实验最基本的技能要求，有不规范的操作一定要纠正，有危险的操作一定要制止，保证实验安全顺利开展。

4. 多元化评价

实验评价的标准是多元化的，将现场的参与度、实验过程的操作表现、实验后情感态度变化等纳入评价指标，突破以实验报告、简单练习题为主的单一评价方式。

(二)生物学验证性实验设计关注教学原则

验证性实验不同于理论课，也不同于演示实验和技能模仿实验，因此在验证性实验课中会出现特有的现象和问题。验证性实验要有面向全体学生、“以人为本”的意识，着力营造一个师生互为主体的教学氛围，变换教学方法，引导学生由“学会”变成“会学”，最后升华到“创新”的新境界。学生在参与实验的过程中得到自主发展，加深对教学内容的领悟。

1. 学生的整体参与原则

素质教育面向每一位学生，生物学验证性实验教学也强调全员性。在生物学实验教学的素质教育过程中，可先组建实验小组，定期培训小组长，对每位小组长实行“岗前培训”，使他们在实验课中能协助教师管理本组成员，并可以起到示范带头作用，做到以点带面。教师在实验时讲清道理，解除学生的各种顾虑，认真指导，做到人人动手。

教师要耐心启发、示范，从实验的趣味性、应用性引导学生，以激发学生的主动性和积极性。部分学生可能在实验课上自由散漫，不认真操作，导致课堂管理不善，课堂秩序混乱。因此，教师可以事先告诉他们实验完毕后要完成哪些作业，可以通过任务驱动的方式，鞭策这部分学生自觉上好实验课。当生物学实验课真正激发起学生对生物学的学习兴趣后，课后学生会主动观察自然界中生物的形态、构造以及生物与环境间的关系，并应用所学得的理论知识解释遇到的有关生物学现象，这无形中又拓宽了生物学知识的深广度。

对于动手能力不强的学生，教师要在巡视中及时发现，并给予更多的指导，通常是启发或演示，但是操作必须让学生自己做，从一开始的手把手教到后面的放手独立实验，需要一段时间，这也是培养学生自信心的过程。当做实验的独立程度越来越高，成功率越来越大时，学生的自信心就会与日俱增，就有勇气独立完成实验。

2. 学生的优势互补原则

在学生分组进行实验时，实验的目的不仅是培养学生的观察思维能力，还要培养学生动手操作能力以及分析问题和解决问题的能力。但是由于学生自身因素、社会、家庭环境的不同，兴趣、认识、爱好等方面具有差异，导致学生能力不均衡。指导教师应根据学生自身特点，进行能力的最佳组合，如将分析能力强的同学与操作能力强的同学分为一组，同时帮助一个实验能力弱的同学，同组学生通过相互交流、相互探讨，进行优势互补，即组间同质、组内异质，这样既节省了时间，又达到分组实验的目的，并且这样的“交往”使得同学间的友谊得以升华，学生“交往”的素质得以提高。

学会独立思考、独立操作是一个人创造能力的基本要求，而在此基础上的合作，则是一个群体乃至整体人类开发创造能力的需要。因此，在独立实验教学的学法指导中，教师应加强对学生如何与他人进行合作实践的指导，培养每一位学生独立完成实验的能力及合作的意识。

3. 注重学生的创新原则

培养素质的过程，必然是主动获取、主动发展、探索求新的过程。实验的最终目的是检验和发展理论，在学生掌握一定的实验技能后，教师应鼓励和启发学生进行实验探索，培养学生的创新意识。因为每一种新生物的发现、每一项新发明都是人们实践求异的结果。

独立实验教学中的素质教育可以体现在学生对实验的改进和自行设计实验等一些创意中。教师要支持学生的想象力和创造力，激发学生的主动性，培养学生的创造精神。

4. 实验的客观评价原则

实验报告中除了为本实验设计的知识题外，还应有实验成败的分析。失败的实验要究其原因，反思到位；基于足够证据分析合理的实验报告，教师在评价时也应该给予高分。因为高中生的实验重在从做中学，他们做的时候本身就没有考虑太多问题，成功与失败有其必然的诱因，通常也有操作上偶然的失误。让成功的学生再做一遍，他不一定还是成功的。让失败的学生改掉之前不合理的操作再做一遍，可能就会成功了。教材上的经典实验是前人做了无数次之后的总结，我们应该允许学生犯错，更要引导他们总结经验教训，这是一个学生成长的必经之路。

(三)生物学验证性实验设计关注问题解决

高中生物学以学生操作为主的验证性实验经常会被改为演示实验，不能很好地培养学生的动手操作能力。演示实验可以不需要学生操作，实验的进度由教师全程把控，这样容易实现对课堂的驾驭。教师需要改变教学理念，把课堂还给学生，让学生主动学习。要相信学生的能力，学生能做的事情坚决不要替他们做，需要学生操作的一定要他们亲自动手，不能把实验课堂控制得太死，不然将会失去实验的意义。

先思而后行避免无目的的实验行动。实验过程中学生“照单抓药”的操作，做完实验将结果给老师展示一下就走出实验室，殊不知验证性实验只要按照实验步骤严格地操作，得出实验结果是易如反掌的事。为避免“照单抓药”的现象，实验课之前，一定要做好课前预习，甚至是以实验导学案的形式辅助学生准备实验，教师需要知晓学生对将要进行的实验准备是否充分，若反馈的结果是准备充分，则就开展实验。不要轻视学生对验证性实验的准备过程，一些重要的思维方式能够在这个阶段得到实践，这是先思而后行的思考阶段。

教学中经常有意识地强调知识先行，验证知识成为验证性实验教学的主流，教师在实验准备过程中，经常精讲理论知识，而实验背景、实验操作技巧讲解较少，这是应试教育观念作祟，升学压力使然。在信息化高度发达的今天，掌握方法和拥有能力显得更为重要，改变教学观念，是顺应时代发展的要求。建议教师在开展验证性实验教学时，要多引导学生关注实验的技巧和方法，体会实验带来的隐性价值。

实验的“旁观者”“拿来主义者”，这些经常出现在实验室里的学生，“寄生”在小组里面，这样的现象会影响实验的有效开展。为规避这些现象的发生，实验教学者要提高自身教学的组织能力和课堂驾驭能力。组建实验小组时，不宜直接按人数简单分配，而需考虑学生的气质特点，可能的角色担当，利用组内、组间成员的相互联系，因势利导形成良好的实验作风。在平时的教学管理中，教师要引导学生树立正气的学风，知荣辱，晓正气，在课堂上以正气的作风压制不良之风。对于后进生的旁观现象，应另当别论，我们不能以“制裁”的手段处理，一些后进生其实是不愿意旁观的，只是他们不能融入小组活动，需要更多的帮助。

三、基于典型案例阐释生物学验证性实验

验证性实验用来帮助学生体验生命科学史的探究历程，提高学科素养水平。与科学伟人做同样的事情，和他们一起思考，让学生对某一段科学发展史感同身受，树立生命科学史观。科学家严谨的科学态度，优良的科学作风也会潜移默化地影响学生。在讲述人教版《普通高中课程标准实验教科书 生物学 必修 3 稳态与环境》第 3 章第 1 节植物生长素的发现这一内容时，如果教师将达

尔文、鲍森·詹森和拜耳等前人的探究历程，让学生以验证性实验验证一遍，不仅为后续内容生长素的作用打下坚实基础，而且可以和达尔文一样思考，像拜耳一样钻研，和温特一起揭开生长素最后的面纱，学生所获得的科学素养将远远超过他们阅读教材的收获。

(一)生物学验证性实验设计关注典型案例

“检测生物组织中的糖类、脂肪和蛋白质”实验教学案例设计

【实验目的】

(1)学会使用化学试剂检测生物组织中的糖类、脂肪和蛋白质。

(2)尝试比较几种植物组织中的糖类、脂肪和蛋白质。

(3)体验实验过程中的操作问题，讨论实验指导的关键。

【实验原理】

糖类中的还原糖(如葡萄糖、果糖)，与斐林试剂发生作用，生成砖红色沉淀。脂肪可以被苏丹Ⅲ染液染成橘黄色(或被苏丹Ⅳ染液染成红色)。淀粉遇碘变蓝色。蛋白质与双缩脲试剂发生作用，产生紫色反应。因此，可以根据与某些化学试剂所产生的颜色反应，检测生物组织中糖类、脂肪或蛋白质的存在。

【重点难点】

(1)重点。

①初步掌握鉴定生物组织中还原性糖、脂肪、蛋白质的基本方法。

②通过实验的操作培养学生的动手能力，掌握实验技巧，培养创新思维能力。

(2)难点。

根据实验方法、原理，将理论应用于实际，解释一些实际问题。

【材料试剂】

实验材料：1%可溶性淀粉、1%葡萄糖溶液、果汁(如黄瓜汁、番茄汁、西瓜汁、橙汁、胡萝卜汁、甘蔗汁、梨汁、苹果汁、香蕉汁等)、花生种子及其匀浆、豆浆、鸭蛋的蛋黄与10%鸡蛋清溶液。

实验仪器：双面刀片、试管(最好用刻度试管)、试管架、试管夹、大小烧杯、小量筒、滴管、酒精灯、三脚架、石棉网、火柴、载玻片、盖玻片、毛笔、吸水纸、显微镜。

实验试剂：斐林试剂(甲液：质量浓度为0.1 g/mL的NaOH溶液，乙液：质量浓度为0.05 g/mL的$CuSO_4$溶液)、苏丹Ⅲ或苏丹Ⅳ染液、双缩脲试剂(A液：质量浓度为0.1 g/mL的NaOH溶液，B液：质量浓度为0.01 g/mL的$CuSO_4$溶

液)、体积分数为50%的酒精溶液、碘液、蒸馏水。

【实验步骤】

教学环节	教师行为	学生活动	设计意图	发展生物学学科核心素养分析
创设实验情境，探究鉴定还原糖的理想材料	【交流讨论】教师提供果汁(黄瓜汁、番茄汁、西瓜汁、橙汁、胡萝卜汁、甘蔗汁、梨汁、苹果汁、香蕉汁等)，让学生讨论鉴定还原糖的理想材料，并通过实验进行验证。 【提问并组织讨论】哪种果汁是鉴定还原糖的理想材料	以小组为单位讨论、交流，并说明理由。 开展实验，进行探究。 观察现象，得出结论。并总结适合作为还原糖鉴定实验材料的一般要求	创设实验情境，变“验证性实验”为“探究性实验”，激发学生的学习兴趣，培养学生的实验操作技能	引导学生对不同的果汁进行观察、比较、分析、判断，在此基础上设计并完成实验探究，根据实验结果总结鉴定还原糖实验材料的一般要求。创设探究性实验的情境，有助于培养学生的假设、观察、分析等技能，锻炼归纳、比较等科学思维，提升学生的科学探究能力
创设生活情境，理解脂肪鉴定的原理	【创设生活情境】教师介绍某些地区用添加苏丹红的饲料喂鸭从而生产“红心鸭蛋”的新闻，创设生活情境，激发学习兴趣，引起深度思考。 【提问】为什么苏丹红只进入蛋黄，而蛋清却不被染色? 【实验拓展】教师提供花生种子及其匀浆、鸭蛋的蛋黄与蛋清等材料，让学生用苏丹Ⅲ染液检测，观察实验现象并分析	分析材料，积极思考。 带着疑问，开展实验。 总结现象，得出结论：苏丹红是脂肪的染色剂，且鸭蛋的脂肪集中在蛋黄里	创设生活情境，激发学生探究的兴趣，提高探究性实验的效果	引导学生关注生活中的社会热点议题，运用生物学的知识和方法，做出正确判断和理性解释，培养解决生产生活中的问题的能力，提升运用生物学知识向周围人主动宣传引导正确价值观的社会责任感

续表

教学环节	教师行为	学生活动	设计意图	发展生物学学科核心素养分析
创设实验情境，进一步探究变性蛋白质的鉴定	【组织讨论】在学生完成双缩脲试剂对蛋白质的鉴定实验后，提出如“蛋白质高温变性后，能否和双缩脲试剂发生紫色反应”问题，引发学生进一步思考。 【布置任务】设计实验，进行探究	讨论：蛋白质与双缩脲试剂发生紫色反应的原理。 交流：蛋白质变性后，能否和双缩脲试剂发生紫色反应呢？ 实验：选择材料→处理材料→进行实验→得出结论	在教科书实验的基础上，创设实验情境，让学生进行实验探究，提升动手能力	在完成课本蛋白质鉴定实验的基础上，进一步引导学生思考变性蛋白质能否和双缩脲试剂发生颜色反应，增强学生的好奇心和求知欲，激发其进一步探究的欲望
根据学生实验情况，创设问题情境，加深对实验原理的理解	在学生实验过程中，教师进行巡视，如出现与教材预设不一致的实验结果，应及时创设问题情境，引发学生思考。 如有学生将斐林试剂加到待测溶液中，直接加热或加热时间过长，并没有出现“浅蓝色→棕色→砖红色沉淀”的颜色变化，而是呈现黑色。 【布置任务】课外查阅资料，分析呈现黑色的原因	观察实验现象，比较是否与预设的结果相符。 如果不符，从实验原理、实验方法等角度分析原因。 课外查阅资料，了解还原糖鉴定中颜色变化的原理	根据实验结果，及时创设问题情境，引导学生对实验原理、实验方法进行思考，加深理解	针对实验过程中的意外现象，通过创设问题情境，引导学生观察、分析、思考、总结，并通过再实验进行验证。培养学生尊重事实和证据、崇尚严谨和务实的求知态度，提升运用科学的思维方法认识事物、解决实际问题的思维习惯和能力

(二)生物学验证性实验设计注重案例分析

验证性实验通常都有明确的实验步骤和预期结果，所以在实验过程中学生往往会不假思索、按部就班地进行操作，得到与预期结果一致或相似的实验现象便算完成了任务。本案例在验证性实验的基础上，为学生提供了更为丰富的实验材料，使原本的“验证性实验”变成为“探究性实验”，使学习具有了一定的探索空间。在实验中，教师注重创设与实验内容相关的问题情境，激发学生主动思考和探究问题的积极性，使其对实验原理、材料选择以及操作要求等有更深刻的理解。这种设计安排，在加强学生动手技能，养成实验室工作习惯，建构生物学概念的同时，也可以培养学生的科学思维和科学探究能力。

本实验虽是一个验证性的独立实验，但如果只掌握方法而不知其中的关键因素，实验的成功率还是不高的。因此，教师需要先做预实验，事先找到所有影响实验结果的因素。本实验成功的关键在于实验材料的选择：①还原糖的鉴定：还原糖的含量、生物组织中有无色素是影响实验结果及其观察的最重要因素。因此要选用还原性糖含量高、白色或近于白色的植物组织，其中以苹果、梨最好，也可用白色的甘蓝叶、白萝卜替代(不能选西瓜，思考原因)。经实验比较，颜色反应的明显程度依次为苹果、梨、白色甘蓝叶、白萝卜。②脂肪的鉴定：所用材料一要脂肪含量高，二要有一定大小，才能做徒手切片，花生种子符合该实验的要求。将花生种子浸泡 3～4 h，使其变得不易成形，有利于切成薄片，但浸泡时间也不宜过长，否则组织太软，切下的薄片不易成形。③蛋白质的鉴定：一般选用富含蛋白质的豆浆或鸡蛋清。

本实验在操作时要注意以下事项。①还原性糖的鉴定：斐林试剂(氢氧化钠、硫酸铜)混合均匀后一次加入。在水浴加热时，试管底部不要触及烧杯底部，以防止试管受热不均匀而爆裂；加热时，试管口也不要朝向自己或他人，防止沸腾的溶液冲出试管造成烫伤。②脂肪的鉴定：脂肪染色不宜久置，要立即用显微镜观察，不宜超过 10 min。搁置时间太久，脂肪颗粒会被酒精(苏丹Ⅲ染液含有酒精成分)溶解而看不到油滴。切出符合要求的薄片是实验结果满意的关键。③蛋白质的鉴定：双缩脲试剂也是氢氧化钠和硫酸铜，但是使用时先加氢氧化钠，再加硫酸铜。

以上因素是实验成败的关键因素，几个注意事项涉及学生目前不具备的化学知识，教师应向学生建议正确的做法，其他几项建议让学生在做中体会，留给学生更多的思考余地。教师在巡视指导的过程中要善于发现问题，用敏锐的眼光去发现并解决学生操作过程中出现的令你意想不到的问题。本实验难度并不大，但由于内容较多、实验时间较长，因此，必须做周密安排，才能按时完成。实验中学生应分工合作。在“还原糖的鉴定”实验中，每组两个学生中的一个制备生物组织样液时，另一个学生可以用酒精灯将水煮开，以便缩短实验的等待时间。在“脂肪的鉴定”实验中，一个学生制作临时装片时，另一个学生则可以调试显微镜。另外，在完成前两个实验时，一个学生洗刷试管、清洗玻片和整理显微镜，另一个学生则可以进行后一个实验的操作。节约时间的同时也培养了学生间合作的意识和沟通的能力。

分析讨论：①分析实验成败的原因，在以后的实验中如何改进？②你们小组共检测了多少种生物材料？这些材料中有机物的种类、含量都一样吗？这对我们选择食物有什么启发？挑食会对我们的身体造成不良影响吗？③市场上出售的少数劣质奶粉中有植物淀粉，请问用什么方法鉴别？④现有三瓶失去标签的、颜色十分接近的试剂，与一些对实验有用的材料，如马铃薯、蓖麻籽、大豆、莴苣、山药等。从外观上无法区分哪一瓶是苏丹Ⅲ染液，请根据所提供的试剂和材料，正确地找出苏丹Ⅲ染料。⑤请设计实验来检测人体尿液中的葡萄糖含量，以作为确定糖尿病的参考依据。

(三)生物学验证性实验设计注重案例评价

本案例对验证性实验的教学设计进行了详细的分析说明，对一个教师在备实验课时如何备教材、备学生、备问题、挖掘新意方面做出了很好的示范。本案例中的思考题能力梯度层次分明，对于教师了解学生掌握知识的程度起到很好的反馈和评价作用，特别是应用创新设计具有实际应用的价值。应用创新设计以逆向思维的方式考查学生，打破学生的思维定式。本案例是验证性的独立实验，在教学过程中尽可能留给学生探究的余地，如预测和实测、实验中允许学生犯错但要分析失败原因并提出改进意见，在应用创新设计中的创意设计等，因此验证性实验并非绝对的验证。具体评价时，可参照表 2-2 执行。

表 2-2　生物学验证性实验教学评价等级量表

能力目标	表现性任务	评价等级			
		优秀	良好	合格	待改进
实验分析与内容选择	①能正确分析实验原理				
	②结合实验原理，理解实验材料的选择原因				
实验演示与操作	①仪器与药品的摆放错落有致，观瞻性好				
	②操作规范，示范性好				
	③现象明显、一次成功				
	④演示过程对实验内容、操作要点及注意事项有交代，目的性强				
	⑤演示时机与时间控制合理				

续表

能力目标		表现性任务	评价等级			
			优秀	良好	合格	待改进
实验教学表达		①普通话规范，语速、音量的变化表达合适				
		②站姿稳定，面向全体学生				
		③讲解、板书、演示搭配协调				
		④能够熟练处理实验现象、本质认识与生物学专业用语表达之间的关系				
实验教学组织		①参与实验现象的观察、分析与讨论				
		②能够准确陈述实验现象，分析实验结果，表达实验本质，符合生物学实验教学逻辑				
		③利用实验事实提供的大量感性材料，提出启发性问题，引导学生思考，并给予时间作答				
		④及时调控教学进度				
实验基本素养	安全意识	①实验操作规范，无危险操作				
		②仪器、药品等摆放有序				
		③佩戴防护用具(如穿实验服、戴护目镜及手套等)				
	环保意识	①合理处理实验废弃物				
		②节约实验药品				
	实验习惯	①实验台面整洁				
		②操作步骤有序				
	科学态度与观念	①尊重实验事实，客观对待实验结果				
		②以科学态度面对实验过程与结果				
改进建议：						

【学以致用】

1. 统计教材中的生物学验证性实验。
2. 分析生物学验证性实验设计的教学优势。
3. 结合具体实验，尝试将验证性实验设计成探究性实验。

第三节　生物学探究性实验可以进行实验创新

【问题聚焦】

1. 生物学探究性实验设计有哪些基本教学要求？

2. 生物学探究性实验设计要关注哪些注意事项？

3. 生物学探究性实验设计要遵循哪些教学原则？

> **核心概念**
>
> **探究性实验**是指实验者在不知晓实验结果的前提下，通过自己实验、探索、分析、研究得出实验结论，从而形成科学概念的一种认知活动。

【案例研讨】

探究植物的吸水和失水

教师创设情境，播放实验视频：把白菜剁碎作馅时，常常要放一些盐。放盐后稍等一会儿就有水渗出。对农作物施肥过多，会造成"烧苗"现象。由学生在各小组内讨论各自提出的问题是否有价值，确定本小组要探讨的问题。

(1)以 A 组为例。一位同学提出："植物细胞会出现失水现象吗?"另一同学提出："植物细胞在什么情况下会失水?"通过讨论，大家觉得第二个问题更有价值探究。

(2)做出假设：当外界溶液浓度高于细胞内的浓度时，植物细胞会失水。

(3)设计讨论实验程序：设计的实验方案可以是多样化的，比如选择材料不同，实验方案和步骤就有一定的差异；洋葱、花瓣、黄瓜……现象也各异，以 A 组为例，实验材料选择的是洋葱。实验步骤如下：

①配置质量浓度分别为 0.05、0.10、0.20、0.30、0.40、0.50 g/mL 的蔗糖溶液；

②用镊子撕取洋葱紫色鳞片叶表皮细胞，放在滴加清水的载玻片上制成 6 个临时装片(尽量在较短的时间内完成)；

③首先在低倍镜下观察找到紫色的含大液泡的细胞，然后再换上高倍显微镜继续观察细胞；

④取出装片，分别在每个装片的一侧滴加特定浓度的蔗糖溶液，另一侧反复用吸水纸吸，让细胞充分浸润在蔗糖溶液中；

⑤观察和记录实验现象，看材料是否发生质壁分离现象，并填写实验结果表格。最好重复多次实验。

预测实验现象：

实验现象	蔗糖溶液质量浓度/(g/mL)					
	0.05	0.10	0.20	0.30	0.40	0.50
是否发生质壁分离现象						
平均值						

针对该实验提出如下问题：

(1)如何更科学合理地设置蔗糖溶液浓度？

(2)如何评价是否发生了质壁分离现象？质壁分离现象的发生程度有多大？如何测算？

(3)如果用 KNO_3、KCl、尿素等溶液进行实验效果会如何？

(4)还可以从哪些方面更加全面深入地开展探究性实验？

探究的本质是什么？如何在教学设计中落实？如何在教学设计时指向学生科学探究能力的发展？

探究性实验教学是由教师或学生提出实验课题，在教师的指导下，学生自己设计方案，然后根据方案进行探索研究，正确处理实验结论的一类实验教学形式。探究性实验教学能使学生认识到科学知识是由原始材料缓慢地、试验性地累积而成的知识体系。与其他类型的实验相比，探究性实验更能培养学生开拓创新思维，更有利于提升学生的生物学学科核心素养。传统实验策略总是只注重理论知识，把所有的实验都以验证性实验来完成，千篇一律的“知结果，求验证”，除了获得理论知识外，其他素质的提升见效甚微。

一、生物学探究性实验具有基本教学要求

探究是指学生通过观察发现身边的现象，并由此现象引发的一些质疑所产生的问题，为解决这些问题而进行的探索。在探索过程中，学生会增强对未知事物的好奇心并产生求知欲，在对未知事物求知的实践过程中，学生也获得探究的基本思路和方法，并在未来的生活与学习中受益。探究性实验是指探究研究对象的未知性质，了解它具有怎样的组成、有哪些属性和变化特征，以及与其他对象或现象的联系等的一种实验。这种实验一般都具有试探的性质，因此也称之为试验。①

① UGOLINI F, MASSETTI L. Teaching the Carbon Cycle Using IBL in the Secondary Schools[M]. New York: Springer, 2013.

（一）生物学探究性实验设计需要转变观念

《2020年修订版高中生物学课标》在“教学建议”中明确提出“组织以探究为特点的主动学习是落实生物学学科核心素养的关键”，基本理念是以培养学生的生物学学科核心素养为宗旨，以探究为特点的教学不仅会直接影响核心素养中“科学思维”“科学探究”的落实，也会间接影响另外两个核心素养的达成。因此，生物学教学不仅是教师讲解和演示的过程，也是师生交流、共同发展的互动过程。教师应该提供更多的机会让学生亲自参与和实践，重视信息化环境的学习。这种有目的、有步骤的学生自主学习活动主要包括对生物及其相关事物进行观察、描述、提出问题、查找信息、提出假设、验证假设、思维判断、做出解释，并能与他人合作和交流等。在此过程中，培养学生的创新精神和实践能力。探究性学习不是全部的教学活动。教师应结合具体的教学内容，采用多种不同的教学策略和方法，达到教学目标。教师在引导和组织学生进行上述探究性学习时应注意以下事项。

(1)需要为探究性学习创设情境。例如，提供相关的图文信息资料、数据，或呈现生物的标本、模型、生活环境的图片或影像资料，或从学生的生活经验、经历中提出探究性的问题，或从社会关注的与生物学有关的热点问题切入。

(2)应该鼓励学生自己观察、思考、提问，并在提出假设的基础上进行探究性活动方案的设计和实施。在小组合作探究时，教师应兼顾不同发展水平的学生，成员间要分工明确并适时调整，使每一成员都有机会担任不同的角色。

(3)注意探究性学习活动的课内与课外结合。教师应有计划地安排好需要用一定时间才能完成的课外活动，包括必要的调查、访问、参观、资料收集整理以及观察记录等。

(4)重视探究性学习报告的完成和交流。教师应引导学生通过文字描述、数字表格、示意图、曲线图等方式完成报告，组织交流探究的过程和结果，并进行适当的评价。

(5)充分利用信息技术提高课堂教学效率。信息技术的快速发展为生物学课堂提供了诸如图片、视频、模拟实验等丰富多样的教学资源。充分利用以“互联网＋”为代表的教育技术可在一定程度上减少主动学习活动对实验耗材及相关场地条件的依赖。教师应充分利用这一技术优势，开展多种形式的主动学习活动，提高教学效果。

（二）生物学探究性实验设计注重选题适切

中学生物学探究性实验，应紧扣课程标准和教学内容来设计。题在书外，理在书中，能使学生温故知新，兴趣盎然。如设计植物根的向重力性实验，由于学生在初中阶段已经学习了有关种子结构和种子萌发的条件等知识，并且大部分学生已做过实验，因此实验应在这个基础上设计，使学生更深刻地了解植物根的生长具有向重力性的特点，学生也易于领会和接受。另外，由于新教材实验内容的增加，有些实验(包括研究性课题、探究性实验)是教师从未接触过的，教师必须改变以往只让实验员准备，教师上课的老一套方法，教师应亲自动手，取得第一手材料，从准备实验中发现问题、分析原因、找出对策。教师要把实验课当作提高自己业务水平的重要途径。

在当今时代，研究被认为是人类的一种生存方式，每个人都可以像科学家那样发现和生产新知识，教育应当使学生成为研究者，或者说让学生在学习过程中像研究者一样去工作、思考和发展。因此，探究既是学习的目标，又是学生的学习方式，亲身经历以探究为主的学习活动将是学生学习的主要途径。探究性实验就是基于上述思想而在新课程中重点强调的一种实验类型，它是以过程与方法为轴线开展实验教学，既重视学生知识与技能的建构，又强调学生情感、态度与价值观的培育，换句话说，探究性实验中的实验不仅仅是手段，还是学生有效的认知工具，实验教学的根本目的在于培养有创新意识、创新精神和创新能力的人。在探究性实验教学时，教师必须转变观念贯彻落实上述思想，只有这样，实验教学过程才能焕发师生的生命活力，促进他们思维方式的转变。

(三)生物学探究性实验设计需要指导到位

“基于方法观传授知识、基于过程观培养能力、基于综合性提高创新意识”为生物学探究性实验教学理念，构建了“一条主线、三个层次”的生物学探究性实验教学目标新体系，以能力培养为主线，从基本技能训练、综合探究性实验和创新设计实验三个层次实施实验教学，从而提高学生实践能力和创新能力。制订教学目标的依据：(1)直接依据是课程标准确定的总的课程目标；课程目标既体现国家培养总目标的要求，又结合学生的实际情况、社会的需求和学科发展的现状，体现课程开发的有关价值取向。(2)制订教学目标要依据学科特点、学生特点、社会需求。教学目标设计中应注意：①教学目标的设计应遵循生物学新课程标准；②教学目标的设计应重点突出；③教学目标的设计必须符合学生的实际水平和学习规律；④各章节教学目标应互相协调；⑤注意教学目标设计与实施目标的关系。

探究性实验突出了学生的主体地位，学生主动学习的空间更广阔，但并不意味着要弱化教师的主导地位，教师仍然是学习的组织者，因此适当的指导是必要的。教师要积极引导学生参与实验的全过程，实验的准备、实验的设计、实验的观察、实验的分析、实验的改进都要融入学生的智慧，要让学生有充分的动脑、动手、动口、动眼等机会。

教师的指导宜少而精，过多过滥会束缚学生的思维，制约学生的手脚。如何把握指导的“度”？首先，探究性实验通常是小组活动，教师应指导学习小组内部分工，如观察员、记录员、总结者等。其次，教师要在巡视或参与学生探究的过程中，注意发现问题，及时点拨。最后，探究后的总结指导要注重结论的应用和扩展引申，以及教师要教给学生认真分析实验结果、科学处理实验数据的方法(如列表、坐标等)，学会写实验报告。

作为探究性实验必须考虑它的科学性、实用性和可操作性。鼓励学生探索生产和生活中的实际问题。例如，学习了生长素的生理作用，可让学生设计一个观察生长素(或生长素类似物)促进扦插枝条生根的实验；学习了植物的向光性，可让学生设计培育一株“S”形茎的牵牛花；学习了光合作用和呼吸作用，可让学生利用花盆或小块菜地设计提高大棚蔬菜产量的实验。通过这些小实验，培养学生在现实生活中进行探究性实验的设计与分析能力，尝试解决真实问题。鉴于当前高中学生学习任务繁重，专业知识有限，选题应宜小不宜大，以既能探索未知的学习内容，又便于实验验证的知识为宜。

(四)生物学探究性实验设计关注有效提问

在实验过程中，教师如何引导学生紧密围绕实验目标、内容、方法、评价进行深入思考呢？根据苏联心理学家维果茨基的“最近发展区”理论，把问题提在被提问者的“最近发展区”，若问题过于简单，学生不必花力气就能够回答，这对他们的发展无益，而问题提得太难则会挫伤被提问者的积极性。因此提问应掌握难度和提问方式，使被提问者“跳一跳就能把果子摘下来”，把“最近发展区”转化成“现实发展区”。

高中学生做探究性实验，是一种基于学习的研究和探索，它不同于一般意义上的科学研究。探究性实验教学的基本程序是从提出要探究的问题入手，围绕问题做出假设；进而设计实验、通过实验获得证据；比较、分析和解读数据，从而推断实验结果，得出结论。提出问题是探究的开始，如何培养学生的提问能力，使学生在探究过程中学会思考、设计、探索和创新，是中学阶段探究性实验的主要目标，也需要教师预先进行提问设计，对所出现的问题，做到心中有数。

1. 创设情境提出问题

创设问题情境的目的主要是激发学生的学习兴趣，唤起学生的问题意识，活跃学生的科学思维，使其快速进入探究性实验状态。

选取科学史上的重要事件创设情境。在制作DNA分子双螺旋结构模型实验时，把DNA分子结构的研究史用电子课件播放给学生看，用科学发现史创设实验情境。并设问：①重温历史，你有何感悟和启迪呢？②对于DNA双螺旋结构模型，我们建构的主要是平面结构模型，再用纸和铁丝来做，怎样设计呢？③对于DNA双螺旋空间结构模型，你有哪些灵感呢？④还能设计并制作出几种 DNA 双螺旋空间结构模型的建构方案吗？等等。

以学生熟悉的鲜活事例创设情境。将学生日常生活息息相关的事，设置为问题情境。在探讨加酶洗衣粉的洗涤效果实验时，投影加酶洗衣粉包装袋上的成分、功效和使用说明。启发学生提出问题：①使用加酶洗衣粉有哪些注意事项？②为什么加酶洗衣粉比普通洗衣粉洗涤效果更好？③怎样设计实验来有效控制这些变量因素？④加酶洗衣粉的适用范围有哪些？等等。

利用现代化教学手段创设情境。如用自制的多媒体课件播放图片：对于每个探究性实验，都有自制的多媒体课件，用于提高教学的实效性。如重组 DNA 分子的模拟操作中的基因工程、转基因抗虫棉和重组人胰岛素等图片。用多媒体播放演示实验视频：人教版高中生物学教材中，有与之配套的演示实验光盘，作为学生分组实验的参考。如 DNA 粗提取与鉴定实验视频，让学生观看之后，教师提出问题：①粗提取的 DNA 是什么样的物质？②在有离心机的条件下，选用何种实验材料？③采血时注意哪些事项？④如何制备血细胞？⑤DNA 提取和鉴定的原理是什么？DNA 粗提取有系列的操作方法，怎样设计实验操作流程？等等。

2. 由表及里引导问题

由于学生的知识基础、思维方式、探究能力以及兴趣、意志和态度等存在差异，提出的问题复杂多样，这就需要教师循循善诱地引导。

用验证性实验引入探究问题。例如，在分析过氧化氢分解后，延伸探究 pH 对酶活性的影响实验中提出的问题：①通过比较过氧化氢在几种条件下的分解速率，得出什么结论？②有关酶的实验，必须控制哪些条件？（温度、pH、酶浓度和底物浓度等）③加热和加酶的催化反应，反应原理是否相同？pH 对酶活性有何影响？④借助电子 pH 计，怎样设计 pH 梯度？又如在探究植物细胞的吸水和失水实验中提出的问题：①植物主要从根部吸水，水分又从叶片蒸腾，水分的得失，最终发生在植物体的什么部位？（细胞）②借助光学显微镜，怎样设计实验亲眼看到植物细胞在吸水和失水？③怎样确定探究题目？等等。

3. 用敏锐的观察力和丰富的想象力去洞察问题

应充分发挥学生丰富的想象力和创造精神去发现问题。例如，对于“调查人群中的遗传病”调查内容的选定，大多数教师认为这个探究课题不是高中师生能做的，应该由医生和医学院校来做。但在高中学习的是调查方法而不是技术手段，可通过调查给学生发展科学探究能力的机会和空间，使学生学会调查研究方法，培养学生社会实践能力、科学思维能力、分析和解决实际问题的能力。调查方法可采取以大化小的原则，从学生自己身边的事做起，开展“中学生近视眼的调查”。选题依据：①近视眼在学生中具有普遍性；②近视眼包括单纯性近视和病理性近视，后者是遗传病；③学生的视力，从小学到高中各校医务室都有翔实记载(每年县级卫生部门对学生的健康体检表)；④在填写“中学生近视情况调查表”时，学生、家长和直系亲属都不会有所忌讳，能够如实填写，便于病理性近视家系图的分析；⑤有关调查报告中病理性近视的成因和遗传模式等，借鉴了“病理性近视的家系研究和基因的初步定位”。

4. 运用批判思维来发现实验中的隐藏问题

可运用批判思维揭示探究性实验中的隐藏问题，培养学生的治学态度和创新精神。例如，探究酵母菌细胞呼吸的方式实验改进：①用市售 PVC 软管(8 mm)代替玻璃弯管连接实验装置，便于移动和操作；②用市售简易打气筒代替橡皮球或气泵，既能持续通气，又能控制通气量；③有氧呼吸实验装置在装有 NaOH 溶液的锥形瓶与酵母菌培养液瓶之间，再连接一个装有澄清石灰水的锥形瓶，用于检验 NaOH 溶液吸收空气中的 CO_2 是否充分，以及缓释空气通过 NaOH 溶液后带来的碱性，使实验设计更严谨、科学；④在预实验中，探究作用底物(葡萄糖)的浓度和用量。

5. 化繁为简，化解问题

把大问题化小，小的主题不仅明确具体，而且易于把握。例如，果胶酶在果汁生产中的作用专题研究中的问题化解。这是一个比较复杂的多因素探究性实验。通过综合分析、教师的引领、对相关知识的延伸和实验的拓展，首先设计果胶酶实验的总体思路，再根据整体设计，进行逐项分解，把一项多因素研究化解成四个单因素项目进行探究性实验：①温度对果胶酶活性的影响实验；②pH 对果胶酶活性的影响实验；③果胶酶的作用时间对苹果出汁量的影响实验；④加酶量对苹果汁滤出量的影响实验。

6. 运用逻辑思维来提出新问题

在探究性实验中提出和解决新的问题。在探究生物体内酸碱平衡的代谢调节时，提出生物体维持 pH 稳定的机制问题，生物体是怎样通过代谢调节来维持 pH 稳定的呢？经查阅相关文献得知，人体内酸碱平衡的调节主要通过血液的缓冲作用；肺对 CO_2 的排出和保留以及肾脏对碳酸氢盐的分泌和重吸收作用。人体体液中的酸碱平衡是由血液、肺、肾和组织细胞等调节因素共同维持的。在探究温度对酶活性的影响实验中发现了碘合淀粉复合物与分子的热运动。此实验是利用淀粉酶在不同温度下对淀粉的水解作用，通过交叉检测：碘遇淀粉变蓝色(检测底物)和斐林试剂遇还原糖生成砖红色沉淀(检测产物)，进行逻辑推理和分析判断来探究温度对酶活性的影响。然而：①在室温下，加 4 滴碘液，2 mL 3%的可溶性淀粉溶液就出现稳定的蓝色；②在沸水浴的条件下，用同样的淀粉溶液，加 4 滴碘液时，蓝色出现即失，直至加到 12 滴碘液后，才出现稳定的蓝色。为什么会出现这种现象？由此发现碘合淀粉复合物与分子热运动的新问题①。

教师的有效提问对于激发学生的好奇心和探究热情、引发学生积极思考、掌握科学探究的方法、体验发现的乐趣等发挥着不可替代的作用。提问设计到位，学生的学习兴趣和探索欲望就会被调动起来，就能充分发挥学生的主动性、积极性和创造性。提问要能引发学生对事物的注意和兴趣，提问后要留给学生时间思考问题，提问要能引发学生的想象，层层递进，提问要能引发学生想出解决问题的方法，提问要把握好活动关键，保证问题的质量。科学有效的提问既能够促进学生发展、达到教学目标，又能够让教师关注到每一位学生，促进学生良好思维习惯的形成。

(五)生物学探究性实验设计注重过程评价

探究是一个能动的、体验式的学习活动。作为一种新的实验教学模式，探究性实验教学强调学生主动的体验、理解知识形成和发展的过程。探究性实验的教学设计以实现新课程的理念为根本宗旨，因此教学过程的设计决定着探究性实验的教学效果以及能否将指向核心素养的教学目标落到实处。全面提高学生的生物学科核心素养，教学过程的设计起着至关重要的作用。

在课堂上如何激发学生主动参与探究性实验教学，建议教师以形成性评价作为激励机制，使学生对学习的个人价值与社会价值获得切身的体验，不断激发学生对学习本身的兴趣，保持良好情绪，不断朝着期待的方向努力，将外部的期待变成自身的积极的内在期望。教师在课堂教学实践中，可采用：①教师对合作小组的学习进行表现性评价(集体性)，促进小组成员集体感的形成及集体智慧的有效发挥；②小组对本组成员的学习进行表现性评价，促进成员间的互帮互促，使小组成员得到不同层次的发展。包括学生课堂学习的情感态度、价值观表现的评价和代表小组回答问题得到的奖励评价；③探究性实验的阶段评价，教师、合作小组对小组成员探究进行形成性评价，促进学生探究性学习层次不断提高。实施评价以后小组成员探究欲望将能得到极大的刺激，大部分成员对应该完成的学习任务的主动性将有明显提高，他们将在不断的学习过程中得到强化。

当今社会越来越强调教育要注重培养学生的创新精神和实践能力，而不是

① 刘艳丹，吴建华．高中生物学探究性实验教学中的提问设计[J]．生物学教学，2013，38(12)：27-28.

偏重于对学科知识的机械记忆、浅层理解和简单应用。组织学生做探究性实验，教师既要成为学生的指导者、组织者与促进者，又要和学生平等参与实验研究，不能越俎代庖将学生的研究引向既定的结论。应树立以学生为中心的教学理念，积极为学生提供信息启发思路，介绍方法，引导质疑探究和创新。培养学生独立思考的能力和创新精神，让学生在探究性实验过程中充分发挥自己的聪明才智。

二、生物学探究性实验要关注过程和原则

生物学探究性实验具有：①开放性：在探究性实验活动中，探究的事物与身边自然世界紧密联系，基于课本而又不局限于课本。探究的起点始于身边的现实世界，除了探究问题外，探究的方法、步骤、结果都是不确定的，同一个问题不同的学生有不同的探究方法。探究性实验的开放程度很高，实验材料、方法步骤、实验结果均为未知，未确定的因素开阔学生施展的空间，确保学生思维的自由。②可行性：是指在现有的条件下可以完成，包括实验材料等硬件条件，还包括组织形式等隐形条件。实验室的基础条件是我们必须考虑的，中学的实验常会遇到设备不足、老化、药品过期等诸多问题，可以改进实验以绕开这些问题。探究的问题要符合相应学生的水平，难度太高学生难以完成，会变成少数人的独角戏，甚至是一场闹剧。③实践性：探究的内容必须是学生可以通过相关操作来进行的，换言之，学生必须能通过亲自观察、调查、实验等操作来完成探究，而不是探究那些无从下手、不着边际的问题，即探究是可操作的。

（一）生物学探究性实验设计关注教学过程（图 2-4、图 2-5）

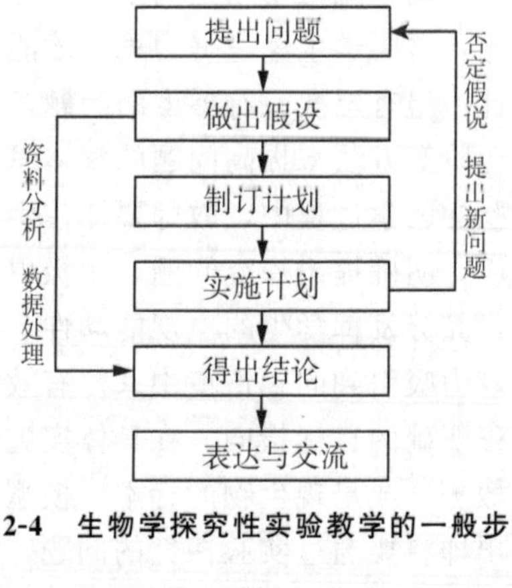

图 2-4　生物学探究性实验教学的一般步骤

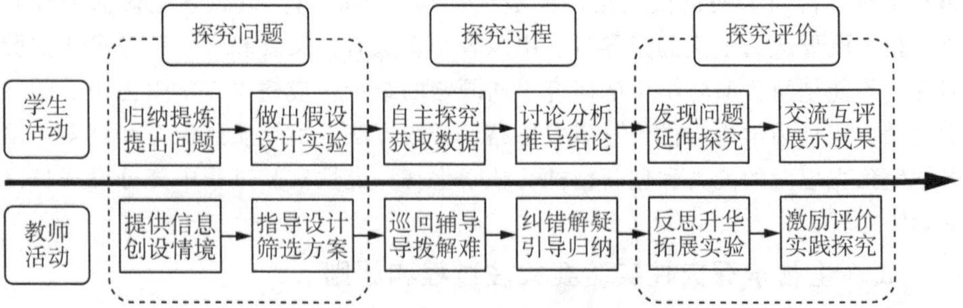

图 2-5　生物学探究性实验的教学程序

探究性教学，能有效地提升学生对生物学的学习兴趣。在生物学教学中，实验是其中的重要部分之一，在实验操作中进行探究性学习，有利于学生亲身体验学科研究的乐趣。学生在开放的环境中做生物学实验，有利于学生发现问题和表达问题，同时针对发现的问题进行有效探究。

1. 创设情境，引发问题

创造思维基于实验始于问题，学生的积极思维是从迫切需要解决某个问题开始的。从这个意义上说，问题是思维运行的动力和催化剂。问题的提出通常依赖于问题情境的创设。所谓问题情境是指“当前探讨的学习内容与学习者已有认知水平不和谐、不平衡而又亟须解决的心理状态”。在创设问题情境时，教师要根据教材目标和教学内容，从学生认知水平和社会生活实际出发，将学生已有的知识经验与将要学习的知识联系起来，精心设计实验探究的问题。问题要“难易适度”，既具有一定的思维容量和思维强度，又含有需要经过分析、探索、比较、综合等思维活动才能得出结论的未知成分。显然，这种落在学生的“最近发展区”内的问题，需要学生经过努力思考才能解决。对于教材的重点难点内容，要尽可能设计一组有层次、有梯度的问题，处理好问题的衔接与过渡，用组合、铺垫或设台阶等方法来提高问题的整体思维价值。

在生物学探究性实验的教学过程中，教师要抓住生物学知识之间的渗透和迁移，努力创设问题情境，明确提出探究问题，积极引导和鼓励学生自己去发现问题，提出探究课题，充分发挥学生的主观能动性，激发学生的探究兴趣和思维潜能，将学生的注意力吸引到问题情境中来。有效的情境不仅能充分激发学生的探究兴趣，也有很明确的目标指向。在具体实施中，教师可以通过提供相关的图文信息资料、数据，或呈现生物的标本、模型、生活环境，或从学生的生活经验、经历中引出即将要通过实验探究的问题，也可以从社会关注的与生物学有关的热点问题切入等。另外，作为教师也应鼓励学生提出个性化、多样化的问题，在保证安全的前提下，让学生大胆探究。

在经过适当训练后，教师可以只根据教学需要创设问题情境，而具体问题的提出则可以交给学生。通常情况下，总有一些学生提出仅根据自己的经验而脱离具体情境的问题，也就是提出的问题较为发散，此时教师应能组织学生一起梳理这些问题。梳理的标准有三点：一是根据已有知识和经验判断学生提出的问题本身是否合理；二是问题是否符合问题情境的目标指向，对于不符合问题情境的提问，教师也应给予分析并鼓励学生在课外继续探究，而不能一概否定或不予理会；三是就学校现有的实验条件而言，这些问题是否具有进行实验探究的基础，也就是可操作性如何。经过上述梳理后，学生提出的问题也就能加工形成探究的课题。在实际操作中，课题的呈现应尽量提前，要让学生有足够的时间查阅资料和开展讨论，以便制订适宜的学习方案，并能探讨学习过程中需要的仪器药品，以及一些可能发生的现象和相应的结论。

2. 充分分析，提出假说

假说佐证是自然科学研究中广泛应用的一种方法。假说是根据已知的科学原理和科学事实对未知的自然现象及其规律做出的一种假定性说明。在进行新知识情境探索性实验时，教师可以提出多种可能的结论假说，以刺激和保持学生对生命现象的自主探究兴趣和注意力，使他们的思维始终处于高度活跃的状态。要鼓励学生通过自己查阅文献资料、收集整理信息数据，亲自去感受和探明问题的关键所在。在科学理论的基础上提出多种可能的假设，进而设计佐证假说的实验方案并进行实验操作。

在实际操作中，当探究目标明确后，教师要为学生提供大量的资料、素材，或者提供给学生获得资料、素材的途径，达到帮助学生答疑解惑的目的。接着，在学生对课题进行充分讨论的基础上，教师应尽量在诱发性的问题情境中引导学生通过分析、比较、综合、类推等不断产生假设并围绕假设进行推理。引导学生将原有的各种片段知识、素材，从各个不同的角度加以改组，从中发现必然的联系，逐步形成比较合理的学习方案。教师一方面要允许学生有形形色色的猜测、想象，强调独立思维、直觉思维和洞察力的形成；另一方面也要指导学生明确因果关系，强调逻辑推理，而不是胡乱猜测。一般情况下，一个好的假说总是和做出假说的前提有着高度的一致性、派生性和演绎性。

根据日常的观察，基于从已有的研究结果中归纳出来的假设，或由联想和直观的推测所构成的假设等，来计划实验、确定实验的方法。当这个假设或由假设推导出的命题，被实验所证实，则作为科学的命题被采用，如果实验结果违背了假设，便要修正这个假设，或者放弃它，而提出新的假设，反复实验。

可见，实验不是像尝试错误那样，没有预想的乱撞，而应以假设为先导。假设可以帮助人们提出新的理论、新的实验目的，树立一个明确的实验目标，建立和发展科学理论。

科学假说是人们将认识从已知推向未知，进而变未知为已知的必不可少的思维方法，是科学发展的一种重要形式。科学理论发展的历史就是假说的形成、发展和假说之间的竞争、更替的历史。科学假说对科学问题的研究常常起着一种纲领性的作用。在探求现象之间的因果关系、事物的内部结构及其起源和演化的规律时，一旦有了假说，科学工作者就能根据其要求有计划地设计和进行一系列的观察、实验；而假说得到观察、实验的支持，就会发展成为建立有关科学理论的基础。也就是根据现在的科学基础对未来的世界或者其余的发展做出某一种科学的定义。

科学假说主要有以下三个基本特点：①科学假说是建立在一定实践经验的基础上，并经过了一定的科学验证的科学理论。它既与毫无事实根据的猜想、传说不同，也和缺乏科学论据的冥想、臆测有区别。②具有相当的推测性。它的基本思想和主要论点，是根据不够完善的科学知识和不够充分的事实材料推想出来的，它还不是对研究对象的确切可靠的认识。③具有明显的过渡性。科学假说是科学性与推测性的对立与统一。它既包含着真，又包含着假，是真与假的对立与统一。它有可能失真而成为假，也有可能由假而转为真。它是为由假达真而生，也为这种转化的实现而亡。因此，假说又是理论形成中的生与亡的对立统一。这种对立统一的转化条件在于实践，实践是检验假说的唯一客观标准。

3. 设计实验，实施实验

验证是学生确立自己的假设是否成立的关键，是获得正确的概念、理论的基本保证。验证的方法一般以实验为主，要以实验中观察的科学事实为依据来判断假设的科学性。当实验事实与假设不符时，学生可再进行讨论或向教师提出疑问。教师则要引导学生找出失败的根源，增加适当的知识素材，指导学生重新进行假设、验证。

实验验证的首要步骤是设计实验。生物学实验设计中，学生除了应具备一定的生物学知识外，还要求学生掌握基本的科学实验的原理和方法，如对照原则、单一变量原则、可重复原则等。由于实验设计能有效培养和训练学生的创新精神和实践能力，因此生物学实验设计能力既是生物学实验能力的重要内容，也是生物学实验能力的最高层次。

这里的实验应以学生做实验为主，也可以是演示实验，如果条件不允许，还可以适当运用实验的录像、多媒体手段等，使学生在实验中观察、记录实验现象和结果，发现新知。在实验中教师既要让学生按照实验要求进行规范操作，又应鼓励学生进行新的尝试和探究，对于学生的一些错误的操作，教师也不应简单的否定，可以让学生自己去尝试失败。但最后要进行认真分析，引导学生认识到失败和成功的原因。

实验设计方案通常包括“实验课题”“实验要求和目的”“实验方法类型”“实验对照类型”“实验方法步骤”“实验结果预期”“实验结果的分析与讨论”等。其中，实验方法步骤的设计具有开放性，可以从不同角度、不同侧重点，采用不同方法进行设计。在教材的实验指导中，实验假说和实验预期大多隐含在“实验原理”中，实验方法类型、实验对照类型则一般隐含在“方法步骤”里。因此。教师应善于发现并挖掘出教材中的隐含信息，帮助学生了解和掌握实验设计的理论知识，以便培养学生独立设计实验的能力。例如，在“植物向性运动的实验设计和观察”的实验设计中，教师应启发学生，除了课本要设计的向光性和向重力性运动外，植物还有哪些向性运动，怎样设计和观察。在“设计制作小生态瓶”时，教师应提示学生，教材上的只是一类微型的生态系统，生态系统的类型还有很多，相同组成成分的生态系统在不同的外界条件下会相同吗？让学生们发挥自己的想象，发挥自己的创造性，大胆设计。

提高学生的实验设计能力，还应注意拓宽学生的视野，设置不同种类的实验设计，通过不同的途径，激发学生兴趣，启迪学生的思维，从中领悟实验设计的原则和方法。如利用课本的实验，灵活地改变实验的某个条件，让学生模仿课本实验的程序进行简单的实验设计。在学生操作实验时，教师应参与到学生中间，及时发现并帮助解决各种问题，以便在实验结束时更好地引导学生总结工作。

在探究性生物学实验的实施中，关于学生生物学设计实验能力的培养应有计划地分年段逐步培养。例如，初期教师可以组织学生结合现有的相关实验，在充分分析的基础上进行模仿设计，然后可以在教师指导下进行小组合作设计，在学生基本掌握科学实验设计的原理和方法后可以逐步走向独立设计。为了帮助学生理解和应用科学实验原理及方法，教师在教学中要善于组织学生讨论分析设计方案，通过质疑和建议引导学生不断修正自己的实验方案。同时，还要引导学生在实验设计时遵循“材料易获取、方案易操作、实验过程对环境的影响最小”等可行性原则。

4. 分析结论，关注拓展

在假设、验证的基础上学生必然求得结论，使感性体验符号化，成为认知结构的内在成分。因此，教师要对学生经过验证的假设进行加工，用科学的语言来表达结论，适时进行恰当的评论，让学生真正体会到从感性认识上升到理性认识的欢愉。学生则要积极地把抽象化了的概念原理应用到新情境中去，用概念原理体系去解释新的现象，这种过程既是对原有认知结构的完善，又是对概念原理的复现，有助于学生加深对概念的理解记忆，增强应用概念原理来解决问题的能力。

例如，在“植物的光合作用”的教学中，学生在完成实验后，教师可以要求学生在讨论教科书中问题的基础上，继续引导学生对自己的实验现象和实验操作进行分析和评价。如针对“绿叶在光下制造有机物”实验，要求学生讨论：本实验除了得出光合作用能产生淀粉外，还可以说明什么问题？实验前为什么要将天竺葵的淀粉运走耗尽？对学生运用另选的实验材料所做的实验，在学生介绍实验结果的基础上，让学生分析可能的原因。也可以是由学生提出问题，然后由学生或师生共同解疑。

在实验操作与结果结论分析过程中，曾有部分学生提出了这样的一些疑问：为什么会出现叶片的变色现象，有的学生很明白，有的学生却模糊不清，是什么原因呢？有没有更好的实验手段来改进，使实验结果更明了？有没有办法判断叶片内的淀粉是否运走耗尽了？通过分析解疑，促使学生在实验材料的选择、实验方案的设计、实验过程和结论的分析等方面的能力都能得到训练和提高，使学生对实验不仅知其然，而知其所以然，并在此过程中接受科学实验的思想和方法的熏陶。

结论拓展是对知识规律的巩固和活化，是思维生长和发散、能力形成和发展的过程。在生物学探究性实验教学中，教师要在学生现有的知识经验背景下及时发现学生知识和能力发展的新“生长点”，提供一些有一定难度、综合程度较高或灵活运用知识点的问题，鼓励学生继续探究。如对知识进行重新认识、对实验装置提出改进方案、设计出新的探究性实验方案等。这样可以为学生的创造性活动以及思维发展创造一个更加广阔的空间，使得探究性实验教学真正具有伸展性和开放性。同时学生也可以更加深入地进行探究活动，增加思维的广度和深度，使新知识得以巩固和迁移，从而发展创造性思维。

例如，学生在进行“叶绿体色素提取分离”实验时，配错了层析液的比例，却发现分离效果优于正确配方，教师鼓励学生反复实验找出最佳配方。而且学生还依据分离原理设计出其他实验方案，如用汽油作层析液，用毛细玻璃管蘸些色素提取液立在圆形滤纸中心，以粉笔取代滤纸条做实验等，上述实验方案都取得了很好的分离效果。

5. 表达交流，质疑完善

表达交流能促使学生运用所学的知识解决实际问题，以进一步促使学生巩固知识，拓展思维，锻炼能力与掌握方法，同时也可以通过相互质疑，激发学生进一步思考，在此基础上进一步完善实验结论。例如，在“植物的光合作用”一课中，教师在总结概括的基础上，除了让学生讨论课本“思考”题，还可以重新回到教材开头提到的两位科学家的实验，分析讨论：①怎样合理解释海尔蒙特的实验现象？海尔蒙特从他的实验得出“柳树生长所需的物质是水”的结论，你认为他的推理有什么不严密的地方？②怎样解释普利斯特利的实验现象？③在普利斯特利的实验中，如果我们还要证明光对光合作用的影响，你认为可以进行怎样的设计？让学生大胆设想、表达和交流，以此巩固和创新探究性实验。

在具体实验教学中，并非一定要追求探究全过程，教师可根据教学目标和课时安排，在不同实验中各个过程有所侧重。如在部分实验中重点训练学生提出问题和假说的能力，而在另一些实验中则重点培养学生设计实验的能力，再结合一些具体实验重点培养学生分析实验现象、处理实验数据与得出结论的能力。最终在中学生物学实验教学设计中，学生获得科学探究全过程的训练，并掌握科学实验的原理和方法。

(二)生物学探究性实验设计关注教学原则

探究性实验教学能提高学生的合作精神和人际交往能力。探究性教学的组织方式多以小组为主，教师会为学生创建一个轻松活跃的学习环境。在生物学实验实践操作中，每一个小组的同学向共同的目标努力，大家会为了完成目标积极合作，努力沟通，最终实现问题的解决，在这一过程中学生的团队合作精神逐步得到培养。在实验的过程中可能每个学生有不同的解决方法，但是为了完成共同的目标，通常会通过商量形成一个最合理的方式解决问题，这是在不断交流和磨合中完成的。竞争性和个体化的活动在小组探讨的过程中也得以贯彻，让实验凝聚着小组学生的智慧，让群体效应在实验中得以有效发挥。在生物学实验研究性小组学习中，学生会感受到群体的力量是个人所不能比拟的，同时也享受着合作的快乐。科学实验原则是科学实验的基础，实验是生命科学研究的基本手段，设计实验是实验研究的基本能力，而实验设计的基础则是科学实验的基本原则。在教学过程中，教师必须通过具体实验分析帮助学生理解科学实验的基本原则，以期举一反三、触类旁通。

探究性实验，是指实验者(包括学生和教师)在实施实验之前，根据实验目的和要求，运用已有的知识，对实验的仪器、装置、步骤、方法和结果进行各种规划和设想，培养实验者对实验原理、实验程序、实验现象分析归纳的能力。探究性实验要求学生从被动变为主动，教师从“全职”到“兼职”。因而，探究性实验必须体现学生主体地位。同时，实验方案要科学合理、简洁、明了，且实验结论要有说服力和可信度。针对学生、教师、实验三个对象，探究性实验设计的原则如表 2-3 所示①。

表 2-3　探究性实验设计原则

对象	实验设计原则	说明
学生	自主性原则	体现学生的自主能动性、独立思维能力
	简易性原则	操作过程相对简单，杜绝无目的的高难度实验
	探究性原则	提出的问题具有可探究性，能够通过实验进行论证，具有执行性
	相关性原则	设计实验题目要与所学内容相关，不可凭空设想，盲目设计
教师	评价性原则	能够对学生实验设计方案、操作过程、结论进行科学评价
	灵活性原则	实验操作灵活多变，培养学生求异的思维品质
	科学性原则	实验的原理、方法、材料选择及结果得出都要符合科学原理
	对照原则	包括空白对照、自身对照、条件对照以及相互对照
实验	单一变量原则	该原则可使实验中的复杂关系简单化，使结果更准确
	平行重复原则	任何实验必须有足够的实验次数，才能避免结果的偶然性，使得出的结论准确、科学
	控制与平衡控制原则	严格操纵自变量，以获取因变量。同时，要严格均衡无关变量，以消除额外变量干扰

1. 对照原则

为了更科学、更有说服力地论证假说，生物学实验常设置对照实验，教师必须针对不同知识背景的学生，做出不同的教学处理。对照原则是设计和实施实验的准则之一。通过设置实验对照对比，既可以排除无关变量的影响，又可以增加实验结果的可信度和说服力。设置对照的目的通常有两种情况：一种是为了说明问题，验证推论；另一种是为了减少或消除实验误差。通过干预或控制研究对象以减少或消除实验误差，鉴别实验中的处理因素与非处理因素的

① 于华会. 例析高中生物学教学中探究性实验的设计与应用[J]. 生物学教学，2013，38(4)：40-42.

差异。

(1)空白对照：即不给对照组做任何处理，或虽给对照组施以部分实验因素，但不是所研究的实验处理因素；如要验证甲状腺激素的作用，则对照组动物不做任何处理，让其自然生长，而对照组饲喂甲状腺激素制剂或甲状腺抑制剂，以观察甲状腺激素的作用。

(2)自身对照：指实验组和对照组都在同一实验对象上进行。如观察植物细胞的质壁分离和复原实验中，对照组即正常的洋葱表皮细胞，实验组即质壁分离和复原的细胞，是典型的自身对照实验。

(3)相互对照：即不单独设置对照组，而是几个实验相互为对照。如"比较过氧化氢酶和 Fe^{3+} 催化效率"实验中，分别用过氧化氢酶和 Fe^{3+} 去催化过氧化氢分解，进行相互对照，以得出酶的高效性结论等。

2. 单因子变量原则

单因子变量原则是处理实验中的复杂变量关系的准则之一，主要是对实验中变量与反应变量的控制而言，单因子变量原则上指实验组和对照组的处理只能有一项条件不同，其他条件都应相同。它有两层意思：一是确保"单一变量"的实验观测，即不论一个实验有几个实验变量，都应做到一个实验变量对应观测一个反应变量；二是确保"单一变量"的操作规范，即实验实施中要尽可能避免无关变量及额外变量的干扰。实验设计、实施的全过程，都应遵循单一变量原则。例如，在验证酶是催化剂的实验中，A 试管加入淀粉酶，在对照试管(B 试管)中应加入等量的清水；观察温度对酶的影响时，各组其他条件一样，只有温度不同；观察 pH 对酶的影响时，各试管只能是 pH 不同，其他如温度、酶、反应物的量等必须相同。

实验中，通常只有一个或几个变量属于需要研究的条件，而其他变量是实验者并不关注的非研究条件，但它们照样可能影响到生命活动，这些条件都应控制在相对恒定的状态下，避免各种非研究条件在实验者不知情、无监测的情况下影响甚至改变实验结果。如在研究植物光合作用时，光强度、温度、湿度、大气中二氧化碳体积分数和空气流动速度等因素都可能影响实验结果。

3. 平行重复原则

平行重复原则，即控制某种因素的变化幅度，在同样条件下重复实验，观察其对实验结果影响的程度。任何实验都必须能够重复，这是具有科学性的标志。如果重复实验结果不一样，则不能得出结论，只能是偶然的结果。如在探究"生长素类似物促进插条生根的最适浓度"实验中，用一系列具有浓度梯度的生长素类似物处理插条，不同组别的生长素类似物的浓度大小不同，即控制了自变量的变化幅度，结果观察不同生长素类似物浓度对枝条生根的影响，故在本实验中使用了平行重复原则。平行重复实验也可以是一个人或一个小组的几个人同时或先后完成的同样多组实验，而且最后是以多组实验的平均值作为一个结果的实验，其重在实验的稳定性，上述实验中，为了使实验结果准确可靠，实验时会在每一个生长素类似物浓度下同时处理多根插条，计算在该浓度下插条生根的平均数目或平均生根长度，这种以平均值作为实验的结果也是平行重复。

4. 条件适宜原则

条件适宜原则又称条件模拟原则。生物学实验实质上是一种人为控制条件下的生命再现过程。实验中所涉及的可能影响生命活动的所有条件，除了控制条件，都必须尽量控制在最适宜的条件下，以充分再现生命现象。例如，很多植物呼吸作用的适宜温度往往会高于光合作用的温度，因此，若只是研究植物的呼吸作用，而且温度是非控制条件，这时温度就应适当调高；反之，就应低一点。广义地说，控制条件之外的所有条件必须处于模拟自然条件下的生命状态，对于细胞器，要模拟细胞内的细胞质基质环境；对于动物组织和器官，要模拟内环境；对于个体和种群，要模拟自然生态环境。

5. 条件可操作原则

多数情况下学生设计的实验方案形式多样，各有优点，但普遍存在的问题之一是可操作性不强。为了确保实验设计的可操作性，教学实践中可以有两种处理方案：①围绕同一个实验课题设计多个不同方案，让学生比较综合并评价；②将实验设计的目的和假说交给学生，让全体学生来设计，再反馈有代表性的方案，通过讨论评选出可行性方案和不可行性方案，再在可行性方案中评选出最优方案、较好方案和一般方案。最后讨论不可行性方案的原因，找出最优方案优在哪些方面。这样充分发挥了学生的参与性、积极性和主动性，对求异思维的发展具有很大的促进作用。

例如，在“探究过氧化氢酶的活性”的实验中，常用计量氧气释放量的方法，但当氧气产生量较多时就很困难。我们利用氧气的性质启发学生，用打孔器将过滤纸制成小圆片，浸泡在含酶的过氧化氢缓冲液中，实验开始时，小圆片沉降在溶液底部，但后来会浮出液面，记录小圆片上浮时间，用时间的倒数来表示过氧化氢酶的催化活性。这样可以展开多项实验研究，如实验在不同质量分数的过氧化氢溶液中重复进行，研究底物质量分数对酶催化活性的影响。

通过实验过程引出并讨论以下问题：①为什么小圆滤纸片在实验进行一定时间后就开始上浮？②为什么在此实验中过氧化氢溶液要用缓冲液？③若要研究温度对过氧化氢酶催化活性的影响，应怎样调整这个实验的设计？④若要研究 pH 对过氧化氢酶催化活性的影响应怎样调整这个实验的设计？这些问题都涉及上述实验设计的原则：①是由于过氧化氢分解产生了氧气气泡，改变了溶液的密度，使小圆滤纸片可以上浮，将氧气的释放量的多少转化为小圆滤纸片上浮的时间，运用了实验条件的转化原则。②是用缓冲液维持了反应溶液中酸碱度的稳定，运用了实验条件的恒定原则。③和④则强调了不同研究目标时的对照组设置的原则。通过对这种过程的总结，使学生从中提取实验设计的一般性规律，使过程性知识理论化。

(三)生物学探究性实验设计关注问题解决

探究性教学有利于调动学生学习的积极性、营造良好的课堂氛围。教学实践是教师和学生进行沟通合作的一个过程。课堂氛围的好坏能直接反映教师的教学情况和学生的学习情况。通过探究性教学营造一个积极主动、轻松和谐的课堂，能够增强学生的求知欲望、激发学生的思维，使学生的精力集中于课堂教学，培养学生的创造性思维。在平时教学过程中常遇到众多验证性实验，为培养学生探究性思维，可将这些验证性实验转换成探究性实验进行教学。当然，为防止学生实验技能的操作失误，进行探究性实验之前，需进行验证性实验操作练习，可参照表 2-4 中的实验进行选择。

表 2-4　验证性实验转化为探究性实验的应用实例

验证性实验类型	验证性实验操作	探究性实验类型	举例
检测生物组织中的油脂、糖类和蛋白质	认知实验材料 熟悉操作流程 现象分析	对实验原理和实验材料的探究	学生自行准备实验材料，查阅资料，探究各种试剂的应用对象和作用原理
验证活细胞吸收物质的选择性	认知实验材料 熟悉操作流程 理解选择透性	对实验原理和实验试剂的探究	将红墨水换成具有颜色的有机溶剂，观察种子的染色程度，探究细胞膜对不同物质的选择透性
观察叶绿体	认知实验材料 熟悉操作流程 观察胞质环流 观察叶绿体形态	对实验材料和影响因素的探究	学生自行准备实验材料，并将实验材料置于不同的环境条件中，探究选材和外界因素对叶绿体形态和分布的影响

续表

验证性实验类型	验证性实验操作	探究性实验类型	举例
制作并观察植物细胞有丝分裂的临时装片	认知实验材料 熟悉操作流程 比较不同分裂时期	对实验材料和实验步骤的探究	探究不同材料取材部位、取材时间及实验步骤改变对实验结果的影响

高中生提出问题的能力还有待提高，主要是他们提出问题的意识不够强烈。究其原因，有些学生是怕说错会被老师、同学嘲笑；有些学生是怕别人说自己提出来的问题水平低。所以，这就需要教师要以一颗真诚的心去鼓励每一位学生自由提问，并在这个过程中提倡相互尊重，创造一个平等、和谐、生动的生物学课堂教学氛围。教师通过对各种方法和媒体的灵活运用，创设出恰当的问题情境，激发学生的好奇心，让学生想出有价值的问题，这样一节课就成功了一半。例如，在“探究酵母菌细胞呼吸的方式”实验中，教师可先给学生们展示一张馒头的照片，并让学生们思考蒸熟的馒头为什么会如此松软？学生根据日常生活中的经验，知道是酵母菌在发面时起到的作用，它进行了有氧呼吸，产生了大量的二氧化碳，才会使蒸熟的馒头这么松软。然后，再展示一张酒厂用酵母菌酿酒的图片，引起学生思考，并提出相关的问题：①酒精是酵母菌进行无氧呼吸产生的吗？②酵母菌进行无氧呼吸，也会产生二氧化碳吗？③酵母菌进行有氧呼吸和无氧呼吸的产物分别是什么？

高质量的探究性实验不仅能解决一个问题，也要能解决与这个问题相似的一类问题，问题迁移不仅是开展探究性实验的一种策略，也是培养学生开拓创新思维的重要策略。在探究影响酶活性的条件时，完成温度对酶活性影响的探究，接下来的探究问题就是溶液酸碱度对酶活性有怎样的影响，这个问题与刚刚完成的这个问题有一定的相似性，可以将探究温度影响酶活性的探究策略用于探究酸碱度影响酶活性。也可以由不同的小组完成每个影响酶活性因素的探究，学生都能体验探究的过程，知识能力也可以迁移应用。

实验教学过程中，有诸多的问题需要通过实验手段解决，有的问题简单，有的问题复杂，简单的问题若用探究的手段会有种杀鸡用牛刀的感觉，浪费精力。深化问题的探究可以是在完成一个探究的基础上的再探究，比如在完成探究植物细胞的吸水和失水的探究后，可以继续深化问题，探究能不能利用已知浓度的蔗糖溶液去测量细胞液的浓度大小。探究性实验要用于值得探究的问题，不需要探究就得出答案的问题没必要进行探究，问题值不值得探究，关键在于探究问题给教学活动带来的教育价值，最终看是否有利于实现提高生物学学科核心素养的教学目标。

实验报告单是评价学生实验水平最常用的方法，一些教师把实验报告单作为评价学生的唯一依据，这样的评价是不全面的，有的学生实验操作很熟练，但是文字表达欠佳，有的学生实验实践能力稍次，但是实验理论很在行，甚至有的学生一开始就研究实验报告单，实验流于形式。探究性实验的评价体系包括学生实验参与过程中的表现性评价和实验报告以及纸笔测试。表现性评价的内容具体分为实验操作表现、交流互助表现，以及其他体现学科核心素养的表现。探究性实验的实验报告要有别于其他类型的实验，不能一个模板通用到底，探究性实验报告要体现探究性实验注重科学探究能力的特点，即实验报告上应该记录探究的全过程，从基于现象提出的问题，到最后得出的结论都要记录，报告要体现出核心探究思路，不过分注重实验结果与结论，可以理解为一次科学运用探究方法的活动报告，这样可以规避只重视探究问题是否得到解答，轻视探究性实验过程中能力提升和价值观养成的问题。纸笔测试运用于探究性实验的评价，也不要太钟情于对知识点的检测，适当加大对学科核心素养的考查，尤其是重要的测试，会反过来促进实验教学变得更加科学合理①。

三、基于典型案例阐释生物学探究性实验

探究性实验教学在培养学生的学科核心素养方面有很大的优势。探究式的教学不仅传授知识，也传授方法，解惑的同时也传道。新一轮的课程改革直接将科学探究列为生物学学科核心素养的第三个核心素养，足见科学探究素养已经是不能忽视的教学目标之一。科学探究素养与其他三个生物学学科核心素养是有相互关联的，探究中获得知识，开阔视野，养成创新意识，提升科学思维，帮助理解生命现象，以生命观念认识生物世界，并从生物学层面认识社会，承担社会赋予的责任。探究性实验能更全面、多维度的达到教学目标。

探究性实验教学的劣势是实施难度较大，一两次的探究性实验教学难以达到理想的目标。探究教学比传统教学难度更大，教师的付出也更多，对教师的要求更高。对探究性实验教学的理念模糊不清，知识至上，先解决问题，忽略过程方法的教学理念阻碍探究性实验教学的发展。要想克服这些劣势，需要教师加强学习，提高自身素质。

① 王师琼．高中生物探究性实验教学建模探析[D]．成都：四川师范大学，2012.

(一)生物学探究性实验设计关注典型案例

“探究培养液中酵母菌种群数量的动态变化”实验教学案例设计

【实验目的】

(1)探究酵母菌种群数量随时间的变化，从而了解酵母菌种群数量的动态变化规律。

(2)学会使用血细胞计数板进行酵母菌细胞计数的操作方法。

(3)通过探究培养液中酵母菌种群数量的变化，尝试建构种群增长的数学模型。

【实验原理】

酵母菌属兼性厌氧型微生物，有氧时产生二氧化碳和水，无氧时产生二氧化碳和酒精。用液体培养基培养酵母菌，种群的增长受培养液的成分、空间、pH、温度等因素的影响。在理想的无限环境中，酵母菌种群的增长呈“J”型曲线；在有限的环境中，酵母菌种群的增长呈“S”型曲线。

【重点难点】

(1)重点。

①初步掌握尝试建构种群增长的数学模型，据此解释种群数量变化。

②通过实验的操作培养学生的动手能力，掌握实验技巧。

(2)难点。

通过探究培养液中酵母菌种群数量的变化，尝试建构种群增长的数学模型。

【材料仪器】

酵母菌贮用培养液、无菌葡萄糖溶液、血细胞计数板、盖玻片、移液管、滴管、有螺旋盖的试管、试管架、记号笔、直尺、坐标纸、显微镜。

【实验步骤】

教学环节	教师行为	学生活动	设计意图	发展生物学学科核心素养分析
在建构数学模型的基础上，初步形成概念	教师引导学生分析获得的实验数据(表 2-5)，建构酵母菌种群数量增长模型之后，提出若干问题。	分析数学模型，说明种群数量增长规律：开始较慢，后增长逐渐加快，最后种群数量趋于稳定。	形成对酵母菌种群数量增长的“S”型曲线的初步了解。	结合构建的数学模型设置问题。引导学生分析模型，学生在学习过程中运用质疑、推理、归纳、

续表

教学环节	教师行为	学生活动	设计意图	发展生物学学科核心素养分析
	【问题1】 综合上述几组实验结果，可以得知在一定培养条件下，接种少量酵母菌，酵母菌种群数量增长有什么规律？ 教师追问：“酵母菌种群数量增长曲线”增长的快慢指的是增长速度还是增长率	学生经教师提醒后意识到增长快慢用曲线的斜率表示，指增长速度	从数学角度对模型进行分析	概括等科学思维，逐步形成对“在环境和资源有限的条件下，种群数量经过一定时间的增长后趋于稳定，且会在一定的范围内波动”这一概念的正确认识。在此过程中发展模型与建模、批判性思维、归纳概括等科学思维
进一步分析讨论，促进理解概念	【问题2】 结合实验，分析在不同培养时间段酵母菌种群数量变化趋势不同的原因，与出生率和死亡率的关系是什么？ 教师追问：还有其他限制种群数量增长的原因吗？ 【问题3】 为什么一段时间后，种群数量的增长速度会加快？ 教师追问：实验结果为什么没有出现种群增长	思考和讨论后解释：初期营养物质充裕，生长条件适宜，酵母菌数量增长较快，出生率大于死亡率。随着营养物质的不足，酵母菌数量增长速度下降，逐渐达到出生率等于死亡率。 学生还能想到酵母菌代谢废物的积累，酵母菌呼吸作用产生的 CO_2 会改变培养液的 pH，这	促使学生从不同角度分析限制种群数量增长的原因，进一步理解“S”型曲线的变化规律。 促使学生理解曲线呈“S”型而不呈“J”型的原因。	通过围绕“重要概念”问题，使学生结合实验的经历进行深入探究，最终实现内化概念、深入理解。在这个过程中分析结果，得出结论，交流讨论等科学探究水平得到了进一步提升

续表

教学环节	教师行为	学生活动	设计意图	发展生物学学科核心素养分析
	的“J”型曲线？如何改进实验才能得到“J”型曲线？	些因素都会限制种群数量的增长，最后，酵母菌数量应该下降，全部死亡或只有少量存活。		
	【问题 4】 实验结果显示，酵母菌数量达到最大后，出现了波动，请分析出现这种波动的原因是什么？	思考后回答：因为初期，种群数量的基数在逐渐增大，所以单位时间内增长的数量增加。	理解在自然条件下，种群数量趋于稳定后，会在一定的范围内波动。	在教学过程中渗透生命观念教育，学习种群增长数量变化规律，增进学生对进化与适应观，稳态与平衡观的认知和理解，为科学自然观的形成做良好铺垫
	【问题 5】分析实验结果，在 100 mL 的培养液中能维持的酵母菌的最大个体数是多少？ 教师提示“维持”的最大个体数。 引导归纳：生态系统能维持种群中的个体数，取决于可利用的生物资源和非生物因素，给出“环境容纳量”这个术语	学生进一步分析得出：种群数量增长出现“J”型曲线还是“S”型曲线，取决于种群生存的环境和资源条件。 学生提出：可能是酵母菌可利用死亡酵母菌的残留物作为营养物质	学生的思维从表象到本质，从感性认识上升到理性认识，深化对科学规律的理解，认识到在不同环境、资源条件下种群数量变化的规律不同	
归纳总结，深化对概念内涵的理解	【总结】 师生通过归纳概括提出种群增长的“S”型曲线的规律：在环境和资源有限的条件下，种群数量经过一定时间的增长后趋于稳定，且会在一定的范围内波动	引导学生分析曲线出现波动的原因。 学生尝试总结“S”型曲线的特点及变化规律		

表 2-5　酵母菌种群数量随时间的变化

计数试管	第 0 天		第 1 天		第 2 天		第 3 天		第 4 天	
	A	B	A	B	A	B	A	B	A	B
样品 1										
样品 2										
总数										
平均数										
稀释倍数										
平均数×稀释倍数										
比浊计(或比色计)读数										
估算数										

(二)生物学探究性实验设计注重案例分析

案例中教师指导学生参与构建酵母菌种群数量变化的数学模型，帮助学生形成对“种群增长呈 S 型曲线”的初步感知，然后通过系列问题引领学生逐步概括“种群数量增长呈 S 型曲线”的特点和规律。整个过程推动学生从感性认识上升到理性认识，透过模型表象到深入本质，深化对概念规律的理解，形成科学的生命观念。同时培养其科学探究、分析问题和解决问题的能力。生物学教学向来强调对重要概念的理解，提倡尽可能让学生自己完成对概念的构建。教师可借助数学模型、系统模型、思维导图等帮助学生将抽象的概念具体化，分散的知识系统化，引导学生积极思考，在分析问题、解决问题的过程中，逐步形成对重要概念的理解，通过系统归纳，深入理解内化科学概念，促进思维的发展。

针对案例中的具体实验要引导学生尝试提出问题，并提出解决方案。如怎样操作可以提高读数的准确性？每次计数之前倒转数次使试管内的酵母菌混合均匀；设置多个实验组，对所得数据取平均值。为什么整个实验过程中只选择这 4 天进行细胞计数？通过这 4 天描点，已经能够较准确地绘制出酵母菌数量-浑浊度曲线。只选择 4 天计数可简化实验。影响酵母种群增长的因素可能是什么？影响酵母菌种群数量的因素可能有养料、温度、pH 空间及有害代谢废物等，也有可能其他微生物制约。如何设计实验研究温度对酵母菌种群增长的影响？改变温度条件，重复上述实验各个步骤。如在此实验之前，培养液应一直被置于平均温度为 15 ℃左右的恒温箱中，或者把一组试管放在 30 ℃水浴锅中，而另一组试管放在 50 ℃水浴锅中。

在实验的第2天，把一组试管放入冷冻箱中，把另一组试管放入冷藏箱中。一或两周之后把这些试管取出进行计数(冷冻试管要在解冻以后)，并继续进行实验。

教师引导学生关注在一定条件下，酵母菌种群的持续增长也可以给人类带来好处，如酿酒酵母、发酵酵母等。学生利用本节课获得的探究性经验，在课后尝试设计实验，探究培养液中酵母菌种群数量变化。培养液中酵母菌种群数量变化与小球藻有相同点：都需要用血细胞计数板进行抽样检测，都要每天定时取样等。也有不同点：作为异养生物的酵母菌，培养液中需要富含有机物，导致培养过程中易受杂菌污染，所以整个实验过程中必须严格无菌操作；酵母菌增殖速度较快，在培养后期可能需要适度稀释；为区分死活，需要用亚甲基蓝染液对酵母菌进行染色等。

教师提纲挈领地对知识点进行归纳小结，既能使学生对相关知识和概念形成一个较完整的认识，又能发现学习过程中的错误理解，及时查漏补缺。概括归纳是教师引导学生将结果进行分析整合，构建完整概念的过程，有助于发展学生分析、综合、概括、归纳的科学思维能力。教师通常借助概念图、思维导图、模型等手段进行归纳总结，比如上述案例教师借助了数学模型帮助学生概括归纳概念，数学模型是用于描述一个系统或其性质的数学形式，将数学与实际问题联系起来，具有解释、判断、预测等重要功能，也是发现问题、解决问题和探索新规律的有效途径之一。

“科学地选材，就等于实验成功了一半”，但实验过程的科学设计对实验的开展也是至关重要的。本节课以酵母菌为实验材料，借助数码显微镜，让学生对“种群变化”有了一个动态、直观的认识和理解。但是实验中也存在些许问题，如就普通高中实验室的条件而言，光照、温度等可变的外界环境因素对实验结果的影响；如血细胞计数板的使用误差对实验结果的影响；如为维持酵母菌数量的相对稳定，酵母菌计数前是否需要加入固定液等；这些都是有待进一步改进和探究的。生物学是一门实验科学，实验的有效开展比实验的结果更重要，而实验的有效开展是需要一定的实验条件的，有时在实验材料、实验器材或实验设计上做些许改动，其效果就会大为改善。教师需要不断地创造条件，化繁为简，因陋就简，化不可控为可控，把实验课真正上好，上出精彩。

(三)生物学探究性实验设计注重案例评价

遇到高中生物学实验中的第一个探究性实验，学生可能有些不适应，故以小组为单位，教师引导式探究。以小组为单位可以提供组内互助，一则问题可以讨论升华，再则有精神伙伴，增加克服困难的信心，也让学生增强团队合作意识。教师的引导不能少，第一个探究性实验一定要成功，为以后做榜样，也是信心工程，若第一个实验以失败结束，教师和学生都会对探究性实验产生恐惧情绪。在学生不具备独立探究的情况下，教师的正确引导为探究性实验顺利完成提供了保障。

探究性实验过程中，最令教师烦恼的是学生参与度不高，自由散漫，是学优生的表演。为预防这些现象的发生，教师要不断提高自己的组织能力，特别是在没有小班化管理的班级，仅凭教师一人之力，始终感到力不从心，发挥小组学习优势，让组员相互监督，适当应用小组“连坐”制度，让实在提不起兴趣的少数学生为了小组荣誉而动起来。总之，教师组织实验的重点要放在实验小组的管理上。

学生没有理解科学探究前，不宜采用自由式的探究，教师要适时地进行干预，不然学生绝对的自由实验将无法顺利开展。教师引导学生的问题一定要准确无误地传达给学生，如果传达错误就不是引导，而是误导。引导的问题可以板书或者在屏幕上展示清楚。

探究性实验本来就很耗费时间，所以探究性实验的准备一定要充分，首先是学生的知识准备，在探究“植物细胞的吸水和失水”实验之前，学生回顾渗透现象，掌握渗透现象的两个条件，即存在半透膜且半透膜的两侧有浓度差。回忆制备细胞的实验，分析细胞会不会吸水和失水，确定细胞吸水与失水是一个事实。阅读教材，理解原生质层的概念。其次是材料准备，准备不充分轻则耗费时间，重则是实验中断停止。探究性实验应该把探究科学、探究观念放在第一位，而不能把探究主题放在首位，主题先行会削弱科学探究能力的培养，学生需要的不是解决问题，他们需要的是解决问题的方法。

英国科学探究能力测评(the assessment of performance unit，APU)关注学生的高级思维能力的评价，主要考查学生在完成探究过程后是否能够获得充分的证据、能否很好地回答探究问题以及对探究做出相应的评价。APU将科学探究过程中的能力要素分为六个主项目，每一个主项目又被细分为不同的子项目，评价方式有纸笔测验和表现性评价两种(表2-6)①。

表2-6 APU实验探究能力的评价框架

主项目	子项目	评价方式
使用符号表征	(1)从图表中获取信息 (2)用图表表示数据	纸笔测验

① 钟媚. 英国APU科学探究能力测评及其启示[J]. 外国中小学教育，2010(11)：38-42.

续表

主项目	子项目	评价方式
使用器材和测量工具	(1)运用仪器进行测量 (2)估计物体的数量值 (3)根据指示进行操作活动	表现性评价
观察能力	(1)进行观察活动 (2)分析观察结果	表现性评价
解释和应用	(1)分析给出的信息资料 (2)应用科学概念解释信息	纸笔测验
探究设计	(1)设计部分探究活动 (2)设计整体探究活动	纸笔测验
整体探究表现	(1)完成整体探究任务	表现性评价

【学以致用】

1. 以“探究温度对酶活性的影响”为例，可以提出哪些深层次的问题？
2. 以“探究酵母菌细胞呼吸”为例，设计进一步探究的实验思路。
3. 举例阐述生物学探究性实验设计可以培养学生哪些核心素养。

第四节　生物学虚拟实验是实验教学的有效补充

【问题聚焦】

1. 生物学虚拟实验设计有哪些教学优势？
2. 生物学虚拟实验设计有哪些基本教学要求？
3. 生物学虚拟实验如何更好地为实验教学服务？

> **核心概念**
>
> **虚拟实验**是利用计算机技术及其图形功能，应用虚拟模型来模仿实际生物学实验过程以达到实验目的的应用系统。

【案例研讨】

在一次学校的生物学实验教学研讨会上，讨论到“虚拟实验”与“真实实验”相比较各自的优势，教师们各抒己见，提出自己的建议。

教师A：生物学实验教学环节的目的是通过实验使学生了解实验的原理、熟悉实验操作，学习相关计算并对实验结果进行正确分析。虚拟实验可反复进行，使学生对实验原理、实验现象和实验结果充分了解并进行思考。比如“用样方法调查草地中某种双子叶植物的种群密度”“细胞大小与物质运输的关系”等。

教师B：由于开发费用较高，人际互动的程度有限，实验意外生成的资源较少，而且学生不能亲手操作，缺乏真实体验的过程，因此虚拟实验还是要在有限的实验中开展，尽量让学生能够真正地亲手做实验。

教师C：虚拟实验完全不同于实物实验，实物实验的魅力在于实验的不可预制和操作者接触实物、操作实验时的真实感受，强调操作者实验操作的规范性与标准性。虚拟实验不能满足实验者对实验材料和药品的感性认识、实验仪器设备熟练操作以及实验操作技巧学习的要求。

教师D：就“虚拟实验”和“真实实验”实验技术只是传统实验教学的辅助手段的关系而言，虚拟实验不能实验操作，前者是后者的补充、完善和扩展，不能完全取代实物，两者互有优势、互为促进、相辅相成。

教师E：虚拟实验中实验条件均为理想化，而在真实的实验情境中则可能会出现环境异常现象。如灭菌消毒操作，在虚拟实验中只要点击鼠标，即可完成操作，而在实物实验中污染物残留、空气污染等因素均可导致操作失败，尤其在实物实验中强调这些细微而复杂并在虚拟实验中无法展现的细节操作。因此，必须根据不同的实验对象和实验特点，合理安排虚拟实验和实物实验的比例，二者相互促进，相互补充。

以上教师们的讨论涉及了虚拟实验的特点、优势和不足，那么虚拟实验在具体的一线实验操作过程中应该怎样有效地运用，进而为学生的核心素养发展提供支撑？这也是本节内容分析的主要方面。

在生物学实验教学过程中，为了让学生掌握更扎实的生物学基础知识，提升学生的生物学实验能力，我们对虚拟实验的应用应当进行更加深入的研究。虚拟实验辅助生物学实验教学的实施需要在日常生物学教学过程中对生物学理论知识具有较好的理解，在此基础上，借助一些先进的教学手段，像计算机、网络技术等，把虚拟实验充分融入生物学实验教学过程中。通过虚拟实验来辅助生物学实验教学，在很大程度上为我们带来了便利，并且提高了教学效率。

一、生物学虚拟实验有一些常见类型

虚拟实验(virtual laboratory，VL)，这个概念起初是1989年由美国弗吉尼亚大学的威廉·沃尔夫(William Wolf)教授率先提出的，主要是致力于构建一个综合不同工具和技术的信息化、网络化的集成环境。如今虚拟实验伴随着计算机和网络技术的发展，已由最早的计算机仿真阶段逐步深化发展到虚拟现实的阶段。关于什么是虚拟实验，如何对虚拟实验的定义进行研究和定位，不同的学者在不同的层面和不同角度都有不同的理解。但大体理解是相同的，即虚拟实验是一个以计算机控制为中心和以软件技术为基础所建构的逻辑结构模型，并根据层次化和模块化的设计思想结合软硬件协调有关硬件效应设备而组成的虚拟实验系统，再利用网络技术完成虚拟实验系统的网络化，实现便于在个人计算机上运行，同时还可以进行自行开发设计和远程控制协作的实验方法。

从实验原理和工具来看，虚拟实验是以数学理论、相似原理、信息技术、系统技术和与其应用相关的专业技术为基础，以计算机和各种物理效应设备为工具，选用"面对对象"的思想创制的可以实时操作非实物的实验空间，在这样的环境中，实验者可以像在真实的环境中一样操作并完成各种预定的实验项目；从与真实实验的对比角度来看，虚拟实验的区别主要体现在实验过程中所涉及的对象与事物是否真实。在虚拟实验中，实验器具、实验材料、实验步骤和结果都是对真实实验的模拟和仿真；从远程协作的角度来看，虚拟实验通过通信技术构建一个虚拟平台，实现研究和创新活动的多方协作和远程实验。教师或学生随时都可以进入虚拟实验室完成各种实验，且取得与真实环境相同甚至更好的实验效果；从实验效果的角度看，虚拟实验是在计算机系统中采用虚拟现实技术实现的各种虚拟实验环境，实验者可以像在真实的实验环境中一样进行各种预定实验的操作，其在这样的方式中取得的学习效果与在真实环境中所取得的效果是等价的，甚至是超过的。

虚拟实验不仅是计算机技术和信息科学技术迅猛发展的产物之一，也是虚拟现实技术应用于教育领域的一个重要方面。因此，国内外均已构建了很多出色的且不同类别的虚拟实验系统。①

(一)根据虚拟实验系统的沉浸程度分类

根据虚拟实验系统的沉浸程度，生物学虚拟实验可分为桌面虚拟现实技术和浸入型虚拟实验系统。

桌面虚拟现实技术(desktop VE)是虚拟实验系统的初级状态，是通过计算

① LIU Q T, YU S F, LIN L Y, et al. Design and Implementation of an Immersive Virtual Reality Biological Courseware—Miraculous Eyeball[M]//CHEUNG S, KWOK Lf, KUBOTA K, et al. Blended Learning. Enhancing Learning Success. ICBL 2018. Cham: Springer, 2018.

机和低级的图形工作站自然交互创设的一个与客观世界相似且便于学习者驾驭的虚拟环境实验窗口。学习者可以通过对一些简单的外部设备进行实验操作，实施虚拟实验，但是碍于硬件设备及外界环境的影响，其沉浸感相对较弱，可是又因为其研发所需的成本比较低廉，所以仍被各个领域广泛应用。如网络虚拟实验平台。

浸入型虚拟实验系统(immersion VE)是通过复杂的硬件交互设备建立的一个与现实环境无直接关系，但却可以让实验者体会到真实感的虚拟环境。在这样的环境中学习者虽然可以很轻松地体验完全沉浸其中的感觉，但是鉴于这个实验系统对硬件、仪器等设备的要求和成本都过高，它被用在教育领域(尤其是中学生物学实验教学的应用)就更加少之又少了。如虚拟实验室。

(二)依据不同的访问路径虚拟系统分类

依据不同的访问路径虚拟系统，生物学虚拟实验可分为远程实验室、本地虚拟实验系统、远程虚拟实验系统。

远程实验室通过新兴计算机系统，把本地的远程控制设备和远程实际实验仪器设备连接起来实现远程实验设备的操作和利用。通过该方法得到的数据都是真实实验的结果。此类系统对那些真实性和精确性要求相对较高的远程科学实验比较合适，如麻省理工学院的WeLab、卡耐基梅隆大学的虚拟实验室、清华大学VR实验室、北京交通大学国家级虚拟仿真实验教学中心、北京航空航天大学虚拟现实新技术国家重点实验室等。

本地虚拟实验系统是指借助计算机尽可能模拟现实的实验情境下进行的相关实验操作，鉴于不能被计算机远程访问因此又被称为单机版虚拟实验系统。现阶段使用范围较广的模拟仿真软件有Pspice、Multisim、TINA PRO等。就是因为这类的虚拟实验系统是以上述这些仿真现实软件为载体建立的，因此无须通过相关的网络软件和服务器的协助，使用起来相对简单，灵活性也相对比较高。

远程虚拟实验系统是一个对网络、服务器和网络传输速率都有很高要求的系统，因此该系统的实验操作是以计算机技术、网络环境及仿真现实技术为载体完成的，但它与远程实验室的关键不同点就在于其在实验中用到的全部仪器设备都是通过软件编程模拟的，即该实验系统的本质就是实验者借助网络向服务器发送请求和参数，对该实验系统进行访问和相关实验进行操作。

(三)根据实验者的交互程度的不同分类

根据实验者的交互程度的不同，生物学虚拟实验可分为演示型虚拟实验、交互式虚拟实验、分布式虚拟实验。

在演示型虚拟实验中，学生主要作为“观看者”对实验过程、实验现象进行观察，这类实验系统中的实验过程和实验参数大都由设计者确定好了，该类实验的主要目的是希望学生可以清楚地观察到实验的操作过程和实验结果，以便加深学生对所学概念及原理的认知和理解，因此对学生的交互性操作没有太高的要求。

交互式虚拟实验又可以称为操作型虚拟实验。在这类实验系统中学生可以根据实验要求及目标作为实验者亲自参与实验的操作及实验结果的观察。这类实验系统主要是应用在操作型实验中，其目的是让学生沉浸在实验环境中，领略实验过程、实验要点并顺利掌握实验规则，提高实际动手的操作能力。因此这类实验系统一定要具备良好的交互性。如虚拟仿真技术在微生物培养、PCR技术等方面的运用。

分布式虚拟实验是虚拟现实技术和网络技术整合发展的产物，具有很强的交互性。它是一种以分布式网络环境为载体，能在多台计算机上运作，并实现不同地域用户间的信息交流和反馈、虚拟实验环境共享及用户之间和其他仿真实验设备实时交互的系统。该类系统一般都拥有自己的实验器材库，可以根据实验的需求搭建实验系统，进行相关的实验操作，此外该系统还为实验者创造了一个各种感官都很逼真的三维实验环境，以便实验者更好地进行相应的实验操作。如VR与AR技术在野外实习、人体结构探秘等。

二、生物学虚拟实验具有明显的特点

虚拟实验是一种以现代信息技术为基础的新的实验形式，相对于真实实验来说虚拟实验具备以下特点。

(一)生物学虚拟实验具有良好的交互性

良好的交互性是虚拟实验最为显著的特征之一，主要是指学习者为了实现教学目的在虚拟实验创设的形象直观的交互式虚拟环境中进行的各种交互(即操作交互、信息交互和概念交互等)。这种像控制真实实验设备那样自然地操作虚拟仪器能够增强学生的亲临感，激发学生探索、获取、掌握、应用知识的兴趣和欲望，还对提高学生动手操作真实实验的主动性、积极性和效率有重要的促进作用。

虚拟实验模块是根据每一个实验的基本原理进行设计的。学生在计算机上进行相应的实验操作，然后界面对每一个操作步骤给出反馈。同时在实验结束后，系统还会根据学生对整个实验的操作向学生提供分析数据和实验结果。虚拟实验层次多样、内容丰富。虚拟实验可以根据不同的实验项目，开发出多种的仿真软件，并建立仿真实验教学模型库。针对实验教学的不同需求，教师可以在不同的实验场景中从虚拟器材库任意选择合适的器材搭建所需实验模块，再让学生自己动手配置、连接、调节和使用实验仪器设备，完成实验。

(二)生物学虚拟实验具有沉浸性

虚拟实验是真实实验的仿真模拟系统，逼真地还原了实验场景。学生可在3D交互虚拟环境中进行各个环节的实验操作，包括样品准备、仪器设备操作、样品采集、数据分析、实验结果评价等。通过演示实验过程、仪器设备构造、实验结果等细节，学生能直观、完整地了解生物学实验的流程。虚拟实验是对真实实验的模拟化，是有相对应的结构原型的，因此，虚拟实验可以让实验者从被动的实验观察者转化为主动的实验操作者，体验切实的“临场感”和“逼真感”。虚拟实验的沉浸性也是虚拟实验技术有别于其他技术手段应用在教育领域中重要特征之一。经过精心设计的高度的沉浸性虚拟实验是能够调动学生所有感觉器官的，可以让学习者在虚拟实验的环境中体会到那种真实的感受，可以让学习者又快又好地把在虚拟实验过程中获取的技能经验应用到真实实验的环境中，促使学习者实验技能和实验效果得到提高。

(三)生物学虚拟实验具有虚拟性和实践性

虚拟性和实践性是虚拟实验有别于真实实验的本质区别，正是因为拥有这一点才让虚拟实验具备优越于真实实验。首先，在虚拟实验的实验过程中所涉及的仪器设备和实验对象都是虚拟的，都是对真实实物的模拟，就因为这样实验对象的范围才得到了拓展和放大，我们才可以获取那些在真实自然环境中较难以获得和感知的信息，最关键的是当实验者面对那些具有破损性、损伤性的实验时也是能够通过虚拟实验实现的，因为虚拟实验系统及过程是以计算与逻辑推理为载体建立的。其次，尽管虚拟实验给我们提供的事物不能像实际实验那样直接，但是虚拟实验具有与客观真实世界联系的特征，虚拟实验过程中的仪器设备和材料都是对实物的模拟，都是有相应的结构原型的，且实验的操作程序与规则也是以真实实验为理论指导进行设计的，所以，虚拟实验系统给予实验操作者的是一个有一定实践意义的环境。再次，虚拟实验的目标之一就是让学生的学习活动具备一定的实践性质，因为它能有效地借助信息将符号化转换为物质载体，这样不仅摆脱了起始状态下虚拟思维对象的虚无与神秘，而且还巧妙地解决了原型实践条件下实验对象的诸多局限性和无奈。最后，虚拟实验具有虚拟性和实践性的特点，才使学生的缄默知识得到了显著的积累。

(四)生物学虚拟实验具有灵活多样性

虚拟实验通过创设开放、灵活、多变的仿真场域，激发学习者学习的积极性和主动性，提高了虚拟资源的利用率。首先，虚拟实验充分凸显了学习者的主体地位，彰显了“以学习者为学习中心”的基本理念。在虚拟实验环境中可以灵活控制虚拟情境，探索实验过程、条件、方法，通过相应的实验结果变化和数据分析，来验证或探索实验操作的基本原理。同时虚拟实验还可以促进学生对所获的实验结果进行批判性反思，探寻操作条件和实验结果的相关性或因果关系。此外，虚拟实验能够使学生亲身体验知识发现与发展的探索历程，进而发展科学素养、感悟科学精神。

其次，虚拟实验的目标、步骤、评价体系也都具有一定的灵活多样性。实验目标需要明确且有针对性地回应实验项目情境及其指标要求，以满足不同层次学习者的实验需求；实验步骤也可由学习者根据不同需求改变既定操作环节，以达到探索实验条件、验证实验原理的目的；实验评价体系可以结合实验者的实验素养、实验操作规范、相关概念原理等，分层次、分维度展开指标设计，突出多元化。

最后，虚拟实验还具有构想性、安全性、开放性、可重复利用性等特点，这些特点不仅使虚拟实验在很大程度上都优于真实实验，而且对于有些不能够或者真实实验难以完成的实验操作或者实验项目，都可以通过虚拟实验顺利实现，如涉及危险品的操作或由于受到课时限制不能在短时间内完成的实验等都是可以用虚拟实验来进行操作和模拟的。所以，若能将虚拟实验所具备的这些特点都切实的运用到实验教学中，不但能够节约教学成本，而且还可以让那些抽象的、微观的实验现象变得形象和宏观，便于强化学生对缄默知识的获取与理解。总之虚拟实验教学对激发学生的学习兴趣，培养学生实际动手的操作能力，提高学生的科学素养都具有非常重要的促进作用①。

三、生物学虚拟实验辅助教学优势显著

虚拟实验具有很多优点，在实验教学中有着真实实验无法比拟的优势，可以解决真实实验无法解决的问题。因此，推广虚拟实验在实验教学中的应用，具有非常重要的意义。虚拟实验是一种以现代信息技术为基础的新的实验形式，相对于真实实验来说虚拟实验具备良好的交互性、沉浸性、虚拟性、实践性、灵活多样性等一系列特点。图 2-6 为应用虚拟实验的教学模式。

在生物学教学中尤其是中学生物学的教学，实验是激发学生求知欲望、培养学生实践能力和创新精神的首要途径。但是受传统的教学观念和实验教学条

① ZHANG X P, ZHONG S C, PAN Z G, et al. Entertainment for Education. Digital Techniques and Systems[M]. Berlin Heidelberg: Springer, 2010.

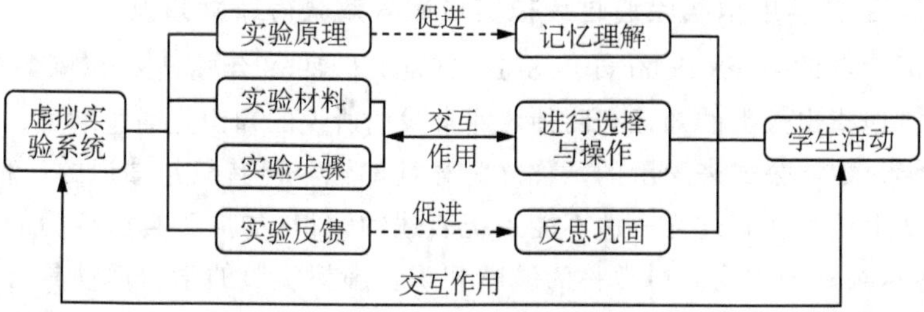

图 2-6　应用虚拟实验的教学模式

件的影响，一些学校已渐渐地把做实验变成了讲实验，久而久之我们便淡化了实验对学生能力培养的重要性和关键性。近年来，由于科学技术和计算机的迅猛发展，采用虚拟现实技术来实现虚拟真实环境的虚拟实验逐步成了辅助生物学实验操作和实验教学的一种新的有效手段。虚拟实验应用于中学生物学实验教学具有下列优势。

(一)生物学虚拟实验提供了形象和逻辑结合、认知与感知兼用的有效学习手段

这一新型的、多维度的、人机和谐的信息系统为学生的学习提供了新的技术手段。这种新型的学习方式重点突出了形象思维与逻辑思维的结合、认知与感知的并用。这样的结合与并用不仅对学生认识主体的学习方式和学习思维的发展有深远的影响，还对促进学生认识能力的提高有显著的帮助。

虚拟实验创设的是一个开放式的空间。为了有利于学习者主动性和积极性的充分发挥，为了有利于提高资源的可利用性和可重复性，虚拟实验重点突出了实验者的主体地位，且虚拟实验的系统也是以“面向对象”的基本理念为基础进行设计的。因此，在虚拟实验环境中学生可以利用灵活、简便的虚拟系统轻松转换实验对象与实验条件，然后观察由此所产生的变化，也可以根据自己的设计与假设进行实验操作和实验数据的获取。同时虚拟实验不仅可以让学生看到实验结果，还能使学生理解条件和结果的相互联系，使学生亲身感受到实验与知识的探索过程，进一步激发学生发现问题和解决问题的欲望。

由于虚拟实验创制的是一个开放式的空间，因此其实验目标、实验环节、实验评价体系都呈现出了灵活性和多样性的特点。同时虚拟实验环境所提供的实验项目和实验所提出的目标及要求也都是有针对性的，因此可以满足不同层次学习者的需求。在进行虚拟实验的时候不仅教师的指导作用可以很好地发挥，还对提高学生逻辑思维与思维创新相结合的能力有促进作用，重要的是对学生自我主观能动性的充分发挥也有很大辅助作用。

（二）生物学虚拟实验通过虚拟实践能有效获得缄默知识

英国学者波兰尼（Polanyi，1891—1976）于1958年率先提出缄默知识这一概念。他指出人类的知识有两种，通常我们所说的知识是通过语言、书面文字、图形、数学公式来表示的，称之为显性知识，但其只是知识的一种形式；那么事实上还存在着这样一种不能系统表述的知识（如关于自己行为的某种知识），像这类的知识我们通常称为缄默知识。虚拟实验的学习活动具有实践性质的特性，它通过将信息的符号化转换为物质载体，可以很有效地摆脱人们起初对虚拟思维对象的虚无和神秘的感觉，同时也克服和解决了在原型条件的实践环境下对象创制与设计的局限性和困难。

（三）生物学虚拟实验通过创设真实情境，实现形象化教学

虚拟实验的设计思路是力求让人们在进行实验操作和问题解决的时候能有身临其境的真实感。在虚拟实验中，首先，学习者能很好很快地实现从观察者到参与者的身份转换，让学习者很快地融入系统，并成为一个组成部分，这样的设计不仅能使学习者完全沉浸于其中，而且还可以让学习者很好地感受与体会到“临场感”与“真实感”。其次，虚拟实验可以打破时间、空间的局限性，可以在规定的教学时间内呈现实验结果，完成教学目标，促进教学的形象化。如基因在染色体上，即使是在一切都顺利的前提下，用果蝇做实验通常也需要几个月的时间，如此长的时间，往往大多数中学生物学实验课是难以完整完成的，但通过虚拟实验来辅助操作，就可以在有限的一节课中呈现给学生一个完整的实验过程，并给学生一个形象生动的体验。

虚拟实验使得学生能够亲身体验和探究科学原理和技术操作。通过虚拟实验，学生不仅可以不受时间和空间限制地进行学习和实验，还能避免可能带来的安全风险。此外，虚拟实验可以在较短时间内完成，提高学习效率，节约资源成本。虚拟实验也可以提供多种不同难度的实验组合，让学生自由探索，适应学生不同学习能力和兴趣爱好的需要。虚拟实验具有提供相对比较安全的学习环境、提高学习效率、培养实践操作能力、提升学习兴趣、降低教学成本、提高资源利用效率等优点。虚拟实验不仅可以打破时空的限制，还能够提供真实的操作体验和生动的视觉效果，成为学习的新潮流。这种教学方法能够提供更加真实的学习体验，使学生对知识点的理解更加深入。

（四）生物学虚拟实验实现了资源共享，有利于自主学习

进入素质教育的新阶段，学生学习的自主性已逐步成了学校对学生进行考核测评的基础项目之一。虚拟实验系统开发与设计的最基本目标之一就是要实

现资源的共享，进而帮助学习者充分发挥他们在学习上的自主性与积极性。在虚拟实验的教学中，学生可以充分利用虚拟实验系统中所提供的各种共享性学习资源，并根据自己的学习能力以及对知识的掌握程度再结合教材提出的要求与目标，自主对生物学实验的时间和生物学实验的内容、实验方法进行选择及设计。虚拟实验特别注重学生学习的自主性和探究性，对培养学生的创造力和实践能力的提高都有显著的促进作用。

随着虚拟现实技术和现代信息技术的发展，产生了一种新的实验教学形式，即虚拟仿真实验教学。它是通过构建高度仿真的虚拟环境，使实验者在虚拟环境中开展实验，从而实现传统实验无法满足的教学效果。它改变了传统实验系统的构建模式，突破实验操作的时空限制。而建设虚拟仿真实验室并不容易，需要投入一定的人力和物力，从利用率和使用效益上来说有必要对其资源进行共享。推动虚拟仿真实验教学中心的资源整合和资源共享，有利于提高学校办学效益和教学质量，可以有效地缓解资源不足的现状，在培养创新精神和实践能力的高素质人才方面有着重要的意义。虚拟仿真实验教学资源共享要尽可能地创造开发共享模式，如在设备资源、设备场所、师资团队、实验教学内容及方法、教学管理理念与管理制度等方面的共享①。

(五)生物学虚拟实验促进学生高阶思维能力的培养

进入21世纪，科学技术已逐渐成了改变我们生活和生存的中坚力量。但是科学技术的发展是以实验为载体实现的，所以我们不但要充分意识到实验的重要性，还要切实地感受到实验教学(尤其是中学实验教学)也是科技迅猛发展不可或缺的重要因素之一。因此，在最近一轮课程改革中颁布的生物学课程标准，明确提高了对生物学实验的教学要求。生物学实验可以培养学生的操作技能和心智技能，其中高阶思维能力的培养已成了生物学实验(尤其是生物学虚拟实验)开发设计研究的重点目标。所谓高阶思维能力主要指的是以发生在较高认知水平层次上的心智活动的认知能力为主的综合性能力。其中主要包含问题的发现、问题的解决、批判性思维和创造性思维等。根据布鲁姆(Bloom，1913—1999)对认知目标的分类，高阶思维能力集中表现在分析、综合和评价这三个方面。

在生物学实验教学中，虚拟实验作为一种认知工具，不但可以为学生创设一个良好的实验环境，而且可以为学生提供一个良好的训练环境。当设计者在

① 狄海廷，李耀翔，辛颖．虚拟仿真实验室资源共享模式[J]．实验室研究与探索，2015，34(12)：148-151.

精心设计虚拟实验时，一定会考虑到为学习者提供特定的认知加工环境、信息交流与总结等的加工平台，这样当学生面对不同的问题或者困难时，虚拟实验系统能准确且迅速地提供相对应的问题模型、问题情境和信息交流平台等以帮助学生正确的理解实验目标和原理，顺利进行实验操作，进而提高学生感知、分析、迁移知识和经验的高阶思维能力。

(六)生物学虚拟实验切实提高学生思维创新精神和实践能力

21世纪是以创新为核心的时代，国民的科学素养与创新能力对国家的核心竞争力的提高有很大程度的影响，因此，创新便成为衡量一个国家素质和精神的核心标志。在课程改革的背景下，促进学生实践能力和思维创新能力的培养是全面推进生物学实验教学改革的重要目标。但是由于大多数中学因为实验室、实验材料、实验条件等的限制，进行最多的主要是验证性实验，甚至有的连验证性实验都无法进行，这严重地制约了学生基本能力和创新素养的形成。但是通过虚拟实验教学我们就可以很好地利用有限的实验学时(如某些简单的演示性、验证性实验，学生可以通过虚拟实验进行自主学习)，将较多的实验学时用来展开综合性实验、探究性实验、自主创新性实验，最终促使学生的实践能力和创能力提升到一个新的水平。一个高水平的虚拟实验室(或系统)通常包含与探究和创新能力培养相匹配的实验教学体系和实验教学评价机制，因此，通过虚拟实验辅助中学生物学实验教学，有利于节约有限的实验学时数和教学经费(如某些简单的演示性、验证性实验可让学生通过虚拟实验进行自主学习)，将较多的实验教学要素用于展开综合性、探究性、自主创新性实验，促进学生实践能力和创新能力的提升。

虚拟实验在满足部分实验教学的同时，也存在“真实感”缺乏、软件开发的完善程度不足等缺点。虚拟实验是以真实实验为基础设计的，因此虚拟实验中的各种要素也是根据真实实验所设计的，但由于不是真实的实物，尽管学生可以看到但却接触不到，所以那种切身体会的“真实感”会大为减弱。由于大多数软件是由商家开发的，虽然有较强的操作性，但是由于缺乏与一线教师及学者的联系，以及对学生知识水平与学习环境了解的匮乏，在对实验现象及意外处理方面的准确程度及相应的专业技能水平不是很高，解决这一不足的方法就是促进商家与教师的联系及对学生的关注。通过比较分析可知，我们需要端正对传统真实实验和虚拟实验的态度，正确认识虚拟实验对我们教学的作用，使之更好地辅助我们的生物学实验教学。

虚拟实验室是信息时代的产物，在教育科研领域中具有广阔的应用前景，是实验教学的一个新的发展方向，它必将促进教学观念与教学形式的变革，成为改革实验教学手段、强化实验室建设的一个重要发展趋势。教师应将虚拟实验和实物实验有机结合起来，做到实中有虚，虚实结合，二者相辅相成，从而有效提高学生的动手能力和创新能力。

四、基于典型案例阐释生物学虚拟实验

生物学是一门以实验为基础的学科，在教学中应足够重视生物学实验课的开设，通过实验不仅可以帮助学生将理论知识与实际操作联系起来，帮助学生更好地理解所学知识，而且可以培养学生观察、提问、实验设计、方案实施以及对结果的交流与讨论的能力，很好地发展学生的科学探究能力。

无论是无法开设实验，还是实验结果不理想，都严重影响着教师的教学活动，还减少了学生全面学习生物学知识的方法和途径，而虚拟实验的出现则很好地解决了以上矛盾。首先，虚拟实验可以解决某些学校由于实验条件简陋、实验材料昂贵、实验过程危险等无法开设实验的问题。其次，对于有条件开设实验的学校也可以利用虚拟实验使学生熟悉实验过程和需要注意的事项，提高学生的实验操作能力，为提高真实实验的成功率提供保障。最后，对于一些科学史上的经典实验如伞藻嫁接实验和伞藻核移植实验等，也可以通过虚拟实验更加直观地展示给学生，突破教学难点。

(一)生物学虚拟实验设计关注典型案例

“多聚酶链式反应(PCR)扩增DNA片段”虚拟实验教学案例设计

【实验目的】

(1)学会使用PCR仪进行DNA片段扩增的基本操作方法。

(2)通过PCR仪扩增DNA片段的虚拟实验操作，理解生物体内的DNA复制过程。

(3)通过PCR仪的虚拟实验，尝试建构DNA扩增的数学模型，理解基因的传递与表达。

【实验原理】

多聚酶链式反应是一种选择性扩增DNA或RNA的方法，其基本原理是体内细胞分裂中的DNA半保留复制机理，以及在体外dNTP分子在不同温度下双链和单链可以互相转变的性质，人为地控制体外合成系统的温度，以促使双链DNA变成单链DNA；单链DNA与人工合成的引物退火，以及在dNTP存在下，耐高温的DNA聚合酶使引物沿单链模板延伸成为双链DNA。

PCR反应分3步：①变性：通过加热使DNA双螺旋的氢键断裂，双链解离形成单链DNA。②退火：当温度突然降低时，由于模板分子结构较引物要

复杂得多，而且反应体系中引物 DNA 量大大多于模板 DNA，使引物和其互补的模板在局部形成杂交链，而模板 DNA 双链之间互补的机会较少。③延伸：在 DNA 聚合酶和 4 种 dNTP 底物及 Mg^{2+} 存在的条件下，5′→3′的聚合酶催化以引物为起始点的 DNA 链延伸反应。以上 3 步为一个循环，每一循环的产物可以作为下一个循环的模板，数小时之后，介于两个引物之间的特异性 DNA 片段得到了大量复制，数量可达 2×10^6～2×10^7。

【实验材料】

(1)DNA 模板。

(2)对应目的基因的特异引物。

(3)10×PCR Buffer。

(4)2 mmol/L dNTPmix：含 dATP、dCTP、dGTP、dTTP 各 2 mmol/L。

(5)Taq 酶。

【实验步骤】

教学环节	教师行为	学生活动	设计意图	发展生物学学科核心素养分析
复习巩固 引出课题	【提问导入】 首先请同学们小组讨论，思考以下几个问题： (1)PCR 过程需要哪些条件？ (2)PCR 的每轮循环包括哪三个步骤？温度分别是多少？ (3)预变性的作用是什么？ (4)DNA 的 3′端和 5′端分别指什么？ (5)为什么 DNA 复制需要引物	【思考、讨论并回答】 (1)PCR 过程需要模板 DNA，两种引物，四种脱氧核苷酸，耐热的 DNA 聚合酶。 (2)包括变性(95 ℃)、退火(55 ℃)和延伸(72 ℃)三个步骤。 (3)预变性可以增加大分子模板 DNA 彻底变性的概率。 (4)3′端是指 DNA 的羟基末端，5′端是指 DNA 的磷酸末端。 (5)DNA 聚合酶不能从头开始合成 DNA，只能从 3′端延伸 DNA 链，所以 DNA 复制需要引物	通过对上节课所学内容的复习，为本节课的教学做好铺垫	通过上节课的学习，学生对 PCR 的原理及过程已经了解，而这些正是接下来学生学习实验操作的必备基础知识，所以有必要进行复习回顾。这样的安排有助于提高学生依据事实和证据来解决实际问题的能力

续表

<table>
<tr><th>教学环节</th><th>教师行为</th><th>学生活动</th><th>设计意图</th><th>发展生物学学科核心素养分析</th></tr>
<tr>
<td>利用虚拟实验，训练实验操作</td>
<td>【讲解、示范、指导】
(1)打开虚拟实验软件，先讲解目的要求、实验原理、材料器具、方法步骤几个板块，让学生对该实验有进一步的了解并对实验过程有整体认知。
(2)点击“开始实验”，进入实验操作界面，向学生示范实验操作过程。要求学生重点关注以下两点：
①操作步骤的规范性及先后顺序；
②虚拟实验的操作方法，如哪些操作是利用鼠标“点击”进行，哪些操作是利用鼠标“选中并拖动”进行。
(3)要求学生利用虚拟实验软件自主进行实验。为提高学生实验操作的规范性和成功率，每个步骤都会有文字提醒，并且在操作界面上有光圈提示。每一步骤完成点击下一步方可进入下一个步骤的操作。学生操作过程中教师进行巡视，对学生操作中遇到的问题进行必</td>
<td>【观看、思考、操作】
(1)通过教师的讲解，学生学习该实验的目的要求、实验原理、材料器具、方法步骤等内容。
(2)通过观看教师的示范，学生进一步熟悉实验步骤，并且掌握利用虚拟实验软件进行实验操作的方法。
(3)利用虚拟实验软件，按照提示进行实验操作。完成以下实验步骤：
①打开 PCR 仪电源，按照下面表格的参数进行设置，设置完毕开始预热；
<table>
<tr><th>程序</th><th>温度</th><th>时间</th></tr>
<tr><td>预变性</td><td>94 ℃</td><td>300 s</td></tr>
<tr><td>变性</td><td>94 ℃</td><td>45 s</td></tr>
<tr><td>退火</td><td>55 ℃</td><td>45 s</td></tr>
<tr><td>延伸</td><td>72 ℃</td><td>60 s</td></tr>
<tr><td>保温</td><td>72 ℃</td><td>300 s</td></tr>
<tr><td>循环次数</td><td colspan="2">30 次</td></tr>
</table>
②取出一支 0.5 mL 的离心管；
③按以下顺序加入试剂：</td>
<td>利用虚拟实验帮助学生掌握实验操作步骤，再让学生自主进行虚拟实验操作，不断重复实验，最终熟练掌握实验操作</td>
<td>PCR 实验是大多高中学校无法开展的实验，通过虚拟实验可以让学生直观地体会实验的过程，将反应的过程形象生动地展示出来，让学生将 DNA 的结构和复制等知识联系起来，树立生命观念中的结构与功能观。学生利用虚拟实验软件自主进行实验操作可以帮助学生在较短的时间内熟练掌握实验操作。PCR 仪控制面板的参数设置，每一项都是学生思考和操作的要点。微量可调移液器的使用、离心机的使用等，能有效提高学生的实践能力和科学探究能力</td>
</tr>
</table>

续表

<table>
<tr><th>教学环节</th><th>教师行为</th><th>学生活动</th><th>设计意图</th><th>发展生物学学科核心素养分析</th></tr>
<tr><td></td><td>要的指导。
(4)指导学生在实验操作完成后进入“结果与讨论”界面查看自己的得分以及哪个步骤出现失误而被扣分，反思并进行重复实验。

引导学生深入分析实验：(1)本实验模拟的是生物体内的什么过程？
(2)本实验与生物体内的该过程有哪些区别？
(3)实验中可能会存在哪些计算项目？
(4)若缺少某种试剂，本实验还可以进行吗？举例说明。
(5)通过本实验的操作，你有哪些收获？新的认识？感兴趣的方面？新的疑问？
(6)认真分析“实验结果与讨论”界面的得分及失误提醒，进行重复实验，直至取得理想成绩</td><td><table><tr><th>试剂</th><th>体积</th></tr><tr><td>双蒸水</td><td>24 μL</td></tr><tr><td>10 倍 PCR 缓冲液</td><td>5 μL</td></tr><tr><td>氯化镁溶液</td><td>3 μL</td></tr><tr><td>dNTP</td><td>5 μL</td></tr><tr><td>引物Ⅰ</td><td>1 μL</td></tr><tr><td>引物Ⅱ</td><td>1 μL</td></tr><tr><td>模板</td><td>10 μL</td></tr><tr><td>Taq 酶</td><td>1 μL</td></tr></table>④加好后放入离心机，稍微离心后，取出离心管；
⑤轻弹管底，防止 Taq 酶沉底；
⑥将离心管重新放入离心机中，使试剂充分混合；
⑦向反应管中加入 30 μL 液体石蜡，封闭 PCR 反应体系；
⑧将此离心管放入预热好的 PCR 仪中，选择“开始”运行 PCR 程序</td><td></td><td></td></tr>
</table>

（二）生物学虚拟实验设计注重案例分析

PCR是大多数高中学校无法开设的实验，很多教师通常会利用文字、图片等进行该实验的讲解，这样学生只能凭空想象实验的过程，很难理解实验的本质。高中生物学中PCR技术的教学有三个“难题”：学生没有分子生物学实验技术基础，陌生又畏惧；学校没有PCR实验室，无法组织学生实验；PCR原理的学习是基于流程图，学生无法在实验过程中发现问题、解决问题。教师在教学中存在“重解题、轻技术”的现象，教学重点落在了“讲”PCR原理、帮助学生解答相关试题的误区，没有认识到“通过让学生观看或亲历实验过程，掌握实验技术”才是真正实现教学目标的根本。

该案例首先通过问题引导学生复习相关的基础知识，再利用虚拟实验将实验相关的仪器、材料等展示在学生面前，还让学生利用虚拟实验亲自进行循环程序的设定，让学生体验实验的细节，如PCR仪控制面板的设置，这样的安排不仅能让学生充分理解PCR实验原理，有效提升学生的实验技能，大幅度节约实验成本，而且可以让学生将新旧知识联系起来，加深对结构与功能观等生命观念的理解。

虚拟实验由于缺乏实践过程，因此要引导学生分析在真实实验中的一些实验细节：①PCR应该在一个没有DNA污染的干净环境中进行。②纯化模板所选用的方法对污染的风险有极大影响。一般而言，只要能够得到可靠的结果，纯化的方法越简单越好。③所有试剂都应该没有核酸和核酸酶的污染。操作过程中均应戴手套。④PCR试剂配制应使用最高质量的新鲜双蒸水，采用0.22 μm滤膜过滤除菌或高压灭菌。⑤试剂都应该以大体积配制，并试一下是否满意，然后分装成仅够一次使用的量储存，从而确保实验与实验之间的连续性。⑥试剂或样品准备过程中都要使用一次性灭菌的塑料瓶和管子，玻璃器皿应洗涤干净并高压灭菌。⑦PCR的样品应在冰浴上化开，并且要充分混匀。

虚拟实验中，实验器具和材料都是对真实器具和材料的高度仿真，通过鼠标对仿真的实验材料进行模拟操作，呈现出虚拟的实验过程，最后产生相应的实验结果。在上述“多聚酶链式反应扩增DNA片段”教学片段中，教师通过虚拟实验将DNA的结构、PCR的过程等直观地展现在学生面前，有助于学生将新知识建立在已有知识的基础上，更好地理解DNA的结构与复制的关系，从而形成结构决定功能的生命观念。

在传统的实验教学中，由于受条件的限制，比如学校实验条件简陋、实验器材短缺、实验过程危险、实验课课时不足、缺乏专门的实验教师等，使得很多学校的生物学实验课不能满足学生的兴趣需求，开设情况不够理想，最终很难达到预期的教学目标。而虚拟实验教学能够克服传统实验教学的不足，更好地为教学服务。例如，“基因工程的基本操作程序”这一节教学内容中，教师可以利用虚拟实验将基因工程的基本操作直观地演示给学生，加深学生对“剪切”“拼接”等过程的理解，从而突破教学重难点。

高中生物学学科中的实验教学要求学生在教材及教师的指导下自主完成实验。实验教学能够有效地培养学生的动手实践能力和操作能力，促进学生在掌握生物学原理和操作技能的基础上，更加全面地认识和学习生物科学。在高中生物学课堂中，学生可以通过实验简单快捷地了解和掌握所学的生物学知识及原理，感受生物学这门特殊的自然科学。虚拟实验可将抽象的理论和复杂的过程具体化、形象化，较好地突破教学重难点，更有利于发展学生的科学探究能力和合作能力。例如，“细胞核——系统的控制中心”这一节教学内容中，伞藻核移植实验部分，教师可以先让学生进行小组讨论交流实验方案，之后再利用虚拟实验进行展示。这样的安排有助于培养学生设计实验方案和交流与讨论的能力。

实验操作技术是实验教学的重难点，但在传统实验中，往往学生难以掌握。让学生提前通过虚拟实验的练习了解实验过程和注意事项，然后再去实验室进行真实实验操作，这样的处理不仅能够提升他们对实验的认识和了解程度，而且可以规避不必要的风险，也能够降低实验损耗。例如，在脂肪的检测和观察实验中，老师在试验台示范花生切片技巧，学生很难观察到动作细节，尤其是后排的学生，常常导致学生制作的花生切片太厚，普遍不能观察到预期的实验现象。虚拟实验可以放大实验操作的细节并结合文字讲解，这样学生可以全方位地观察到制作切片的要领，然后再利用真实材料进行练习，可以大大提高该实验的成功率。

(三)生物学虚拟实验设计注重案例评价

虚拟实验可以解决传统实验无法突破的难题，为高中生物学实验教学开发了一种新的教学模式和手段。在“DNA 粗提取与鉴定”实验教学片段中，教师利用虚拟实验结合问题串引发学生思考和讨论，帮助学生理解每一个实验步骤的原理，很好地发展了学生的批判性思维和归纳概括能力。高中阶段学生的思维已经发展到较高水平，自主学习能力也较强，对实验课的热情很高。但是学生注意力难以集中，对于抽象的物质变化理解困难。虚拟实验的开展能够突破传统实验的时间限制，让学生自由地进行操作，同时还可以对学生的实验操作情况进行监测评价，掌握学生的薄弱处和失误区，有助于教师有针对性地进行指导。在虚拟实验中，学生只有在掌握了实验的上一个操作步骤后，才能进入下一个步骤的学习。这样的学习方式会让学生产生一种游戏感，最大限度地激发学生的求知欲，使学生在愉快的氛围中掌握知识和技能，探索生命现象和规律。例如，“绿叶中色素的提取和分离”实验中，操作步骤和需要注意的事项较多，教师就可以利用虚拟实验让学生熟悉实验流程。虚拟实验中每一步的讲解都设置相应的问题供学生思考，如实验材料如何选择，为什么提取色素不能用清水等，让学生不仅知道怎样做，还知道为什么这样做，如何做更好，以此培养学生的批判性思维和创造性思维。

生物科学史上许多的经典实验，教材并未对实验过程做详细介绍，单凭教师的讲解，无法充分发挥这些经典实验对学生学习的促进作用，也不能让学生真切地感受到科学探索的过程。所以利用虚拟实验对科学史上的经典实验进行重现就显得有必要。例如，“细胞核——系统的控制中心”这一节教学内容中，伞藻嫁接和伞藻核移植虚拟实验的利用，可以让学生体会到科学家的伟大和科学研究的价值，并且可以进一步激发学生将来从事科学研究的兴趣，树立造福人类的价值观和社会担当。

虚拟实验的使用不拘一格，可根据教学目标的不同展示实验的全过程或者有针对性地重点展示其中的几个步骤。在实际教学中教师要根据具体情况决定采用的虚拟实验的数量，有时候一堂课的教学当中可能会用到多个虚拟实验。例如，在“DNA 是主要的遗传物质”教学中，多个经典实验均可利用虚拟实验展现给学生，同时可以结合相关的史料让学生体会到科学研究的艰辛与趣味。实验的方案可以让学生先进行小组讨论制定，最后再让学生将自己的方案和科学家的方案进行比较，通过反思自己方案的不足认识到科学家独特的思维方式。教师还可以在此过程中适时对学生进行情感教育和励志教育，引导学生树立崇高的理想，立志做个有责任、有担当的人。

【学以致用】

根据“植物细胞的有丝分裂”实验的设计指导思想、基本步骤和实验结构来设计相应的虚拟实验。

1.“植物细胞的有丝分裂”虚拟实验设计的指导思想如下：

①实验实施模块中的“开始实验”不仅可以用来促进知识巩固与技能提升这两个教学目标，而且还能帮助学生在系统的提示下深刻地记住和掌握实验的操作过程。

②实验实施模块中的实验器材、实验原理、实验目的，主要对与实验有关的内容进行详细的介绍，以促进学生实现知识的迁移。

③反馈模块的实验检测、实验应用、注意事项三个部分主要对教学目标的

实现和促进学生的理解与掌握有重要的辅助作用。

2. 苏教版必修1教材中该实验的基本步骤如下：

①洋葱根尖的培养。

②玻片标本的制作。

③低倍镜找到分生区后再换用高倍镜仔细观察。

④找出分裂时期的细胞，用简图绘制。

其中该实验的前三步都可以在实验的实施模块中实现，第四步可以通过反馈模块来实现。

3. 虚拟实验的结构设计。

本次虚拟实验大致可以归纳为三个模块：案例分析、实验实施、反馈模块。其中，案例分析主要是实验演示，设计这部分的目的就是为了有效地吸引学生的兴趣，提高学生的观察能力；实验实施主要包括实验器材、实验原理、实验目的、开始实验、注意事项这五个部分，这个模块可以说是整个虚拟实验的重点，因为这其中既包含了实验原理、实验目的等与实验有关的基础知识，也包含了虚拟实验的设计与操作，所以在这个模块中学生可以根据系统的提示灵活地实现实验的设计和操作；反馈模块主要是由实验检测、实验应用、注意事项三部分构成，该模块提供的相应试题与科学前沿的知识，能够促进学生对实验经验及结果等进行更进一步的总结和思考。

第五节　科学实践凸显提升科学素养的价值取向

核心概念

科学实践是教师的教和学生的学的统一，是对探究性教学的发展和完善，源于形而上的科学实践哲学科学本质观，强调科学的实践本质。主要包括提问和定义问题，开发和使用模型，规划和开展调查，分析和解释数据，运用数学和计算思维，构造理论解释和设计解决方案，进行证据论证，获取、评估和交流信息八个方面的实践。

【问题聚焦】

1. 什么是科学实践?

2. 科学实践比科学探究更有效吗?

3. 科学实践在课堂教学中如何实施?

4. 科学实践对学生的学习有怎样的影响?

【案例研讨】

在一次某校教研活动的现场讨

论中，教研组长呈现了美国的《新一代科学教育标准》中用“科学实践”作为首要的关键词，取代了之前的“科学探究”，请老师们一起讨论从“科学探究”到“科学实践”，对我们未来的课堂教学可能会有哪些影响？

教师A：这也许就是一个名词的变化而已，体现了新概念中的实践价值。

教师B：科学实践的提出为未来的课堂教学还是带来了很多积极影响，如课堂会更加强调实践性，促进学生的动手能力。通过实验、观察和分析等方式，学生能亲身体验科学的本质，从而增强学生的实验能力、观察能力、分析能力和创造能力。

教师C：科学实践还会促进学生独立探索和合作学习能力的培养。科学实践是一个探索性、发现性的过程，需要学生通过自主思考和探索的方式进行实验和研究，同时也需要与同学进行合作学习，从而培养学生独立探索和合作学习的能力。

教师D：科学实践还通过发现问题、分析问题、解决问题，培养学生创新思维和解决问题的能力，也会提高学生对科学的兴趣。学生亲身体验和探究科学实验的过程，能激发学生的学习兴趣，从而更好地理解科学知识和原理。

教研组长：综合大家的分析来看，科学探究重视完整的研究过程，科学实践关注具体的学生活动；科学探究与科学知识是并列的，科学实践与科学知识是融合的；科学探究按要素多少划分水平，科学实践按知识理解界定程度。大家会后可以查阅相关文章。既然“科学探究”实施有这么多的问题，现在改成了“科学实践”，大家谈谈什么是科学实践？如何通过科学实践性教学提升学生的学科素养？

教师E：我认为“实践”这个术语描述的是学生的活动，并且具有“重复行为使其熟练、深入学习使其成为习惯、应用知识使其达成目标”的含义，强调了学生在课堂中进行的活动是一个重复的并且随着对学科核心概念的理解而不断熟练的过程。

教师F：我同意“科学实践”更强调学生的活动意识，但不仅仅是动手，更要动脑。“科学实践”应更强调科学的社会活动特质，提倡课堂实践应从个体行为向群体行为转化，课堂互动应反映科学共同体的真实互动。现今的科学家越来越不能单打独斗。科学的社会性不仅体现在一个课题组的分工合作上，也以举行例会、发表和宣读论文、在会议上发言和听取报告、互访、举办和参加学术讲座等各种交流方式呈现。这些活动的共同点是创造机会让不同理论发生碰撞，以解决其中存在的争端。

在以上案例中，教师们讨论的焦点首先是要解决什么是“科学实践”，在国际上有哪些“科学实践”的案例和研究范式，在具体的课堂教学中如何实施“科学实践”，以提升课堂教学质量，发展学生的核心素养。这些问题将是本节需要讨论的重点内容。

“实践”灌注了近20年来科学教育研究者努力扭转课堂探究活动模式化倾向的心血。这一时期的科学教育文献汇集了大量与改革探究实施相关的研究，或证明以“科学方法”为主导的探究可能对学生的思维带来什么样的限制和危害；或探索科学家的真实探究活动有哪些一般课堂探究所没有的特点；或进行教学实验，检验不一样的探究性教学有何不同效果；或深入分析课堂案例，举证学生使用各种方式进行探究的能力。这些研究聚焦于两点——它们正是被科学方法主导的课堂探究“简化”掉了，却对真实科学研究意义重大的部分①。

一、科学实践需厘清概念内涵

1996年，美国发布了第一套《国家科学教育标准》(*National Science Education Standards*，NSES)，提出以“科学探究”作为科学教育的核心理念，让学生在“做科学”中理解科学并且培养和发展探究能力。此后，对科学探究的理论和实践研究成为国际科学教育的热点问题，在世界范围内涌现出大量的相关研究成果。2011年，美国国家研究理事会发布了《K-12科学教育框架：实践、跨学科概念、核心概念》(*A Framework for K-12 Science Education: Practices, Crosscutting Concepts, and Core Ideas*，以下简称《框架》)，提出“科学实践”的概念，并确立该概念在科学教育中的首要地位。依据《框架》，2013年4月，美国国家研究理事会发布了《新一代科学教育标准》(*Next Generation Science Standards*，NGSS)，将“科学实践”作为首要的关键词列入该标准中，取代了之前的“科学探究”②。

(一)NGSS中倡导的科学实践

在美国《新一代科学教育标准》中，学习科学有三个截然不同且同样重要的维度。这些维度结合起来形成了每个标准或表现期望，每个维度与其他两个维度一起工作，以帮助学生随着时间的推移建立对科学的抽象性理解。美国国家研究理事会提出的框架描述了科学教育的愿景，以科学知识体系为基础，基于

① 唐小为，丁邦平．“科学探究”缘何变身“科学实践”？——解读美国科学教育框架理念的首位关键词之变[J]．教育研究，2012，33(11)：141-145.

② 卢姗姗，毕华林．从“科学探究”到“科学实践”——科学教育的观念转变[J]．教育科学研究，2015(1)：65-70.

实践理论构建模型，不断扩展、提炼和完善，提出了三个维度，并组合起来形成每个标准：

维度一：科学和工程实践(science and engineering practices，SEP)描述了科学家为调查自然界所做的工作，以及工程师在设计和构建系统方面所做的工作。这些实践更好地解释和扩展了科学中“探究”的含义以及它所需要的认知、社会和物理实践的范围。学生参与实践，以建立、深化和应用他们的核心思想和横切概念的知识。这些实践描述了科学家在调查和建立关于自然世界的模型和理论以及工程师在设计和构建模型和系统时使用的关键工程实践时所参与的行为。NRC使用术语“实践”而不是像“技能”这样的术语来强调参与科学调查不仅需要技能，还需要每种实践特有的知识。NRC的部分目的是更好地解释和扩展科学中的“探究”及其所需的认知、社会和物理实践范围。虽然工程设计类似于科学探究，但存在显著差异。例如，科学探究涉及通过调查可以回答的问题的形成，而工程设计涉及可以通过设计解决的问题的形成。加强下一代科学标准的工程方面将为学生阐明科学、技术、工程和数学(STEM领域)与日常生活的相关性。

维度二：跨学科概念(crosscutting concepts，CCC)适用于所有科学领域。因此，它们是连接不同科学领域的一种方式。它们包括模式、相似性和多样性，因果，规模、比例和数量，系统和系统模型，能量和物质，结构和功能，稳定和变化。该框架强调，这些概念需要被学生熟悉，因为它们提供了一个组织模式，用于将来自各个科学领域的知识相互关联，形成一个连贯的、科学的世界观，帮助学生探索四个科学领域的联系，包括物理科学、生命科学、地球和空间科学以及工程设计。当这些概念，如“因果关系”，对学生来说是熟悉的，他们可以帮助学生建立一个连贯的、科学的观点来了解周围的世界。

维度三：学科核心概念(disciplinary core ideas，DCI)是科学中的关键思想，在多个科学或工程学科内部或跨越多个科学或工程学科具有广泛的重要性。随着学生在年级水平的提高，这些核心思想相互依存，并分为以下四个领域：物理科学、生命科学、地球与空间科学和工程学。学科核心理念有能力将K-12科学课程、教学和评估集中在科学的最重要方面。要被视为核心，这些想法应至少满足四个标准：①在多个科学或工程学科中具有广泛的重要性，或者是单一学科的关键组织概念；②提供一个关键工具，用于理解或调查更复杂的想法和解决问题；③与学生的兴趣和生活经历相关，或与需要科学或技术知识的社会或个人问题相关联；④使受教者的学习日益深入，同时其复杂程度分布在多个等级。

NGSS提出的三个维度就像三股紧紧缠绕在一起的绳索(图2-7)，NGSS便是这三股绳索有机结合的系统，科学和工程实践是建构和使用跨学科概念以及学科核心概念的活动过程，协助学生认识自然和现实世界。科学和工程实践与跨学科概念以及学科核心概念的关系如NGSS的标志(图2-8)，三个维度相辅相成，共同组成完整的NGSS。

图2-7　三维度的关系

图2-8　NGSS的标志

科学教育的主要目标之一是培养学生的思维习惯，培养他们从事科学探究的能力，并教他们如何解释科学方面的原理。然而，在强调发展科学内容知识和强调科学实践的重点之间始终存在着紧张关系。对内容的狭隘关注有一个令人遗憾的结果，即让学生对科学探究的本质有着天真的概念，以及留下科学只是孤立事实的一种印象。科学和工程实践课程的基本要素：①提出问题(科学)和定义问题(工程)；②开发和使用模型；③规划和开展调查；④分析和解释数据；⑤运用数学和计算思维；⑥构建解释(用于科学)和设计解决方案(用于工程)；⑦参与证据辩论；⑧获取、评估和传达信息。

NGSS用"科学、工程和技术"取代了《国家科学教育标准》中的"科学与技术"，这是首次在科学教育领域的国家层面把工程教育整合到科学课程中去。顺应了对STEM教育和工程教育进行大力推进的趋势。随着时代的发展，科学与工程技术之间的界限日渐模糊，任何科学研究或工程设计都离不开相应的技术支持和理论支撑，科学、工程、技术和社会的联系日渐紧密、不可分割。因此，为满足国家和社会发展的需要，NGSS中的科学实践综合科学、工程和技术于一体，建立在科学与工程差异基础上的综合才是真正意义的共性，才能把它们共同融合于科学实践之中(表2-7)。

表 2-7　科学实践中的科学与工程的综合

基本要素	科学视角	工程视角
1. 提出问题和定义问题	科学起始于一个关于现象的问题，然后找寻解答该问题的理论解释	工程起始于问题、需要或愿望，表明需要解决的工程问题。一个社会问题可以产生多种多样的工程性问题
2. 开发和使用模型	科学时常包括创建和使用各种各样的模型和模拟，以帮助解释自然现象	工程运用模型和模拟来分析现存系统，以发现其缺陷或为新的问题测试可能的解决方案
3. 规划和开展调查	科学调查可在实地或实验室进行，科学中一个主要的实践计划，并实行系统的调查	工程运用调查为设计标准或参数提供必要的数据以及用于设计测试
4. 分析和解释数据	科学调研产生的数据必须运用一系列工具，包括表格、图形及其他可视化的分析以及统计分析以得出结论	工程师在测试其设计和调查时同样需要一系列的工具来进行数据分析，以确定性质并解释结果
5. 运用数学和计算思维	在科学中，数学和计算是呈现变量和它们之间关系的基本工具，主要被用于创建模型、数据统计分析，以及认识、表达和运用定量关系，对物理系统行为进行预测等方面	在工程中，同样需要数学和计算思维。例如，建构工程师的设计通过数学分析来计算该设计是否能承受预期的压力以及他们是否能在预算内完成该设计
6. 构建解释和设计解决方案	科学研究的目的是创建理论以解释现实世界	工程研究本就是以科学知识和模型设计一个解决工程问题的系统过程
7. 参与证据辩论	在科学中，推理和论证对于认识解释的优势和弱点以及为自然现象找到最好理论解释来说是必不可少的	在工程中，推理和论证对于寻求问题的最佳解答来说是必不可少的
8. 获取，评估和传达信息	如果科学家不能清晰并有说服力地阐述交流自己的研究或了解他人的研究成果，科学将是无法前进的	如果所设计的方案没有进行清楚和有说服力的交流，工程师将无法创造新技术或进行技术改善

这八个实践都阐明了学生在 12 年级结束时应具备的主要能力（“目标”），并勾画出他们的能力水平如何在前几年（“进步”）中取得进步。这些草图基于委员会的判断，因为关于这些实践的发展轨迹的研究证据很少。总体目标是学生

根据需要开发设施和倾向于单独或组合地呼吁这些实践，以支持他们的学习并展示他们对科学和工程的理解。在进行科学或工程学时，这些实践被迭代地和组合地使用；它们不应被视为按所示顺序采取的线性顺序步骤①。

(二)NAEP 中提出的科学实践

与其他评估项目相比，美国国家教育进展评估(National Assessment of Educational Progress，NAEP)明确提出了“科学实践”的概念，这一概念的提出所体现的不仅是“实践”的能力，还包含对实践过程的理解。NAEP 指出，一个具备科学素养的人应该熟悉和了解自然世界的关键事实、概念、原理、规律和科学理论，如物体的运动、细胞在生物体内的功能和地球材料的性能。此外，一个具备科学素养的人应该具有跨学科的思想，例如，在物理科学、生命科学和地球与空间科学中共同使用的能量守恒定律。具备科学素养还包括理解科学的原理和思想来提升我们对自然世界的认识并科学解决现实世界的问题。正是在这样的背景下，2009—2015 年的评估框架在评估内容上做出了许多调整，根据当时学习科学以及科学教育研究的相关成果，使用科学实践代替了之前的知做能力维度(包括概念理解、科学探究和实践推理)，将科学的本质作为科学实践的一部分内容进行评估；改变了以往使用短语或简单描述对科学内容进行简单陈述的方式，引入了交叉内容。

2009—2015 年 NAEP 科学学业评估内容主要由科学内容(science content)和科学实践(science practice)两部分构成(图 2-9)。在 NAEP 的评估框架中，并未对关于科学态度或情感领域的内容进行陈述，但在其背景问卷中有关于科学态度的相关调查。

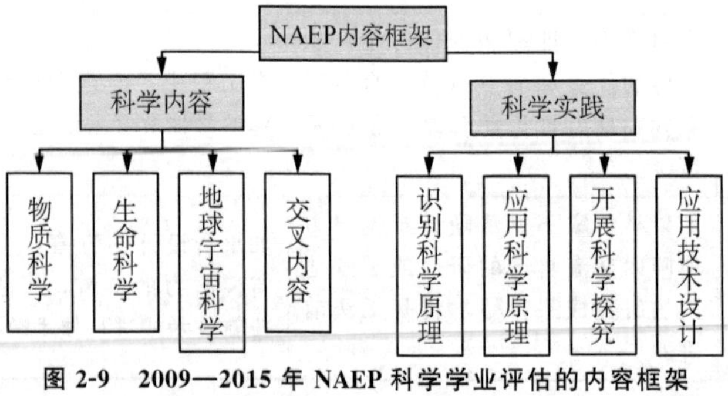

图 2-9　2009—2015 年 NAEP 科学学业评估的内容框架

① National Research Council. A Framework for K-12 Science Education: Practices, Crosscutting Concepts, and Core Ideas[M]. Washington, D.C.: National Academies Press, 2012.

在NAEP界定的科学实践中，识别科学原理和应用科学原理都要求学生正确陈述或识别出内容陈述中的科学原理，它们之间的不同在于应用科学原理关注“解释”现象和“预测”现象，对应“图式知识”(schematic knowledge)，而识别科学原理更加关注识别原理以及原理之间的关系，对应“陈述性知识”。开展科学探究主要强调科学探究的实践过程。科学探究的过程中不仅涉及“知道是什么”和“知道为什么”，而且更多地涉及“知道怎样做”(knowing how)以及“什么时间什么地方应用知识”(knowing when and where to apply knowledge)，即认知心理学中的“程序性知识”(procedural knowledge)和“策略性知识”(strategic knowledge)；同时，科学探究的过程也涉及对科学本质的认识。应用技术设计是指使用科学知识和技能解决真实环境下的问题的系统过程，由于技术设计(或叫工程设计)是一个复杂且耗时的过程，NAEP科学评估将使用技术设计局限考查学生在技术设计背景下应用科学原理的能力；与科学探究相同，在对应的认知要求方面，应用技术设计也同样对应上面提到的四种知识。

从表2-8可以看出，四年级的科学实践主要重视前三个层次，八年级和十二年级则更注重“应用科学原理”和“开展科学探究”。尤其是在十二年级，“应用科学原理”和“开展科学探究”两个层次分别达到了40%和30%，这主要是由于十二年级的学生即将进入高校深造或者直接进入社会，对于实际工作生活中如何正确使用科学原理进行相关探究应当重点关注。

表2-8　NAEP 2015科学实践内容及比例

四年级		八年级		十二年级	
科学实践	百分比(%)	科学实践	百分比(%)	科学实践	百分比(%)
识别科学原理	30	识别科学原理	25	识别科学原理	20
应用科学原理	30	应用科学原理	35	应用科学原理	40
开展科学探究	30	开展科学探究	30	开展科学探究	30
应用技术设计	10	应用技术设计	10	应用技术设计	10

可以看出，NAEP的内容框架充分整合了知识与实践过程，通过科学实践将内容知识、程序性知识、关于科学本质的认识论知识和策略性知识与能力对应起来，关注技术背景下的科学知识应用。能力框架的构建主要从知识的理解与应用、科学探究和技术背景下的知识应用三个方面展开，思维能力的评估体

现在科学实践过程中，其内容框架的构成可以表述为："科学实践＋内容知识"①。

(三)TIMSS 中提出的科学实践

科学实践(science practices)是国际数学和科学教育趋势评估(Trends in International Mathematics and Science Study，TIMSS) 2015 科学测评框架提出的新概念，也是其重要的评估内容。TIMSS 2007 和 TIMSS 2011 均未涉及科学实践这个概念，而是科学探究(science inquiry)。科学探究主要是指通过关键的科学实践来理解和解决自然界的问题，而科学实践可以帮助学生更好地发展自身进行科学研究的理解力。科学实践包括来自日常生活和学校学习的各种技能，这些技能是科学学科的基础，学生们使用这些技能开展相关的科学探索。TIMSS 2015 科学实践还列出了五个具体的方法：根据观察提出问题、形成证据、处理数据、回答研究问题、就证据展开辩论，具体如表 2-9 所示。

表 2-9　TIMSS 2015 科学实践的五个方法

实践方法	具体内容
根据观察提出问题	科学查询包括对具有不熟悉特点或特性的自然界现象的观察。这些观察可以发现问题，用这些问题提出可以检验的假设，有助于回答这些问题
形成证据	验证假设需要设计和实施系统调查和受控实验，从而形成证据，支持或反驳假设。科学家们必须将其对科学概念的理解与可观察或衡量的性质关联，以确定可以收集的证据、收集证据所需的设备和程序以及需要记录的测量结果
处理数据	一旦收集数据，科学家们将以各种直观现实的方式汇总数据，说明或解读数据格式，探索变量之间的关系
回答研究问题	科学家们利用观察和调查获得的证据，回答问题，支持或反驳假设
就证据展开辩论	科学家们利用证据和科学知识，形成解释，证明和支持其解释与结论的合理性，并将结论扩展到新的情境

由科学实践维度可以看出，TIMSS 2015 和 NAEP 2015 均强调培养学生解决实际问题的能力，认为科学教育及评估的主要目的应当是使每个人能够参与有依据的决策和采取适当的行动，这对于保证学生个人、社会以及环境的健康协调发展是重要的。NAEP 2015 更重视科学内容的运用，而 TIMSS

① 王俊民. 核心素养视域下国际大规模科学学业评估框架与试题研究[D]. 重庆：西南大学，2018.

2015 更强调不能孤立地评价科学实践，应结合具体的“情境”，即将科学实践放在科学内容领域和认知领域各个部分的评估中①。

二、科学实践提供了有效的教学建议

NGSS 中科学实践性教学的实施是使科学实践标准得以落实的根本，因 NGSS 中的主要任务是集中力量明确学生的学习目标，所以并没有具体详细地为科学实践在课堂中教师的教提供建议。但是，作为指导性文件的《框架》在为 NGSS 内容提供指引的前提下，为教师如何在课堂中实施 NGSS 中的科学实践从教学方法、教师发展以及学业评价三个方面提供了建议。

(一)科学实践教学注重教学方法的多样化

教学是运用教学方法和学习活动帮助学生掌握学习内容并达到学习目标，既包括教师的教也包括学生的学。NGSS 中的科学实践目标和标准的达成需要使用多种教学方法，主要源于科学实践对学生能力要求的多样性。学生需要达成的科学实践涉及科学解释、科学论据、科学本质、科学实践和交流等。为了以上能力的达成，教师应在教学活动中做到规范科学活动过程、体现社会交互性、协助概念模型的形成、指导学生进行表达与反思。

1. 科学实践教学侧重以学生科学实践能力要求为出发点

NGSS 中科学实践目标和标准的达成要求学生具备理解、运用和阐释科学解释的能力；创建、评价科学论据和解释的能力；理解科学知识的发展及其本质的能力；富有成效地参与科学实践和交流的能力。

理解、运用和阐释科学解释包括：掌握事实、了解法律、原则、理论和科学模型；理解并掌握科学知识；创造性地使用科学解释以理解自然世界。创建、评价科学论据和解释包括：使用科学知识和实践创建和完善模型；以科学论据创建理论性、计算性解释，涉及进行调查和数据收集、选择陈述和分析数据的方式、使用实证性创建、批判和捍卫科学解释等实践。理解科学知识的发展及其本质强调掌握理解科学的正确方法。科学知识是一种特殊的知识，要使学生理解科学知识，便需要理解科学知识是怎样经过多种调查和系统观察而形成的、科学知识是怎样根据证据进行批判的、科学知识是怎样被科学界验证的等问题。富有成效地参与科学实践和交流包括：学生在理解科学活动规则的基础上有效参与科学实践。例如，通过对规则的理解，在科学争论中批判和捍卫

① 夏小俊，顾乃景，柏毅. TIMSS 2015 与 NAEP 2015 科学评估框架的比较研究[J]. 考试研究，2016(1)：96-101.

某种理论。从事富有成效的科学研究，学生需要理解怎样参与科学讨论，如何在尊重他人贡献的基础上坚持批判的立场，以及怎样提出问题并修正自己的意见。

以上四个方面表明学生科学实践能力的达成涉及学习系统的思想、话语和实践，强调怎样把理解概念的能力与解释现象的能力相关联，并进行实证调查以形成和评估科学观点。

武汉市第49中学新枫公司是该校学生以生物学实验室为基地，创立的一个彻彻底底的学生公司，充分利用生物技术，通过微生物、动植物体对物质原料进行加工，以提供产品来为社会服务(图2-10)。它除了公司顾问是指导老师外，从CEO到普通员工，都是对生物科学、生物学技术有着浓厚兴趣的高一、高二学生。新枫公司立足校园，而向社区，为广大师生提供了一系列的生物技术产品，也举办了许多生物学特色实践活动。新枫公司的成立为教师和学生搭建了广阔的舞台，有着学科课程没有的独特魅力。对学生而言，将书本的知识能够灵活地应用到实践中去，提高了学生的理论与实践相结合的能力、创新的能力，培养了他们的竞争意识、合作意识。对教师而言，及时转变了自己的角色，做好顾问、学者和监督员的工作，进一步更新了教育教学的观念。在实践中提高了教师开发课程的能力，使生物学实验室的资源利用发挥到了极致，也让我们充分认识到在新课程理念指导下的课程建设的重要性。

图2-10　武汉市第49中学新枫公司介绍

科学实践的方式多种多样，从实践对象上看，既有对自然进行观察、考察、欣赏的活动，又有亲历的、与自然互动的活动，如植物栽培、动物养殖、园艺花卉；既有专门的科学实验活动，又有师生之间、生生之间的科学讨论、辩论以及面向社会公众的科学普及、宣传活动，还有教师指导下的学生自主或合作开展的小制作、小发明活动，甚至包括科学名著阅读、科学电影欣赏等。大数据背景下的科学实践更加凸显了数字化、游戏化、交互性，通过科学思维、项目化学习、STEM教育、科技创新大赛等方式不断构建着科学实践的创新体系。

2. 科学实践教学注重以教师的多方面指导为立足点

建立在学生科学实践能力要求之上，教师应在教学活动中做到规范科学活动过程、体现社会交互性、协助概念模型的形成、指导学生进行表达与反思等多种教学方法的结合。多种教学方法相结合才能提高学生科学实践过程中的多方面能力。①

NGSS中的科学实践教学要求教师规范科学活动过程。学生学习科学时并不一定理解他们正在进行的科学活动，比如观察、测量、实验等。学生的科学活动过程需要教师恰当的指导，不给他们机会因注意探索过程中那些有趣的现象而忽视他们本该观察的对象。使他们懂得不能将那些与自己的假设相矛盾的数据抛弃而只保留那些能够支持自己观点的数据，让他们能够更好地区分观点和证据等。教师的支持可以使学生的科学活动更为顺畅和有效，可以使学生更好地理解所学的内容、所进行的活动，进而更加深入地理解科学。

NGSS中的科学实践性教学要求教师在教的过程中体现社会交互性。教师对学生在社会交互性方面的支持将直接影响学生科学学习的效果和科学活动的有效性。在科学课堂上，教师要努力营造学习共同体，每个学生都要为学习共同体做出贡献，而学习共同体又会帮助每个学生更好地学习。每个小组都是一个学习共同体，其成员既有分工又有合作，经过一定的探索活动，每个学习共同体在问题的解决方案、具体的探索步骤、对数据的组织方式及建立在证据基础上的观点等方面达成共识。班级是一个大的学习共同体，在这个学习共同体中各小组相互交流观点和证据，修正各自的理论模型。教师要根据每个共同体的不同特点，使学生充分进行学生与学生之间以及学生与教师之间的交流。由于辩论是学生科学活动中的重要内容，因此教师要特别注意对学生的辩论进行指导，要使学生学会分清观点和证据，学会根据证据阐述观点，学会发现观点的缺陷及推理的漏洞等方面。

NGSS中的科学实践性教学要求教师在教的过程中协助概念模型的形成。

① LI K G，ZHONG W. Promoting the Hands-on Skills of Engineering Students by Blending Practice Teaching Method[M]//LIU S，GLOWATZ M，ZAPPATORE M，et al. e-Learning，e-Education，and Online Training. eLEOT 2018. Cham：Springer，2018.

学生对科学理解的不断深入是概念不断转化和完善的结果，教师要帮助他们对事物或现象的已有认识与更为复杂的理论相联系，要使其在已有前概念的基础上逐渐完成概念模型的构建。数学(包括统计)工具、物理和计算机模拟工具的使用在学生概念模型形成和完善的过程中起着重要作用。教师要指导学生理解并学会运用这些工具，使复杂、抽象的事物变得具体、直观、易于理解，使其对事物的概念性理解更加深入。

NGSS 中的科学实践性教学要求教师在教的过程中指导学生进行表达与反思。科学活动时时刻刻都需要表达，准确、清晰的表达是科学学习和科学活动顺利进行的重要前提。在学生提问、设计实验方案、确定探索的方法、收集和组织数据的方法、与他人交流所获得的信息及自己观点的过程中，教师都要对其进行指导。教师要使学生逐步学会如何表达自己的观点，如何发现别人表达过程中的问题，如何用恰当地语言和证据来据理力争和进行反驳。同时，教师要使学生在表达与交流的过程中学会反思，学会发现各种观点或证据方面的不足并能够找出原因，从而对各种观点进行修正和完善。

(二)科学实践教学关注教师发展的专业化

教师和学生之间的相互作用是科学教育能否取得成功的核心要素，教师则是此核心要素中的关键。改变科学教育现状，应从教师的职前培养和在职培训着手。NGSS 中科学实践性教学的达成需要发展职前教师对科学实践的理解能力、培养在职教师对科学实践的践行能力。

1. 发展职前教师对科学实践的理解能力

发展职前教师对科学实践的理解能力应以科学调查为途径，使用常见工具在课堂中进行简单的调查，在课堂外进行田野研究，在实验室内进行正规的实验，参与学生设计的调查。此外，教师也需要把知识和实践结合起来，为安全、全面且准确的调查做准备。例如，明确怎样准备、组织和维护调查材料，确定安全协议，如何组织学生团体并带领学生收集、呈现、分析、讨论、论证，得出科学结论。

发展职前教师对科学实践的理解能力应重视话语实践的使用。教师需要进行适当和有效的话语实践，话语实践是确保他们在课堂合理使用和选择设备的策略之一。对在职教师而言，获取、交流和呈现信息的科学实践是科学教学过程中的一个特别挑战，K-12 年级的科学教师都需要进行阅读和写作，但是大多数科学教师都无法做到。因此，为了让职前教师更好地达成科学实践性教学，就需要在培养科学教师的过程中调动其进行科学调查的兴趣、增强其话语实践的能力，以发展职前教师对科学实践的理解能力。

2. 发展在职教师对科学实践的践行能力

职前科学教师对科学实践性教学理解能力的增强在一定程度上有助于NGSS中科学实践的实施，然而，发展在职教师对科学实践的践行能力能够加快科学实践的落实。对在职教师科学实践践行能力的培养需对其进行NGSS专业培训，在理解科学实践的基础上，运用已有知识和经验进行教学。在职教师践行能力的发展还需要将NGSS与课程紧密相连，学校、学区可以选择采用同一套标准以满足教师的在职培训的需要。

学生在课堂上进行科学与工程实践，是让学生在课堂上像科学家一样通过实践探索自然世界，或者通过工程设计解决一些现实问题。在实践活动中学生不仅理解一些科学概念，而且通过不断地实践熟练相关的技能知识，学习利用已经有的经验来解决现实问题，学习搭建未知和已知之间的桥梁。实践的开始，学生可能在科学实践过程中对方法的掌握不够熟练，教师需要较多的时间引导学生参与到科学实践中，或者科学实践本身就需要花费大量时间。短期来看似乎没有直接通过讲授的方式使学生获得的科学概念多，但如果学生从小学开始就不断运用科学与工程实践的方法进行生物学学习，学生会越来越擅长科学与工程实践，获得的体验也会越来越丰富。

日常教学中，教师要鼓励学生记录所发现的问题，同时记录以下相关内容：写出产生问题的缘由，运用已有经验和知识回答问题，初步设计或构造一套切实的解决方案，预估问题解决过程中有哪些困难；解决工程类问题中需要哪些资源的支持，需要考虑哪些相关因素，如社会、技术和环境等因素。学生在阅读教材，观察某一现象，以及在探究活动中常常会产生一些问题。这些问题可能是学生一闪而过的灵感，常常被学生所遗忘。教师要运用一些策略帮助学生去记录并完善相应的问题，并对其中一些可以实证探究的问题大胆去寻求答案。教学中促进问题的提出就需要提供学生机会，尊重和鼓励学生提问。当然学生提出问题后，教师可以帮助学生完善他们的问题，给予学生问题解决的机会。鼓励学生独自或者以小组合作的形式通过实验、文献查阅等多种方式进行调查，并提供给学生更多资源上的支持。

教师要帮助学生在课堂中建构和使用模型的教学策略。生物科学包括很多肉眼难以看见的生物结构，或者是一些抽象复杂的生理过程，生物模型可以使这些内容可视化和便于理解。人教版高中生物教材包含大量的生物模型，教学过程中学生要能真正的建构和运用这些模型。开发和使用模型的实践活动最大的意义是期望学生在学习和使用核心概念的情境下，能够基于新的证据建构和修正模型，利用模型预测和解释现象，支持他们新的想法和预测。教师组织学生开展调查，学生通过不断的调查活动，利用科学工具收集证据，结合证据进行模型的建构和修正。

促进学生在课堂上设计和实施调查的教学策略。美国科学教育学家曾经调查学生对科学的认知，发现很大一部分学生认为科学是确定的理论，它由很多零碎的事实构成，科学调查也是按照既定的程序机械地完成相关步骤。因此，教材和教学的探究性设计显得尤为重要，如人教版教材就安排了若干“探究·实践”活动，既有实验操作指导或方案设计提示，也有思维力度较强的讨论题，引导学生在做中学、做中思、做中悟，强调仔细观察、认真记录、听取质询、辩论反思。学生在科学实践中并不仅仅是为了提高实验技能，更重要的是要完整的参与调查探究的活动。真正的调查首先需要进行严谨的设计，科学家在调查之前需要反复抉择，进而选择最合适的实验对象，考虑如何准确有效的观察，选择收集数据所用实验用具，决定怎样记录数据，并设计实验步骤。另外，科学的调查并不都是一次就能成功的，为了解决一个问题常常需要不断反思，不断改变实验。

提高学生分析和解释数据能力的教学策略。生物学许多科学定理的发现是建立在大量调查，并对调查数据分析的基础上的。例如生物学家们在进行生物体物质和能量流动、基因频率、种群数量、植物生理等相关问题研究时都需要分析解释数据，其中一些大量数据还需要借助数学和计算机的思维。但学生在概念学习过程中缺少对调查数据测量、自主处理的实践。这也促使很多学生认为生物学不属于自然科学，而属于“文科”性的学科。因此在高中生物课堂学生要实地体验收集、分析和解释数据的过程，并在这一过程中应用数学和计算思维。

实现学生在课堂上解释和论证活动的教学策略。通过澄清某一想法(提供定义)，确定一种因果机制(解释为什么有些事情发生了)，或者证明一种观点(解释为什么会相信这种观点)，教室里的学习共同体能够进行“解释”。“解释”这类科学实践不仅仅是要学生描述指定过程的定义(这种解释可能会引起其他人的批判和质疑)，还需要学生表述出解释背后的推理过程。也就是说学生要说明产生这种解释的原因及支持解释的证据，这个过程就是学生科学的论证过程。因此科学的解释和论证常常是相伴而行的。课堂教学中教师会提出问题—学生进行解释和论证—再由教师进行评价，教师常常无意中以一种倾向的语言给学生正误的结果，教师的权威使学生不能对教师的意见提出疑问和质疑。而且这种直接回复的过程阻断了学生进一步的思考。也就是说教师-学生这种解释论证活动会在一定程度上限制学生的互动。因此需要创造学习共同体，学生之间通过交流互动，共同形成对一个问题的解释和论证。

培养学生获取、评估和交流信息能力的教学策略。学生无论从事科学还是工程类相关专业都需要阅读和理解他人文献。科学家通过文献阅读促进信息交流，多学科合作。工程师需要沟通和交换信息用来介绍现有工具和材料的新技术和新用途。因此信息素养不仅影响学生的科学学习效果，也影响着学生以后的职业生涯。但事实上，对教材的过度依赖，导致高中学生对信息获取方式单一，这种闭目塞听的学习方式会削弱学生信息接受能力。很多高中学生并未熟练掌握准确获得信息的方法，对科学文献的阅读也存在一定的困难。学生在生物课堂进行相关实践，以提高学生相应的知识和技能。①

(三)科学实践教学注重学业评价的多元化

学业评价是用来衡量课程和教学结果的方式。评价可以包括正式的方法，如大范围的标准化考试或小范围的课堂测验(如随机测试、班级测验和教师提问等)。NGSS中科学实践性教学强调对学生的评价不寻求终极化标准，而是在教学过程中多方面、多层次地对学生科学实践能力进行评价。此种多元化的评价方法一方面体现于学业评价目的的多元化，另一方面体现于学业评价手段的多元化。

如今美国教育评价主要有三个目的：①课堂学习中使用形成性评价，旨在课程教学中为教师和学生提供及时反馈；②学校、学区层面使用总结性评价以确定学生的学习水平，使用的评价方式包括一单元或一学年结束后进行测试，用以确定学生达到的学业水平；③不同课堂、学校、学区和国家之间的比较使用评估性评价，使用的评价方式主要包括标准性测试，用以确定不同的教学方案的不同结果。多样化的评价目的决定了科学实践性教学中应采用多元化的评价方法，但是，不同的评价方法都需要以NGSS中科学实践的目标和标准为基础。

无论是课堂中的科学学业评价还是更大规模的科学学业评价，大部分仍然以试卷的形式进行考核，试卷中又以选择性题目居多。这样的评价手段可以测试学生对概念性知识的掌握程度，也可以文字的形式展现科学实践相关情境，但是并不适合科学实践中规划和开展调查、获取和交流信息等实践能力的评价。以计算机为基础的评价手段为科学实践能力的评价提供契机。例如，

---

① 冯梦伶. 以科学与工程实践为核心的高中生物课堂教学策略研究[D]. 长沙：湖南师范大学，2016.

2006年和2009年，PISA项目以计算机为基础的科学能力测试，旨在测试科学知识和探究过程；2009年NAEP的科学测试设计计算机交互任务以评价科学探究实践的能力；2012年NAEP中的技术素养评价使用计算机模拟评价学生使用信息和通信技术工具以及从事工程设计的能力。只有多元化的评价手段，才能对学生的科学实践能力进行较为全面的测评，多元化的评价手段为NGSS中科学实践性教学的达成奠定基础。

基于科学实践的科学教学评价的根本目的在于培养学生热爱科学、乐于投身科学研究的精神，对待科学研究的严谨态度，积极主动参与科学实践，在科学实践过程中培养学生提问和界定问题、建立与运用模型、设计与实验、分析与解释数据、运用数学与计算思维、解释和提出解决方案、根据证据讨论和评价和交流信息的能力。因此，教学评价应该做到定位合理清晰。首先，教学评价的内容应该是全面的，主要包括：教师教学设计评价、教师教学评价、学生学习态度评价、学习能力和方法评价、学习结果的评价。教师教学设计评价主要是教师实践主题确定的合理性、教学过程设计的合理性和教学评价设计的合理性；教师教学评价包括教学活动是否能激发学生学习兴趣、教学方法使用是否恰当灵活、实践教学指导是否恰当、教学环节衔接是否自然等；学生学习态度评价包括参与科学实践的态度、与小组成员分工协作的态度、对待科学实践的态度；学习能力和方法评价包括科学实践过程中积极思考的能力，与他人合作、交流的能力，确定问题、解决问题的能力，记录、分析数据的能力等；学习结果的评价即为实践任务是否完成，是否得到科学知识、科学实践技能、科学情感态度与价值观等方面的提升。其次，教学评价主体应是多元的，方式应该是多样的。评价的主体不仅仅是教师，学生也应该作为评价人，每个小组之间互相评价，共同成长。在评价方式上，教师应该以定性评价为主，通过实践过程中对学生进行观察、实践结束后学生汇报展示等多种方式进行评价。最后，教学评价必须及时有效，学生根据教师和同学之间的评价对实践行为做出调整，或者在下一次实践将师生的评价列入考虑因素，所以教学评价必须及时有效。

三、开展科学实践一般经历三个基本阶段

在实施科学实践活动课程中要让学生超越传统课堂模式，超越学科知识体系，联系学生的生活实际，利用学校现有的资源和社区教育资源，在社会大环境这个课堂中，结合社会热点问题展开主题探索，实施科学实践活动。科学实践活动一般包括以下三个基本阶段。

(一)开展科学实践需要充分细致的准备

1. 课题的确定

教师根据学生的兴趣和发展需要，结合自己的专长和学生正在学习的学科内容和当地的实际，围绕“人-自然-科学和技术-社会”提出一个活动课题，要做到有的放矢，让学生在科学实践活动中，获得直接经验，以及由此养成的态度、能力和获得的知识。例如从六年级“光合作用中的水”引导学生开展水污染和净化的调查。教师鼓励学生多观察、多思考，多提问，并要求他们随时记下问题，最后由师生共同将问题归类，筛选并确定出课题。

2. 课题的可行性评价

我们从人力、物力、财力、时间、科学性、创新性和实用性等方面去考虑一个课题的可行性。

人力是指合作伙伴、指导老师、研究兴趣、基础知识等；物力是指实验设备、研究地点、现有资料、实验药品等；财力是指资料复印、实验经费、交通费用、调研经费等；时间包括预研究时间、实验或收集资料时间、撰写报告时间、汇报时间等；科学性是指选题与成果的科学技术意义、技术方案的合理性和研究方法的正确性、科学理论的可靠性；创新性是指新颖程度、先进程度、技术水平与难易程度；实用性是指该课题可预见的社会效益、经济效益和效果。可以根据以上指标来判断该课题是否能做。

(二)开展科学实践需要制订实施方法

1. 活动目标的设立

态度目标：可分为关心、参与和进取三个层次目标。

能力目标：提高学生的科学素质、心理素质，培养学生的人际交往能力、收集处理资料信息的能力、动手能力以及提出问题、解决问题的能力，促进学生理论与实践相结合。

知识目标：在活动过程中，学生既能够获得许多新的知识，同时也可以将过去所学的知识结合实际加以应用。

2. 活动计划的制订

课题计划书。

3. 指导学生共同参与活动过程

成立小组，让学生明确合作学习的目的、任务。小组的成立，可先由老师安排，开始先把不同水平的学生分在一组(有助于感受不同的思维方式和解决问题的策略，学习他人的长处，这样学生的收获也就更多)。到以后再按兴趣、自愿原则成立小组。选责任心较强、能够协调小组成员之间关系的学生作组长，推动小组合作学习的顺利进行。

明确分工，充分协作。教师要引导学生通过相互协商进行分工。分工要保证每个学生都有任务，特别是要照顾那些平时在班上处于劣势的学生，让他们肩负一定的任务，在活动中培养能力，增强自信。如在“宝山区小医疗机构医疗垃圾处理的调查和研究”中安排两个人负责查资料、两个人负责调查、一个人记录、一个人照相和绘画。分工后，每个人必须对自己的工作负责到底，同时还必须进行协作。

4. 按计划开展活动、收集资料、整理资料

在确定活动资料和活动过程记录小组的时候，就要动员和说服那些责任心强、记录能力强、细心仔细的同学加入，并进行任务的分配和梳理。在活动过程中，可能会收集到很多的资料，全部都交给某个同学不现实也会增加他的负担，因此作为活动资料的一个补充和辅助，让每一个同学都建立档案资料袋是必要的。对档案资料袋的指导不宜太细，学生愿意装什么就可以装什么，觉得有价值的都可以装进去。只是老师有必要对档案目录的建立进行指导，这可以帮助学生梳理档案，也可以帮助学生养成有序对待资料的习惯，提高资料的使用率，不至于档案资料袋内凌乱不堪，毫无用处。

5. 指导学生及时发现并解决活动过程中的问题

科学实践活动由于时间和空间的开放性和广延性，活动中会出现许多新问题，而这些新问题可能就是活动最能给学生留下深刻印象的契机，因此活动的指导者一定要注意抓住这些问题，重视这些新生成的问题，并把对这些问题的解决当成对学生进行培养和锻炼的机会。

尊重学生兴趣转移，科学实践活动具有生成性，往往在进行某个主题研究的过程中会产生很多的新问题，有的甚至会偏离原有问题的研究方向，这时教师要尊重学生的选择。教师要敏感地发现学生活动过程中生成的新问题，引导学生深度探究。对活动中出现的问题进行生成性分析，在活动过程中，经常会有许多意外发生，会产生许多新的问题。面对这些问题，就需要指导教师和学生一起对问题进行生成性分析；是属于活动本身新出现的问题，还是属于预设不够而出现的问题；新出现的问题与预设目标之间的关系是否紧密；这个问题的解决与活动结果之间的关系如何，这个问题对于学生成长和体验获得的价值如何。

6. 发现问题，随机解决

学生由于性格各异，在合作中难免会出现一些不好的情况，教师就应采取相应的措施来解决。有的孩子在活动中缺乏自信，不够积极主动，只听别人说，看别人做，对这样的学生指导教师要多给鼓励。有的同学好大喜功，认为自己做得多，聪明能干，便嘲笑合作伙伴做得没有他好，对待这种学生，指导教师可以对其活动成果进行一定程度的认可，切记不能过分，同时对其他学生的表现进行表扬，高度赞赏他们的劳动价值。有的小组长凡事一人说了算，不听取组员的意见，认为自己身为组长，高高在上，并以组长的身份压制命令小组成员做这做那，小组合作缺乏民主协商的气氛，对这样的组长指导教师可以通过亲自组织和参与小组活动，鼓励组员畅所欲言，出谋划策，并充分肯定和采纳他们的意见①。

(三)开展科学实践需要及时进行总结

1. 课题研究总结

进行课题总结时：回顾研究过程；阐述研究成果；反思研究的成败得失经验教训；审视自己的思想观点、精神态度，评价自己的知识、能力的提高；感谢帮助过你的朋友等。

2. 成果汇总

研究成果的表达和交流形式可以多样化：如书面形式的实验报告、观察报告、调查报告或展板、墙报、小刊物、研究笔记、设计方案、宣传语、公益广告、网页展示等；如口头形式的汇报交流会、研讨会、辩论会等；如实物形式的模型、标本、动植物活体产品等。

3. 活动的评价

评价内容	自评	互评	师评	总评
参与活动的态度				
与同学团结协作				
独立地完成任务				
代表小组进行交流				

① 陈剑波．在生物学教学中开展科学实践活动的探索[A]．上海市青少年科普促进会，2009：5.

续表

评价内容	自评	互评	师评	总评
创新点或成果				
完成工作的质量				
完成工作的时效				

4. 活动的延伸

科学实践活动激活学生的思维，调动学生的积极性，至此，教师可进一步引导学生对活动进行延伸，比如将活动成果化、申请专利、参加展览或比赛、发表专题文章、转化为效益等。

【学以致用】

请你根据本节所学内容，通过科学实践调查尝试完成下表：

<table>
<tr><td>课题题目</td><td colspan="3">本地区小医疗机构产生的医疗垃圾处理的调查和研究</td><td>指导教师</td><td></td></tr>
<tr><td>课题组组长</td><td></td><td>课题组成员</td><td></td><td>所在学校</td><td></td></tr>
<tr><td colspan="6">课题的选题来源于生活中的经历：
我们在看病过程中看到医生和病人把吃剩的面包、食品袋、饮料瓶等随便扔到医疗垃圾桶中，还看见用过的一次性注射器、输液器随意乱扔到生活垃圾中。</td></tr>
<tr><td colspan="6">课题设计的目的与基本思路：
实地考察，小医疗机构医疗废物的处理现状；调查小医疗机构的日产垃圾量、日病员数、人均日产垃圾量。查阅了国内外医疗废物处理方法的资料，在此基础上提出自己的观点和管理监督流程图。</td></tr>
<tr><td colspan="6">活动计划：
1. 任务分工：____________________
2. 活动步骤：____________________
____
____
____
3. 所需条件：____________________</td></tr>
<tr><td colspan="6">预期成果：____________________
表达形式：____________________</td></tr>
</table>

【拓展延伸】

请以洋葱为实验材料，根据本章所学内容尝试从探究性实验、虚拟实验、科学实践的视角分别设计不同的实验深入探究主题(主要写出相关的自变量和因变量)：

实验类型设计视角	探究性实验视角	虚拟实验视角	科学实践视角
检测生物组织中的糖类、脂肪和蛋白质			
用高倍显微镜观察叶绿体和线粒体			
植物细胞的吸水和失水			
绿叶中色素的提取和分离			
探究环境因素对光合作用强度的影响			
观察根尖分生组织细胞的有丝分裂			
DNA的粗提取与鉴定实验			

第三章　生物学实验教学实施

【学习目标】

通过本章的学习，学习者应能够：

1. 阐述生物学预实验的重要意义、基本原则和操作程序。
2. 概述生物学实验教学实施需要的其他各种准备。
3. 正确对待生物学实验过程中的典型问题，并有效解决。
4. 尝试提出解决生物学实验教学的相关建议。
5. 基于案例关注生物学实验教学过程中的优化原则策略。

【内容概要】

生物学实验教学实施首先需要积极地准备，包括预实验和其他准备，要充分理解预实验的重要意义、基本原则、操作程序和注意事项，同时小组建设、安全教育和材料准备也必不可少。生物学实验教学过程中要充分关注问题与优化解决方案，包括在不同的生物学实验过程中出现的典型问题，并及时提出改进措施，还包括在实验教学过程中出现的教学类问题，需要在多方的协助下加以解决。生物学实验教学的深度优化可以从实验材料、实验试剂和实验方法等视角开展，通过典型案例多角度尝试实验优化方案，并进行有效的多维实验评价。

【学法指引】

在本章的学习过程中，建议读者首先明确本章的学习目标和主要学习内容，总体上把握本章的总体要求和内容概要。在学习每节内容时，以节前的“问题聚焦”为主线，在分析教学实践中具体案例的基础上进一步明晰学习重点，从本质上理解生物学实验教学设计在验证性实验、探究性实验和虚拟实验中的应用，以及科学实践在生物学实验教学设计中的重要作用。在本章内容后有“学以致用”栏目，读者可以借此对本章学习效果进行自我评估。

第一节　准备是生物学实验教学成功的保障

【问题聚焦】

1. 预实验对生物学实验教学的意义有哪些？
2. 怎样做好生物学预实验？

3. 生物学实验教学还需要提前准备什么？

【案例研讨】

探索生长素类似物促进插条生根的最适浓度实验。

目的要求：

1. 进一步学会探究性实验的一般方法和步骤，培养科学探究能力，提高创新思维能力。

2. 学会用探究的实验方法来研究生长素类似物促进插条生根的最适浓度。

3. 理解适宜浓度的生长素可以促进生根，体会科学理论在应用到生产实践的过程中，往往也有许多要探索的问题。

4. 通过小组之间分工合作，培养协作精神。

> **核心概念**
>
> **预实验**是正式实验开始之前的一次预演，是对正式实验可行性的一次检阅，它具有小规模和探索性的特点，对正式实验条件的建立和优化、仪器设备的合理配置、实验影响因素的排查、教学内容的完善都起着重要的作用。

方案设计：

1. 提出问题：促进月季插条生根的生长素类似物最适浓度是多少？

2. 做出假设：浓度适宜的生长素类似物可以使插条基部的薄壁组织细胞恢复分裂能力，产生愈伤组织，长出不定根。

3. 设计实验：选择生长素类似物、配制生长素类似物母液、设置生长素类似物的浓度梯度、制作插条、分组处理插条、进行实验、观察记录、分析实验结果、得出结论。

4. 配制生长素类似物母液：5 mg/mL(用蒸馏水配制，加少许无水乙醇以促进溶解)；插条处理方法：浸泡法或沾蘸法。

教学准备：

1. 行预实验。

2. 准备实验材料(量筒、容量瓶、烧杯、滴管、玻璃棒、木箱、5 mg/mL, 4-二氯苯氧乙酸母液、若干相同的月季枝条等)。

3. 拍摄园林花卉技术员利用月季枝条培养月季的操作过程。

4. 制作多媒体课件。

实验过程：

1. 预实验。

(1)插条的选取、处理。

选取一年生的、发育状况相同、粗细相同的且把芽和树叶去掉的月季枝条28根，长10～15 cm，用刀将枝条的下端削成光滑的斜面(最好在节下)。把它分成7组，每组4根。

请学生思考：为何要选取一年生的枝条？枝条下端为何要削成斜面？

(2)配制溶液。

①先配制200 ppm(1 ppm＝1 mg/L)萘乙酸(NAA)母液(0.1 g NAA＋500 mL H_2O)。

②稀释得到2 ppm至12 ppm的NAA溶液各100 mL。

将配制好的2 ppm、4 ppm、6 ppm、8 ppm、10 ppm、12 ppm的NAA溶液各100 mL，和清水100 mL分别装入6个烧杯中，并编号A、B、C、D、E、F。

2 ppm：1 mL母液＋99 mL H_2O；4 ppm：2 mL母液＋98 mL H_2O；6 ppm：3 mL母液＋97 mL H_2O。其余依次稀释得到。

G：200 mL清水。

请学生思考：G组的设计意图是什么？

(3)浸泡NAA。

将各组枝条分别浸入相应的烧杯中，深约1.5 cm，计时，浸泡24 h。将浸泡后的枝条取出，晾干4 h。

[提示：班级中可分别用不同的方法处理枝条，以便实验后讨论交流(生长素类似物浓度、时间等可分多组，如可分别在NAA中浸泡1 h、2 h、4 h、8 h、12 h、24 h等)。]

(4)水培观察。

将晾干后的枝条，分别插入相应的烧杯中进行水培，观察各组的生根情况，并做好记录。

注意：将处理过的枝条下端浸在清水中，注意保持温度(25 ℃～30 ℃)。

(5)结果分析。

每天记录用不同浓度生长素类似物处理后枝条生根情况，如生根条数，最长与最短根的长度，在绿色树皮的皮孔处长有白色幼根的情况等。

2. 正式实验。

根据预实验的结果，发现月季枝条在浓度为4 ppm和6 ppm NAA下生根较好，在此浓度区间进一步以0.2作为浓度梯度进行实验，探究扦插枝条生根的最适浓度。

(1)枝条的选取、处理。

选取一年生的、发育状况相同、粗细相同的且把芽和树叶去掉的月季花枝条44根，分成11组[约10 cm，用刀将枝条的下端削成光滑的斜面(最好在节下)]。

(2)配制溶液。

分别配制4.0、4.2、4.4、4.6、4.8、5.0、5.2、5.4、5.6、5.8、6.0 ppm的NAA溶液150 mL，装入11个烧杯中，分别编号1、2、3、4、5、6、7、8、9、10、11。

4.2 ppm：2.1 mL母液＋97.9 mL H_2O；4.4 ppm：2.2 mL母液＋97.8 mL H_2O；4.6 ppm：2.3 mL母液＋97.7 mL H_2O。其余依次稀释得到。

(3)浸泡NAA。

将各组枝条分别浸入相应的烧杯中，深约1.5 cm，计时，浸泡24 h。将浸泡后的枝条取出，晾干4 h。

(4)水培观察。

将晾干后的枝条，分别插入相应的烧杯进行水培，观察各组的生根情况，并做好记录。

3. 实验结果和结论。

4. 表达与交流。

分析本实验设计，可以进一步提出以下问题：实验结果与你预期的结果一致吗？你做出的假设是否得到了确认？在本实验中，生长素类似物的功能与其促进根生长的功能是一回事吗？在本实验中，若在适宜浓度范围内不能生出不定根，请分析可能的原因。你觉得本次探究活动必须要进行预实验吗？预实验的作用有哪些？你们小组认为在施用生长素类似物促进插条生根时，要考虑的因素有哪些？就此次探究活动，你们小组还能做进一步的探究吗？你有没有一些改进此次探究活动的措施？在上述案例中，预实验和正式实验是什么关系？预实验有什么作用？

预实验是检验实验设计的科学性和可行性的必要过程，对于教师素质提高具有重要意义。在预实验中花费的时间和药剂可以为实验成功提供更大的保证。

一、生物学实验教学首先要充分开展预实验

在进行科学研究时，有时需要在正式实验之前先做一些准备性实验，简称预实验。从更广泛的角度看，某次实验之前的所有实验都可以看作预实验。预实验对于科学研究来说具有重要意义，对于中学生物学实验教学来说，做好预实验也是实验教学顺利开展的重要保证。

(一)生物学预实验具有重要的意义

预实验可以为正式实验筛选最佳的实验材料，提供最科学的实验方案，确

定最准确的测定方法等，更好地发挥教师的实验教学指导作用，优化实验教学思维，培养学生的实验探究能力和实验设计能力。

1. 预实验可以检验实验设计的科学性和可行性

预实验是在正式实验之前，用标准物质或只用少量样品进行实验，以便摸索出最佳的实验条件，为正式实验打下基础。预实验可以为正式实验选择最佳实验材料，预实验能准确地控制无关变量。预实验可以进一步地摸索实验条件，也可以检验实验设计的科学性和可行性，以免由于设计不周，盲目开展实验而造成人力、物力、财力的浪费，从而更好地服务实验教学。因此预实验也必须像正式实验一样认真进行才有意义。

2. 预实验可以预见正式实验中可能出现的问题

通过预实验，教师和学生可以一起及时发现实验中存在的问题，并多次重复实验，进而找到解决问题的方法思路，最大限度地避免在正式实验时出现类似的问题。例如，在预实验中，教师需要对实验仪器、实验器材事先进行调整校验，使之准确无误，减少实验误差，控制好无关变量，也可以检测相关试剂是否有效、实验材料是否适宜、环境条件是否容易控制等。如果没有预实验，就无法预料实验中可能出现的各种问题，一旦出现不良情况，不仅影响实验教学的正常进行，还可能使教师面临难题而窘迫，影响学生的学习效果，降低实验教学的质量。

3. 预实验可以探索最佳的实验方案、器材、条件

预实验的重要作用就是能在进行正式实验前确定课题的可行性。不同的实验有基本的实验方案和要求，教材中提供的实验方案不一定适合所有地区的实验要求，因此需要通过预实验探索最佳的实验方案、实验用具和操作方法、实验试剂用量等条件。例如，在“绿叶中色素的提取和分离”实验中，就可以用本地区常见的植物材料替代教材中建议的植物材料，可以改进实验的提取方法，如是否加入碳酸钙和二氧化硅、画滤液细线的方法、分离液的配比、分离方法等，以达到最佳效果即可。在探究“酵母菌的细胞呼吸”实验中，可以采用医院输液瓶以及不同生物材料的细胞呼吸实验等替代教材实验装置。在“渗透作用”演示实验中，通过对半透膜的种类、蔗糖浓度、蔗糖用量、玻璃管内径等方面的实验探索，筛选出最佳的实验条件。

4. 预实验可以更好地发挥教师的指导作用

在正式实验之前，教师需要将实验的基本操作流程演示一遍，对要开设的实验有一个全面的了解，对实验原理、材料、试剂、操作流程、结果计算等都

有一个总体把握，同时教师也需要在实验方案、器材、流程等方面开展头脑风暴式的优化改进，甚至拓展创新。这样可以提高教师对实验的系统性掌握程度和对实验结果的理性认识程度。在预实验中，可以发现不适当的操作及实验条件、实验材料等对实验结果的影响，可以发现学生容易出现失误的实验环节，以便在课堂上提醒学生在操作时关注，还可以生成一些意外的实验教学资源，培养学生发现问题、解决问题的意识。

5. 预实验可以培养学生的实验探究能力

在预实验中，还可以让部分学生参与准备和操作，通过筛选实验材料、调整实验流程、探索最佳实验条件等过程，体验实验探索的过程，激发学生参与实验探究的兴趣和对生物学实验的热情。在正式实验开始时，可以让参与预实验的学生介绍实验的准备过程和需要注意的事项，在实验过程中让学生指导学生进行有效的实验教学，也可激发其他学生参与下一次其他预实验的兴趣，进而提高所有学生参与课外生物学实验、家庭生物学实验的积极性。

预实验一般由部分学生或兴趣小组的学生完成，以节约教学时间。通过预实验，总结反思实验过程是否需要优化或完善，并请参与预实验的同学进行针对性地介绍分析，在师生、生生交流探讨中提升实验素养。

(二)生物学预实验需要遵循的基本原则

预实验，是在正式开展实验之前，按照研究设计的方案做一个小样本的实验，但是主要的目的不在于得出什么结论，而是为了摸索条件，看实验是否可行。

预实验的第一原则——重要性原则。重要性原则是指应该选择关键性实验，关键性实验能对你提出的假说产生最重要的支撑作用。设想一下，你获得这个关键数据就意味着你将来实验成功率达到80%，你会多么激动，因此第一原则也可以说是激动原则。例如我们在进行还原糖和蛋白质的实验中，加入的氢氧化钠和硫酸铜的顺序和质量分数是否必须按照教材中的要求进行呢？把这个方面的实验作为预实验，当学生通过不断改变顺序和质量分数有了不同的发现时，心情是非常激动的。

预实验的第二原则——经济原则。如果一个实验很难实现，作为预实验就不太理想，无论困难是在技术层面，还是在经费层面，难实现的实验都不适合作为预实验。例如，在“DNA的粗提取与鉴定”实验中，可以采用不同的动植物实验材料进行粗提取DNA，一般是尽可能地选择最常见的、最经济的植物材料，如花菜、洋葱等，另外药品、试剂的配制尽可能地节约。

预实验的第三原则——灵活性原则。选择什么实验为预实验，最好是结合学校实验室的条件和积累，例如，在探究“生长素类似物的最适浓度”实验中，选用不同的植物材料、试剂浓度梯度导致的实验效果有所差别，如果实验室已经建立了其中一种条件，就拿来直接使用，虽然不一定符合前面两个原则，但这样更容易实现，而且有更容易获得熟悉实验方法的老师帮助、取得的结果可靠、分析的数据客观和更多相关既往实验结果作为参考等优点。在充分考虑的前提下再着手实验是开展科学研究的重要原则，即先动脑再动手原则。不同的研究类型和目的对设计预实验要求是不同的，在开展预实验前，先认真分析课题再进行仔细设计。

(三)生物学预实验具备基本的操作程序

生物学预实验的基本操作程序包括初步实验、探索性实验、对原实验的设计进行修改或完善，具体的预实验过程有预实验的记录与分析、实验方案修正、在预实验基础上的改进、形成基于预实验的学生实验预设。

初步实验，又称为原始性实验，是进一步实验的基础和参照。如果在初步实验中发现效果较理想则保持原有的方案，否则，进行探索性实验。探索性实验，是通过变化初步实验方案，如更换实验材料、改变实验条件、完善操作方法等，以求得到更好的实验效果。对原实验的设计进行修改或完善，经过探索性实验后，对照原实验设计，将不够科学的地方进行修改和完善以得到更好的实验方案。

1. 预实验的策划

①预实验前的时间策划：学期开始时，教师要对教材里的常规实验做计划。不是所有实验都需要预实验，教师提前将所有需要做预实验的实验罗列出来，按教学进度安排实验时间，然后估计实验的耗时长短，计划预实验的时间，尽可能让班级实验与教学内容同步。

②预实验后的问题策划：部分实验难度较大或耗时过长，如“土壤微生物的分解作用”“设计并制作生态缸，观察其稳定性”等，学校实验室条件无法满足全班操作的要求，只能做预实验或者家庭实验。虽然不能大规模地实施全班实验，但可以对预实验进行讨论，教师策划讨论的内容，引导学生解决预实验过程中出现的问题，并改造实验内容，提出可行性方案，供下一届学生参考。

2. 预实验的要求

首先，在全班范围内选拔“侦查小组”，选拔喜欢动手、喜欢自主探究、愿意花时间的学生。其次，教师准备材料和试剂器皿，指导“侦查小组”写出预实验的报告单，包括实验目的、实验原理、自备实验材料、拍摄实验过程和结果。最后，“侦查小组”将实验过程和结果做成PPT，由组长汇报，内容包括组员及分工情况、实验结果、对全班的实验提出忠告和建议。

3. 预实验的建议

如“探究促进扦插枝条生根的最适生长素溶液浓度”的预实验。

①选材：新生柳枝11根。

②溶液配制：配制生长素类似物溶液11份，浓度为$0\sim10^{-19}$ mol/L，梯度差为100倍。

③养生根：将柳枝插入装有生长素类似物溶液的烧杯中，浸泡直至生出根来。

④量不定根的长度并做记录，分析数据。

⑤结论：新生柳枝生根的最适生长素类似物溶液浓度为10^{-11} mol/L。

⑥建议：选材要得当，柳枝要新生且带芽，这样容易生根。结果需探究，不能确定生根的最适浓度就是10^{-11} mol/L，还需进一步探究。措施：配置的生长素类似物溶液浓度在10^{-11} mol/L左右，其他浓度均舍弃。这样生根装置就由11组减为5组，体现出省时、省力、省材的优势。

预实验的效果：学生采纳了预实验的建议，但对培养的方法做了一些改变，没有像“侦查小组”将材料一直浸泡在生长素类似物溶液里，而是先在生长素类似物溶液里浸泡20 h，然后换成清水浸泡，再测量根的长度，计数根的数量，拍照。

4. 预实验的尝试

如“探究酵母菌细胞呼吸方式”的预实验。“侦查小组”的实验装置是用饮料瓶自制的，充气管和出气管都是吸管，吹气球是手动的，很简易。学生将干酵母菌称量之后，直接倒入葡萄糖溶液中，密闭放在教室里的窗台上接受阳光的照射。不到0.5 h，葡萄糖和酵母菌混合液沿着吸管外溢，污染了氢氧化钠和石灰水，还四处喷溅。师生共同分析其原因是干酵母菌未经活化。

“侦查小组”重新制作装置，进行第二次实验。2个装置经过酸性重铬酸钾的检测，都出现灰绿色，说明有氧呼吸和无氧呼吸都产生了酒精。原因是手动吹气球充气不充分，导致有氧呼吸装置出现无氧呼吸。虽然“侦查小组”两次尝试都失败了，但找到了原因，提醒了全班同学：①干酵母一定要经过活化后使用；②有氧呼吸装置的吹气一定要充分，换大一点的气球，或最好用气泵；③还要注意葡萄糖溶液一定要煮沸冷却后再使用。

预实验的效果：全班学生吸取“侦查小组”的经验，注意酵母菌的活化，大力吹气，将葡萄糖溶液煮沸并冷却，最终都成功地完成了实验。

5. 预实验的创新

“细胞大小与物质运输的关系模拟”的实验简单，无须预实验，但因为实验室没有酚酞溶液，只有品红，实验条件不成熟。“侦察小组”主动要求尝试，试图在品红变色问题上找到突破口。能让品红褪色的是二氧化硫，生物学实验室提供不了二氧化硫，只能提供盐酸和氢氧化钠。“侦察小组”尝试用盐酸和氢氧化钠与品红分别反应，结果盐酸使品红褪色了。这样很快就记录了测量的数据。

预实验的效果：教师将创新的模拟实验推荐给了其他班级，大家对“侦查小组”的汇报给予了掌声。第二天进行全年级学生实验，顺利完成，获得有效数据。

6. 预实验的改造

如“探究培养液中酵母菌种群数量的变化”的预实验。此实验的难度较大，主要原因是学生不会使用血球计数板。“侦查小组”先对酵母菌进行活化，称量 5 g 干酵母放入 500 mL 的饮料瓶中，加入质量分数为 10% 的葡萄糖溶液 300 mL。放在实验室的窗台上，每天下午活动课时间到实验室观察计数，记录 5 次。在实验的汇报时，组长认为要对该实验进行改造，因为每天去实验室用显微镜观察计数很耗时，记录的五组数据比较单薄，不具有说服力。

预实验的效果：全班讨论出两种改造方案。第一种方案：所有组取 5 g 干酵母，第一天第一组培养计数，第二天第二组培养计数，依次类推，培养次数不同，但计数的次数一样。第二种方案：各个组取不同质量的干酵母，如 5 g，8 g，11 g，…梯度差为 3 g，培养天数一样，均为 3 d，计数的时间相同。以上两种方案有共同之处，就是到实验室计数一次，节省了时间，缺点是只使用一次血球计数板，对血球计数板使用不熟练。最终学生采纳了第一种方案①。

（四）生物学预实验需要关注一些注意事项

为节约教学时间，预实验并不一定需要全体同学都参与，可以将一个班级分为若干个小组或成立兴趣小组，组织小组成员参与预实验。当然将一个班级所有同学分为不同小组，每一小组参与一个预实验比较好，这样大家都有机会参与。设计好的预实验通过实验小组操作后，由实验小组详细记录或录像后在

① 李春霞. 关于高中生物预实验的探索[J]. 中学生物学，2016，32(2)：38-39.

正式实验之前进行播放或由实验小组派代表进行介绍。也不是所有的实验都需要进行预实验，一些多次实验后结果比较稳定、实验探究角度较少、验证性成分较多的生物学实验可以不开展预实验。①

1. 做好记录，建立实验档案

在预实验记录中，要对实验中存在的问题及解决办法、学生容易出现的操作失误等情况进行总结，在这样的基础上，可由教研室主任收集大家的意见，形成完整的预实验档案，随着教学的不断发展，预实验档案也将不断充实和完善。显然，这种档案对于不断提高教师素质、提高实验课教学质量有着不可忽视的作用。

2. 加强交流与合作

教师之间应该互相交流预实验情况，彼此吸取经验教训；兄弟学校之间也要经常交流和合作，这必将有助于各校生物学教师开阔视野，更新观念，极大地促进实验课预实验的建设与发展，从而为提高实验教学质量注入源源不断的活力。

3. 现代化教育技术手段与预实验相结合

尽量把实验记录档案整理成电子档案，这样既便于充实、修改，又可直接用于教学过程，还可以考虑将多媒体、网络化手段与预实验相结合，使预实验中的重要内容及时与学生“见面”。这样既可以加强学生对实验内容的预习，又能够大大促进学生对实验的兴趣。

二、生物学实验教学还需要积极进行其他准备

“凡事预则立，不预则废”。中学生物学实验教学也同样要充分准备，实验之前的准备是成功的基本保证，在完成预实验的基础上，实验教学前的准备还包括实验小组的建立、实验安全教育、实验前的材料准备、实验指导素材的准备等。

(一)生物学实验教学需要建立高效的实验小组

实验小组的建立要有利于成员之间帮助、监督、竞争、合作，教师要综合学生的学习基础、能力、特长、性别等因素，把学生编成小组。分组时体现“互补互助、协调和谐、异质搭配”的原则。关注差异组合，小组内学生学习情况应不同，有善于知识记忆的，也有擅长动手操作的。这样有利于组内成员在

① 郑晓蕙. 生物学实验教学与研究[M]. 上海：华东师范大学出版社，2008：43-48.

各自努力完成自己的学习任务的前提下，相互学习、共享资源，提高实验质量。自由组合，就是由学生自由组合实验小组，这样小组里的成员大多兴趣、爱好相投，感情相融，有利于培养学生的个性。具体做法：一个实验小组由4～6人组成，最好是4人一组，男女比例大体为1∶1。

1. 实验小组的建立有一些常用方法

根据所设实验首先建立起实验小组，并选取同等数量对生物学课外有兴趣的学生，同时组建成课外兴趣小组，选举出每个实验小组的常任召集人。然后，考虑实验中可能用到的其他技术能力，如信息技术能力，把具有这些能力的学生比较平均地分到各个实验小组中。最后，将剩余学生按男女分成两组，按所分小组数连续报数后，依照次序分配到每个实验小组，直到选完所有学生为止。分组完成后，各组可对组内成员做适当分工，可暂设小组长一名，以后由组员轮流担任，一周一轮换。小组长主持小组活动，按教师布置的实验要求，组织大家实验、交流、争辩、汇报小组学习情况，作为本组“代言人”向全班展示小组的实验成果等。小组长作为“代言人”能获得伙伴们的信任，心中自然充满自豪感和使命感，必然会努力做得更好。小组分完后，课堂上学生座次要以小组为单位，小组成员集中就座。实验小组创造了共同学习的条件，是一种小组伙伴式的学习方式，有利于实验教学活动的开展。接下来小组成员共同协商，为自己的小组命名、设计标志和口号等，强化学生的团队意识，增强成员的归属感。上实验课时，属于一个组的学生，集中邻桌而坐。实验用品、材料、设备都由小组派专人负责清理和清点，便于实验也便于管理。

实验合作小组建立以后，首先要给学生提供合作实验的主题，确定探究目标，其次是指导学生如何合作，最后是对合作效果做出评价，进行组间交流反馈。不断强化学生的合作意识，加强小组建设。确定探究目标，通过观察思考，学生以自己的生活经验、已有知识对新知识进行探索尝试性的学习，为建构新的“认知方式”做准备。合作学习鼓励学生不断地发现问题、提出问题、质疑问难。质疑是自主学习的起步阶段，学生在教师的主导作用下，提炼探究主题，列出实验方案，制订出实验的主要目标。

2. 实验小组的运作程序应该灵活多样

组内合作实验是学生根据教师的要求或者实验探究方案，围绕探究主题进行实验操作、交流讨论。小组成员各司其职、各尽其能，共同完成实验任务。这一阶段，教师应放手让学生自己动手操作，教师可以观察各小组的实验过程，并随机进行点拨指导。

组间交流反馈，一般可分两个层面进行：①研究相同主题的各个实验小组，由组长把各个小组的实验结果带到全班或通过信息中转站交流，同时记录本组与他组在研究相同主题上的差异，再回到原组报告，小组汇总意见后进行修正，再由汇报员向全班汇报小组实验情况。②研究不同主题的各个实验小组，在听取其他小组汇报时，可以质疑，可以求教，也可以与不同主题的小组自由交流，在交流的过程中完成所有主题的实验任务。各小组向全体同学汇报学习结果，教师和其他各组同学认真分析后，做出判断；大家共同切磋，共同分享讨论研究的成果，共同纠正错误，提高学习能力。这一过程，教师注意不要轻易地对学生的实验结果进行评价，应引导学生畅所欲言，鼓励学生发表自己的见解，以免合作学习流于形式。

学习效果评价，小组评价是不可缺少的，评价以能发挥各小组成员的积极性为标准。小组评价重在阶段评价，以小组为单位，用各组的平均分与各自上次平均分进行比较得出差值，按差值的大小进行排序，差值大者进步大，为优胜组，给予奖励。个人评价重在自己纵向比较，也可以分组时的成绩为评价基础，也可按小组阶段评价的方法，对进步大者进行奖励。平时的评价，可以实验课堂表现与实验作业完成情况为主。及时、准确的评价为学生的实验探究注入了强大的活力，调动了学生全员参与的积极性，有效地促进了实验教学质量的提高。

(二)生物学实验教学需要关注实验室的安全教育

我国基础教育课程改革大大增加了生物学实验课时和实践课时，使学生主动参与到学习中去，有利于实践能力和科学素养的培养。然而，在生物学实验或实践过程中要加强安全教育，预防安全事故的发生，这不单单是一个安全事故的防范问题，还涉及行为习惯的养成和情感态度价值观的教育。

1. 生物学实验室安全教育需要常抓不懈

在实验室里进行实验操作，对学生来讲是有趣的和令人兴奋的，需要采取适当的安全措施。在实验室里，教师对于活动的指导和安全的氛围均负有责任。不安全的操作不仅威胁操作者本身的安全，也威胁周围人的安全。因此各校应根据实际情况，制订出切实可行、简明扼要、便于督促检查的实验室工作制度，并将其张贴在实验室里。在学生第一次进实验室上课时向全班学生介绍，并经常教育学生，共同遵守。积极地注意安全问题不仅能防止实验室出事故，而且也有助于养成严谨的实验态度，使人受益一生。

生物学实验室应制订严格的安全实验制度来规范、要求学生：①要严格地遵从教师的指示进行实验。②要保持实验室整洁，实验后要清理实验桌。③使用酒精灯后要及时熄灭，使用带电仪器后要及时关闭开关。④使用溶液和化学品后，要立即放回适当的位置，并使瓶上标签向外。⑤所有盛放化学品的容器都需要贴上正确、清晰的标签，标签上应写明化学品的危险警告字句以供其他实验室使用者参阅。⑥穿上适当的防护衣服及手套，以免身体接触化学品。⑦在实验室内，应该把长发或宽松衣服束起。⑧每次实验后要洗手。⑨使用实验室时要保持所有出口和通道畅通。⑩遇有意外或仪器损毁，要立刻向教师报告。

加强每次实验前的安全警示教育。每次实验之前根据安全制度的要求和本次实验的特殊性，检查学生是否报告了对实验动物或药品的过敏反应；是否佩戴了防护目镜；是否穿着了实验服；是否注意到电和火的安全；是否遵照使用化学物质和使用玻璃器皿的安全规则；使用尖锐器具时，必须佩戴防护手套；处理活的生物时，要遵从教师的指导，处理动物或动物的笼子后彻底洗手；实验结束时，要清洁工作区，并把所有设备放到动物原来的位置；每次实验后洗手；离开实验室前关掉所有水、电开关和门窗。必要时将安全警示项目制成卡片，实验前要求学生阅读，逐一在相应条款下做记号，承诺履行注意事项，并签字保证。

2. 制订生物学实验室应急预案

生物学实验室是生物学教学工作的重要资源。为了有效地应对紧急危害，处理师生在实验室进行实验、学习时可能发生的突发事件(火灾、触电、中毒、地震、空袭等灾害)，保障师生安全，尽量减小损失，应制订生物学实验室应急预案，并绘制应急预案流程图，悬挂于实验室明显处，使师生将其熟记在心，在发生重大灾害时，能从容应对，处变不惊，减少不必要的伤亡，把灾害造成的损失降低到最小。

(三)生物学实验教学需要准备相关实验前的材料

实验课的效果和实验材料的优劣直接相关，所以实验课前一定要准备好实验材料，尽可能选择和课本一致的、新鲜的、活的实验材料。只有这样，才能真实地呈现出它的形态结构特征和它的生命活动特征。如果实验材料在实验之前需要饲养(如动物)或需要培养(如植物)都要提前做好准备。如果选用的材料是微生物，还要事先进行接种、培养。还要准备好辅助实验开展的其他材料，如CAI课件、实验演示光盘、视频、阅读资料等。总之，实验材料在实验课前一定要准备好，保证实验课的顺利进行。

准备好实验仪器、试剂和实验教学场所。实验仪器、药品和器具是实验顺利进行的保证。实验之前，要认真检查实验设备，确保仪器能良好运行，实验器具、药品齐全。在配制试剂时，要按照实验要求的浓度和纯度进行准备，否则会影响实验结果。对于易变质或浓度易发生变化的药品、试剂最好现配现用，控制好配制的量，避免造成浪费。配制好的试剂要贴上标签，标明名称、浓度及配制日期。如果实验教学的场所不在实验室，要提前联系和落实好实验基地。

准备好实验指导素材，如文本类指导材料，除了教材中规定的实验指导，教师根据当地的生物学教学资源情况，还应该设计一些文本类的指导材料作为帮助学生完成实验的辅助材料。这种文本类资料可分为两类：一类是对学生实验过程中需要或可能需要的相关文献、行为、操作等做出补充、规范和指导，如社会关注热点问题的背景知识、引导学生进行小组的活动指南、网络信息的收集指导等；另一类是设计评价体系，通过评价的形式来规范学生的实验行为，帮助他们正确、安全地完成各项活动，如学生活动记录卡、实验过程的表现性评价表、小组活动评价的行为量规表等。其他辅助类指导材料包括：挂图、模型、标本、阅读资料、CAI课件、实验演示光盘、视频等，也要在实验前做好相应的准备。

【学以致用】

1. 你认为生物学实验教学需要有哪些准备？
2. 你认为生物学实验教学的准备阶段有哪些注意事项？
3. 你做过生物学预实验吗？通过生物学预实验你有哪些收获和提高？
4. 根据某个具体生物学实验来设计一个预实验，并写出实验总结。

第二节　生物学实验教学过程应充分关注问题及其解决方案

【问题聚焦】

1. 生物学实验过程中可能会存在哪些问题？可以采取哪些解决方案？
2. 生物学实验教学中可能会存在哪些问题？可以采取哪些解决方案？

【案例研讨】

> **核心概念**
>
> **实验教学**是实践性教学的一种组织形式，在基础课和专业课中广泛应用。学生利用仪器设备，在人为控制条件下，引起实验对象的变化，通过观察、测定和分析，获得知识与发展能力。实验教学不仅能验证书本知识，还能培养学生正确使用仪器设备，进行测试、调整、分析、综合和设计实验方案、编写实验报告等能力。

在高中生物学实验教学中存在着许多现实问题。

问题1：不做深入分析，千篇一律的重复。

关于“使用高倍镜观察几种细胞”的课堂观察：在教学过程中，教师先结合实物讲解了显微镜的结构，又结合教学挂图进行了复习，还进行了与显微镜结构有关的填空练习，整个过程共用了25 min。

关于“观察DNA和RNA在细胞中的分布”的课堂观察：本实验是高中生物学要学习的第二个观察类实验，教师在教学时，与显微镜的结构及其操作有关的讲解和示范用了29 min，给制片、观察和实验结论的总结只留了16 min。

问题2：过于拘泥教材，忽视课堂生成。

关于“检测生物组织中的糖类、脂肪和蛋白质”的课堂观察：在还原糖的检测环节，学生都把装有待测组织样液的试管滴入斐林试剂后放入烧杯中水浴加热，静静地观察试管中的颜色变化，实验室内非常安静。突然，一声“哇，变了！”老师脸上露出了诧异的表情。随即，他的表情变得严肃起来，并开始批评该生不应该在酒精灯上直接加热。

同一实验的课堂观察：教师在进行巡视指导时，发现一个实验小组的学生正向试管中倒纯牛奶，老师马上制止了他们的行为，并告诫学生要用他准备好的鸡蛋清。

问题3：示范粗略模糊，讲解凌乱分散。

关于“使用高倍镜观察几种细胞”的课堂观察：教师先让学生学习教材中给出的高倍显微镜的使用方法，接着让学生直接操作，学生操作时出现了很多问题，教师多次暂停实验进行指导。

关于“细胞大小与物质运输的关系”的课堂观察：教师没有遵循基本的实验操作方法，接上自来水就开始配制NaOH溶液了。

问题4：课前准备不足，师生手忙脚乱。

关于“检测生物组织中的糖类、脂肪和蛋白质”的课堂观察：在本实验中，所用的实验材料多达20余种，学生按照自己的设计，用自己自带的材料完成相关的操作。教师引导学生尝试改变实验试剂的浓度、滴加的先后顺序、试剂的用量等帮助学生认识实验试剂的改变对实验的影响。整节课节奏过于紧张，师生手忙脚乱。最后，还原糖的检测实验没有完成，学生的探究兴致正高时教师草草收场。①

对于上述问题，你能提出哪些改进建议？

生物科学是一门自然学科，它源于生活，又服务于生活。它与人们的生活密切相关。生物学实验是生物科学发展的基础，是生物科学研究的主要方法。然而，目前部分学校在生物学实验课教学中还存在不足，实验教学还存在诸多不利因素。实验教学并没有得以很好开展与实施，也没有充分发挥应有的作用。

一、生物学实验教学需要解决生物学实验中的典型问题

没有实验的支撑，理论便失去了让人信服的证据，而实验不是理论可以代替的，也不是理论可以完全预言的。当学生沉浸在实验探究的过程中时，已经走在创新的路上；当学生惊叹于难以言喻的实验现象时，情感、态度和价值观的升华已经实现。但是在教学过程中，因为实验材料、实验周期、实验设备和实验课时等一系列的问题，实验课却没有得到应有的保障，面对来自多方面的压力，各地教师也不断努力，一方面对实验进行改进，力争部分实验的开设；另一方面对开设成功的实验进行大幅度拓展，以期能够把实验教学的功效发挥到最大。

（一）生物学实验过程中存在的一些典型问题

通过对湖北省某市21所高中的调研和访谈得知，在人教版生物学必修教材中，观察类实验和鉴别类实验的开设率较高，其他三类实验整体的开设率都较低，其中开设率最低的观察类实验为“观察根尖分生组织细胞的有丝分裂”和“低温诱导植物染色体数目的变化”，原因是洋葱在冬天的生根率太低，且学生在显微镜下观察不到有丝分裂的过程，80%以上的学生根本看不到染色体。开设率最低的探究性实验为“探究培养液中酵母菌种群数量的变化”，原因是实验周期太长，且需要利用血细胞计数板，一般的学校都没有购买。开设率最低的模型建构类实验为“制作DNA双螺旋结构模型”，几乎所有的学校都是利用现

① 刘红．高中生物学实验教学中存在的主要问题及改进建议[J]．生物学教学，2019，44(1)：75-76.

成的DNA双螺旋结构进行示范，而购买的塑料核苷酸往往工艺较差，化学键和各分子之间难以连接。除“用样方法调查草地中某种双子叶植物的种群密度”外，其他几个调查类实验的开展面都很低，原因是这些实验的调查周期长，实验原理也较为简单，教师口述即可讲清楚其中的生物学知识。

1. 本地可能难以获得教材建议的生物学实验材料

实验材料的分布具有地域性，使用也具有季节性，分组实验需要耗费较多的实验材料，能否顺利的开设，往往取决于实验材料的价格以及易得与否。比如在“探究细胞大小与物质运输的效率”实验中，琼脂如果放置时间过长，熬制出来后就不是透明无色的，影响实验效果，所以在实验中往往缺乏现成的琼脂粉。“低温诱导染色体数目加倍”实验也因为实验室缺乏卡诺氏液而很少开设。

2. 部分实验需要开展的周期较长

实验开设的周期如果超过40 min，不能在课堂上看到最终的实验结果，实验课的效果就会大打折扣，因为学生能够自我支配的课外时间太少，如果继续对生物学实验进行探究和观察，往往会影响其他科目的学习。如高中生物“植物细胞的吸水和失水”实验，学生希望看到利用KNO_3溶液观察质壁分离自动复原的过程，但整个过程历时较长，需要足够的课时和耐心，所以大部分学校只是让学生观察用清水诱导复原的过程。在三大物质的检测中，由于斐林试剂需要现配现用，而不同班级实验课的时间跨度差异很大，需要耗费实验员较多时间，部分实验员选择一次性配备全年级的使用量，而在使用过程中，斐林试剂已经逐步沉淀而失效。

3. 部分实验可能难以观察到实验现象

实验现象是学生实验成功与否最关键的衡量指标之一，学生如果能在实验课中得到预期的现象，喜悦之情总是溢于言表，对实验的兴趣也陡增。但在某些实验中，想要观察到预期的实验现象却较为困难。如“观察DNA和RNA在细胞中的分布”实验，大部分学生乃至老师以口腔上皮细胞为材料，按照一般实验步骤来操作都未能清晰地看到绿色细胞核区域和红色细胞质区域。

4. 简单实验不能满足学生创造性学习要求

教学的目的是培养具有创造力而不仅仅是乖巧的学生，部分天资较高的学生能够轻松突破课本的常规实验，他们希望接触更多有关实验的拓展或课本以外的实验，实现创造性学习的目标。但这些对于大部分学校来讲，既无法满足人力指导和经费上的保证，也没有时间保障！

(二)生物学实验过程中需采用一些解决方案

面对生物学实验常见的典型问题，如实验效果的意外生成、实验失败等，引导学生分析问题，尝试提出相应的解决方案，如材料替代、步骤优化、流程改进、实验拓展、教师的指导调控等，培养学生的问题意识，提升学科素养。一般可以从以下几个方面对实验加以改进优化，以满足教学需求和学生学习的需要，进而提高生物学实验教学质量。

1. 改进实验材料

针对实验材料取得的问题，可以考虑材料的本土化。例如，在“观察洋葱根尖细胞的有丝分裂”实验中，洋葱在寒冷冬天的生根率低，用十堰市本地的韭菜根做实验可以得到较好的效果；“观察植物细胞的吸水和失水”可使用十堰市盛产的水绵来完成，同样能够得到让人惊叹的现象。就地取材，方便且节约购买经费。

2. 改进实验药品

在实验开展过程中，使用教材中给出的药品和设定浓度不能保证实验效果、实验安全，或是无法在较短的周期内完成时，教师会倾向于选择新的实验药品或是改变实验试剂的浓度。例如在“观察质壁分离和复原”实验中，原实验要求用质量浓度为 30％的蔗糖溶液，所用时间较长(10～15 min)；而 35％的蔗糖溶液，能够在较短的时间内(6 min 左右)观察到明显的实验现象。此外，在“探究细胞大小与物质运输关系”实验中，可用碳酸钠试剂代替腐蚀性较强的氢氧化钠溶液。

3. 改进实验器具

中学生物部分实验的装置设计较为复杂，大部分教师充其量只能设计一套典型的装置用于演示实验，分组实验很难进行，简化的实验装置可以保证学生分组实验的成功开设，同时也可保证学生探究的激情，如“调查土壤小动物丰富度”实验，教师可以引导学生制作简易的诱虫器装置进行实验。有时教材所给实验装置无法在短时间内看到明显的现象，例如在“探究酵母菌的呼吸方式”实验中，原实验采用 500 mL 锥形瓶来盛澄清的石灰水，观察到石灰水变浑浊需要较长的时间，可改用试管来盛，10 min 左右即可看到清晰的现象。

4. 改进实验教学模式

在现行的生物教材中，都更加重视探究性实验的设计，减少简单的验证性实验。针对验证性实验的教学，也可转变教学模式，使用翻转课堂助力实验教学。比如“检测生物组织中的糖类、脂肪和蛋白质”实验，教师可以在学生具备一定理论基础的前提下，把实验内容转变为让学生利用已有的试剂对生活中常见的多种物质匀浆进行初步的鉴别，虽然验证性实验变为探究性实验，但实验难度并不是很高，学生也比较感兴趣。当然必要时也可以把探究性实验改编为验证性实验，比如在“植物细胞的吸水和失水”实验中，学生一般只做30%蔗糖溶液中细胞的质壁分离和清水中质壁分离复原实验，教师可以把此实验演变为多组验证性实验：首先验证植物细胞的原生质层是一层半透膜，并且其伸缩性大于细胞壁，其次验证其选择透过性。这样既间接地告诉了学生一部分信息，也增加了实验的要求和难度。

二、生物学实验教学需要解决生物学教学中的突出问题

2022年5—6月我们通过对江苏省某市主城区高中生物学实验室的实验员和部分生物教师的调查问卷和访谈，了解到该市主城区有9所高中，实验室的硬件设施比较完善，基本能够正常开展国家规定的简单实验。但在已有条件下开设的实验课的数量不尽如人意。如该市一中开展的生物学实验主要是验证性实验，缺少探究性的实验设计和观念引领，缺乏实验素养的培育过程。同时依然存在用演示实验、观看视频代替做实验的做法。总体来看，该市的实验教学情况不容乐观。

(一)生物学实验教学中存在一些突出问题

1. 生物学实验教学亟须提高重视程度

生物学课程是高中学生必修的课程，而且是理科生参加高考考试的科目，即便如此，生物学科在高中理科所有科目中是最不受重视的。究其原因，一方面是高考分值比重较小，很多学校领导和教师在思想观念上对生物学科不够重视，认为简单的记忆背诵即可学好生物学；另一方面由于生物学的学科特点，与日常生产生活联系紧密，基本有一些感性认识，学生总体觉得没有其他科目难，所以生物学科基本处于边缘化状态。

(1)实验师资配置不足。

生物学教师比起其他科目的教师来说，人数较少。近年来，新进学校的生物学教师学历都是达标的，但是生物学实验室却没少有专业的实验员配置，实验员的来源有以下几种情况：解决年龄偏大或者身体不好的教师的工作岗位；教学成绩较差的教师；其他科学学科多余的教师；课时较少的生物学教师兼职。总之，很少有实验技术优秀的实验员。

(2)实验室装备不足。

少数新建学校，实验设备较为齐全，而且实验室功能划分清晰，实验室建

设较为规范的中学的生物学实验室分为仪器室、准备室、标本馆、观察室、组培室、解剖室、探究室。多数学校生物学实验室一般为1～3间，实验使用功能比较混乱，配备的实验装备过时，与当前使用的教材版本不完全匹配。由于各种原因，各校实验室缺少要求较高的实验设备，如高压蒸汽灭菌锅、PCR仪、超净工作台等，导致相关实验无法完整开展。实验仪器老化、损坏较多。专业功能室的建设不足，探究室配置简陋，缺少生物园地。

(3)实验开设不足。

由于不受重视，生物学课时不足。在我走访调查的9所高中当中，其中一所高一不开生物学课程，高二、高三开生物学课程，每星期安排5节生物学课程，高二结束参加省普通高中学业水平测试。其他学校高一开始开生物学课程，每个星期安排3节生物学课程，高一结束完成学业水平考试，高二、高三适当增加1～2节课。这种情况下，很多老师觉得高中课程内容多且课时少，没有足够的时间做实验。在走访过程中，几乎每一位生物学教师都说生物学实验重要，而实验的实际开出率却非常低，老师们的解释一般都是没时间做，或者实验室条件不足。演示实验过多，分组实验和探究性实验过少，这一现象是极为普遍的，教师偏爱演示实验，一方面是演示实验的准备和教学过简单，全程由教师控制；另一方面也是解决器材不足时间少的问题。除了演示实验，观看实验视频代替学生实验也是很多生物学教师的常用方法。

2. 生物学实验教学亟须提高教师实验素养

没有专业实验员，这一短板决定了高中生物学实验的一切教学活动都得依赖于任课老师。实验课比普通理论课的课型复杂得多，需要设计实验、准备器材、管理实验过程、预测与评价实验结果、控制其他可能出现的事件。实验课让很多任课老师觉得很麻烦，所以很多老师更愿意讲实验，然后让学生背实验，以应对各种阶段测试，导致学生的科学素养没有明显进步。

很多实验过程犹如药房“照方抓药”，照着教材或者教辅资料上总结的一步一步操作，将实验全都变化为验证性的实验。学生做完实验一脸茫然，不知每一步操作的具体目的，导致很多老师觉得做实验还不如讲实验。当然也有少数老师，他们不仅带领学生做实验，而且改进实验、优化实验，甚至与时俱进，将信息技术应用于生物学实验教学。

部分生物学老师认为实验是辅助理论学习的，是用来巩固加深已学知识的，这就忽略了实验操作的重要性，这是只重视知识结果，忽视过程与方法，然而体验过程并掌握方法却是提高生物学科核心素养的关键。此外，部分教师只能操作传统经典的实验，新教材出现的新实验的操作没有做深入学习，换言之，有很多实验连教师自己都没有做过。缺乏对实验的研究与改进，实验都是按教材设定的步骤进行，缺少创新方法。

3. 生物学实验教学亟须改变教学评价方式

纸笔测验是生物学实验教学中最为常见的评价方式，但是纸笔测验并没有得到充分的利用，需要更加优化。目前多数的纸笔测验是一张试卷，或者是一份实验报告单，仅关注学生实验的原理、步骤、结果，而没有充分关注学生的实验过程和情感体验。同时，小组合作学习的评价也基本流于形式，鲜有合理、科学的评价量表。生物学实验评价更需要在实验现场根据学生实验操作技能、实验过程及结果按权重打分，加强生命观念、科学思维、科学探究、社会责任等核心素养维度的等级评价。

高中生物学实验是学科教学与评价的重要环节，生物学教师需要把科学素养教育放在首位，生物学学科核心素养是学生科学素养的重要组成部分，应充分发挥生物学课程在立德树人和促进学生全面发展上的作用。生物学教师应以丰富的生物学知识为载体，通过多种教学活动展现人们认识自然现象和规律的思维方式及探究过程，反映自然科学的本质。

(二)生物学实验教学需采纳有效的教学建议

随着信息技术的迅速发展，远程实验室在实验教学领域发挥着越来越重要的作用。然而，实验教学的远程方式仍有一些问题需要解决。可以尝试通过云实验室教学平台(TPCL)，利用云计算的高利用率和灵活部署，为中国的大学、中学提供远程教学服务。①

实验教学是高中生物学教学不可缺少的一部分，开展好实验教学活动，可以整体提升高中生物学的教学成绩。为开展好高中生物学实验教学活动，还可以采纳以下几个建议。

1. 提升生物学教师学科素养

教育在不断地向前发展，教育理念也不断地更新，顽固不变的教育理念不利于职业的发展，也难以适应教育发展趋势，一些教师还沉浸在过去只重视知识的教育理念中，还有人认为实验纯粹是辅助理论知识的学习。教师素质提升关乎教师的职业发展，直接关系到教师未来业务的开展，一般教师所在学校都

① QIU W W, XIAO N, LU H Y, et al. The Design of Experimental Nodes on Teaching Platform of Cloud Laboratory(TPCL)[M]. Berlin Heidelberg: Springer, 2012.

会为教师安排各式各样的培训活动，也会积极地支持教师进修。教师应该主动学习，积极参与培训，主动转变实验教学理念，改变对实验的偏见。

在提高生物学教师教育理念的同时，实验教学技能也是一大重点，教师实验教学技能提高了，能得心应手地应用实验教学技能，这是实验完成率的保证。在众多的培训当中，应该加入以实验教学能力为主题的一些培训。实验员队伍的建设也不可少。随着教育的发展，实验教学扮演的角色越来越重要，对实验员的要求也越来越高。实验员对实验的理解水平要更高，对实验设施设备的操作必须熟练，还能对实验设备进行日常的维护，减少仪器设备的损坏，保证实验的开出。

实验课的组织比文化课的组织要难很多，部分学生在实验课上因为实验成功过于欣喜或是实验出现问题进行讨论导致实验课失控，甚至淹没老师点评的声音。一节完整的实验课不只是对课堂 45 min 的掌控，实验前的准备、实验后的总结和评价都是很重要的环节，要想保证一节实验课的效果，必须做到以下三点：①培养得力的组长。要对班级同学进行分组，以一个 48 人的行政班为例，一般教师会将全班同学分为 12 组，4 名同学通过合作探究共同完成一个实验并填写实验报告单，从每个小组选出 1 名得力的组长，共计 12 人，再将选出的 12 人分为三组，选出 3 个大组长，最后从此 3 人中选出全班的实验课班长，教师的主要任务就是实验课之前的准备和预实验中将相应的知识和细节教授给 3 名大组长，这 3 人负责对 12 名小组长进行细致的训练，这种分组模式能够很大程度上减轻教师的压力，也避免了学生有问题扎堆问老师的低效情况。②明确实验课的要求，保障实验员的权威。一般来讲，教师讲解实验要求或是实验员讲解注意事项时，往往会有学生在下面摆弄实验器材，实验开始后却又步步出错。比如在撕取洋葱鳞片叶外表皮时，教师会提前教学生划“#”字的方法，但在操作过程中，依然会有许多小组徒手去剥，耗时耗力还附带内部组织，对于这样的情形必须严厉禁止。在实验过程中成功或是失败都严禁大声喧哗，一旦进入教师评价环节，实验室务必保持安静，这些都需要通过树立老师的权威而逐步达到。③对实验报告册和课堂表现进行考核。实验课一样需要评价考核和激励机制，对学生的课堂表现进行打分，一定程度上可以保障实验课的秩序，同时对于学生参与到小组合作的分工具有较强的督促作用。要对各小组的实验成果进行考核，归纳成功的经验，吸取失败的教训，但每节实验课一定要有各小组独特的思考和收获。此外，要对学生的实验报告册进行批改打分，使实验课和理论课一样具备检测的功效。

2. 优化改进实验教学方案

优化改进实验教学方案的目的有两个，一是在现有开出实验的条件下，将原实验改为更科学更合理的新实验；二是现有条件不具备开出的实验，通过改进后，可以顺利开出。从改进的动机来说，前者是主动改进，后者常是被动改进，但应用于教学的价值可能是一样的。优化实验的着手点很多，例如实验材料的改进可以降低实验成本，或者可以获得更明显的实验结果，有的实验步骤改进可以使实验操作更安全，有的改进后实验开展不再受限于没有的条件，总之改进实验是为了更方便实验的教学。优化实验的方向一般是科学、经济、实用、安全、环保等。

积极开发新的实验。学校和社会在追求综合素质发展的教育，单一的实验无法满足这样的需要，因此，在有条件的学校，可以根据学校自身情况，开设一些体现学校特色的实验。教师也可以结合自己的教学实际，开发一些实验为自己所用。数目众多、种类齐全的实验为学生增加学习体验，也为教师的教学添补选择余地。

由于课时紧张，大部分实验课都是根据自己的进度抉择，来不及或是实验教师没有准备材料就选择放弃，甚至还出现了高三一轮复习时学生去实验室补做实验的情况。在生物学课时偏少的情况下，建议学校将部分实验课程安排在课外活动时间，而且分配某个课外活动为生物学实践专用，其他学科不得占用，且相应的探究活动需强制开展。每个小组可分时段进行小组汇报，教师根据汇报情况予以打分，打分较高的小组有机会参与月、季度和学期优秀小组的评选。生物学实验课的开设需要教研组、任课教师和实验员共同协调，一方面保证多个教学班的探究时间不冲突，另一方面需要实验员及时地准备材料，这就要求在每个班级每周的实验探究时间确定后，坚持按照教研组的整体安排实行，不得随意取消和更改时间。

3. 采用多元化教学评价

实验教学评价是教学活动不可少的环节，评价具有反馈教学效果、教学活动导向、激励学习、优化发展教学活动的功能。高中生物学实验教学需要构建多元化的评价体系，充分发挥教学价值导向作用，鼓励提升实践能力和创新能力，促使提高生物学学科核心素养。构建多元化评价，不是使用单一的纸笔测试，而是采用方式多样、内容丰富、涉及面广泛的评价方式。

实验教学重实践的趋势已经基本明朗，综合素质评价档案袋的使用也基本提上了日程。要适应新高考注重考查实践的要求，多元化的实验测评方式也是实验教学务必重视的，测评的方式可以多样，但一定要注重兼顾考查理论基础知识和动手能力，考查的内容包括学生在课前、课上和课后的合作能力、探究能力和学习态度，考查的核心是实验过程而非实验结果。通过多种测评方式的结合，力争能够客观地对学生的综合素质进行评价，为高校筛选创新型人才提供有效的参考途径，也希望通过这样的教学模式能够真正培养国家发展所需要的人才类型。

4. 增加实验室建设投入

实验室建设是决定实验开出率的直接因素，场地限制，实验设备短缺，仪器陈旧老化，药品试剂过期变质，常使“巧妇难为无米之炊”。对实验室加大资金投入，配备常规实验设施设备，保证常规实验正常开出率，有条件的学校可以引进先进的设备，增加实验数量，并提高实验质量。

大部分实验器材是用生活物品无法取代的，基本的实验器材是任何一所学校都必须保证的。以最基本的实验器材——显微镜为例，部分学校的绝大部分显微镜的使用期都超过了9年，比较陈旧，以致学生在实验时观察不到实验现象。因此，加大实验设备投入，改善实验教学条件是进行生物学实验教学的重要条件。学校应保证生物学探究的基本场所，购买基本实验仪器和设备，及时更新实验仪器设备；给实验室配置专职的实验员，提前做预实验，准备相关的实验材料和药品，提高实验课的效率。各级财政部门对于落后的县级中学要适当倾斜，力争使这些区域的实验教学不被落下得太远。在学校层面上，要及时采购实验员所列举的实验药品，因采购不及时而导致的实验课程无法开设应当按照教学事故承担相应责任。

总之，提高高中生物学实验开课率和完成率，应该先从教师队伍建设着手。再建立完善的实验教学评价体系，发挥评价的导向、激励作用，促进实验教学科学合理实施。此外，增加实验室建设的资金投入，为实验的开课率与完成率提供物质基础保障。

【学以致用】

1. 你在生物学实验课堂教学中出现过哪些意外问题？你是如何解决的？
2. 利用本地教学资源尝试设计一个校本化的实验思路。

第三节　生物学实验教学需要进一步深度优化

【问题聚焦】

1. 什么是生物学实验教学的优化？

2. 可以从哪些方面进行生物学实验教学的优化？

3. 生物学实验教学的优化需要遵循哪些原则？

> **核心概念**
>
> **最优化实验教学**是指从现有的实验教学条件出发，选择最佳的实验教学方法和途径，把多种因素合理组合，避免内耗和能量抵消，以最少的时间，争取较高的实验教学效果。

【案例研讨】

“环境因素对光合作用强度的影响”探究性实验是有代表性的高中生物学探究性实验，但这类实验较耗时，难以在一课时内完成实验操作。

影响光合作用强度的因素主要有二氧化碳浓度、光照强度、光的波长、温度和叶龄等。受实验器材限制，笔者主要针对二氧化碳浓度、光照强度和光的波长三个因素进行探究性实验的设计与实施。

实验设计：①选用雪碧等简单材料进行二氧化碳浓度对植物光合作用的影响实验。②改变叶片与灯泡的距离进行光照强度对植物光合作用的影响实验。③利用不同颜色的光进行光波长对植物光合作用的影响实验。

实验操作：①取生长旺盛的菠菜绿叶，用直径 1 cm 的打孔器打出小圆形叶片 80 片，注意避开叶脉部分。②用玻璃注射器将叶片中的气体抽出，并迅速放入装有清水的培养皿中。③将抽真空后的叶片放入三个分别装有 200 mL 清水、20 mL 雪碧＋180 mL 清水、50 mL 雪碧＋150 mL 清水的烧杯中，每个烧杯 10 片叶片且叶片不重叠。将三个烧杯放在相同光源下 25 min，观察并记录实验数据。④将 20 片叶片分别放入两个装有 20 mL 雪碧＋180 mL 清水的烧杯中，放置在不同的光照强度下，即与光源距离 10 cm、25 cm 的环境下 25 min，观察并记录实验数据。⑤将剩下的 30 片叶片分别放入三个装有 20 mL 雪碧＋180 mL 清水的烧杯中，分别放置于用红色、蓝色、绿色的塑料薄膜包裹的光源环境下，即光波长不同的环境中，放置 25 min，观察并记录实验数据。具体实验结果如表 3-1 所示。

表 3-1　实验结果

光照强度(离光源距离)	二氧化碳浓度(雪碧量)	二氧化碳浓度影响实验结果	
10 cm	0 mL	均不上浮	
10 cm	20 mL	全部上浮	
10 cm	50 mL	6 片上浮	
光照强度(离光源距离)	二氧化碳浓度(雪碧量)	光照强度影响实验结果	
10 cm	20 mL	9 片上浮	
25 cm	20 mL	4 片上浮	
光照强度(离光源距离)	二氧化碳浓度(雪碧量)	光波长	光波长影响实验结果
10 cm	20 mL	红色	9 片上浮
10 cm	20 mL	蓝色	6 片上浮
10 cm	20 mL	绿色	均不上浮

注：均为 200 mL 液体＋10 片叶子＋25 min。

可见清水中植物几乎不能进行光合作用，20 mL 雪碧＋180 mL 清水的实验组其二氧化碳浓度最为适宜，实验效果最好。因为雪碧可以提供二氧化碳促进植物进行光合作用，且雪碧含有蔗糖，但其浓度过高时，叶片细胞部分会发生质壁分离从而影响光合作用的进行①。

该案例中实验优化设计有哪些突出的优点？有哪些不足之处？还可以在哪些方面进一步优化？

对生物学实验进行改进的主要目的是获得更好的实验效果，或是便于分组实验的开设，具有创意的实验改进能够让实验现象发生翻天覆地的变化。对生物学实验的拓展研究，主要目的是启发学生的深层次思维，将实验课的收获用于解决现实生活中的问题。几十年来，致力于实验改进和拓展的研究极其丰富，改进的方法和策略各不相同，拓展的深度和广度也因人而异。

一、生物学实验教学优化需要遵循的原则

很多学校逐步开始采用改进后的实验方案指导实验教学，对实验教学的横向、纵向拓展面也有所增加，但是不是所有实验改进和拓展研究的案例都值得参考？其实不然，由于部分研究者不能准确把握实验改进和拓展的原则，使得部分实验的改进和拓展陷入了“误区”，这些误区包括：违背实验原理、增加实

① 林玛莉. 例析高中生物学实验的改进[J]. 福建基础教育研究，2017(2)：118-119.

验开支、使用危险药品、复杂化实验、实验效果不明显、拓展和课本失联等，使得“改进”变为“改退”。因此在对实验进行改进之前，必须对实验改进的原则进行研究分析，才有助于实验改进的顺利进行。①

(一)生物学实验教学需要遵循实验材料和器具优化原则

1. 应遵循易得性和实用性原则

实验材料要方便获取，最好是就地取材，当课本中给出的实验材料或器具无法有效地满足教学需求时，就要考虑用其他材料或器具进行替代，但所取的实验材料和器具务必要达到预期的实验目的，不影响实验的效果或是能达到更好的效果。比如在“植物细胞的吸水和失水”实验中，同样是绿色植物，利用菠菜叶肉细胞的效果远远不如水绵，而水绵又是河道中随处可见的，成本基本为零。

2. 应遵循环保和经济性原则

环保是当今社会追求的重要目标之一，在实验改进过程中，应尽可能追求实验材料和器具的经济和环保，如果所使用的实验材料和器具对环境构成污染，应坚决予以抵制。如“制作真核细胞的三维结构模型”和“流动镶嵌模型”等实验中，一般以橡皮泥为材料进行制作，但橡皮泥晾干后往往失去了使用的价值，被学生丢弃，而改用生活中的废弃物进行制作(如用废弃羽毛球充当磷脂，用废弃纸壳充当蛋白质，纸片充当糖链)，则在节约实验经费的基础上也减少了对环境的破坏。

3. 应遵循可操作性和趣味性原则

改进的实验材料或器具应该能够赋予实验更好的可操作性或趣味性。我们曾在“流动镶嵌模型”的制作中，让学生采用面团进行模拟，收到的效果比用橡皮泥要好很多，原因是发面、揉面和制作的过程既充满了乐趣，也和人教版生物学教材必修1呼吸作用知识、选修1传统发酵技术有密切联系，此外，精心制作的模型逼真度也更高。

(二)生物学实验教学需要遵循实验药品和试剂优化原则

1. 应遵循安全性原则

无论实验怎么改进，安全要最先考虑。人教版教材在编辑时也非常重视实验的安全，举例来讲，在传统生物学教材中，“色素的提取和分离”实验中使用

① 陈继贞，张祥沛，曹道平. 生物学实验教学研究[M]. 北京：科学出版社，2004：69-82.

的是丙酮，但丙酮对人体器官有较大的危害，所以在教材改版后，实验改用无水乙醇代替，但危险药品和试剂的使用并没有完全取消。例如在“模拟探究细胞表面积与体积关系”实验中，氢氧化钠溶液的喷溅很容易导致皮肤灼伤，存在较大的安全隐患，在改进时可把氢氧化钠溶液换成碳酸钠溶液，实验效果稍差，但避免了强碱可能造成的危害。

2. 应遵循高效性原则

生物学课程也应当具有“高效性”，此处的“高效性”是指要力争在一节课时间内能让大多数学生看到清晰的实验现象。如在“三大物质的鉴定”中，把50 ℃～65 ℃的温水浴改成沸水浴能够缩短变色反应所需的时间，实验时间较为紧张时可以考虑用沸水浴代替，但一定要注意安全。

3. 应遵循节约性原则

在使用实验药品时，首先应强调用量的规范。其次是对实验设计、实验细节进行严格把关，实验失败后要进行分析，再重新操作，切勿机械重复。最后对于可回收利用的药品一定不能浪费。比如“观察 DNA 和 RNA 在细胞中的分布”实验中，教材上提到了甲基绿吡咯红染液最好现配现用，实际上未使用的混合染液在棕色广口瓶中可以较长时间内保持好的染色效果，其中的 A 液更是能在密闭条件下保存多年。

(三)生物学实验教学需要遵循实验方法和步骤优化原则

1. 应遵循科学性原则

实验设计科学与否需要相应的实验效果作为支撑，无论实验方法怎么改动，都必须保证实验有良好的效果。比如在“观察 DNA 和 RNA 在细胞中的分布”实验中，虽然盐酸对于染色剂进细胞、DNA 和蛋白质的分离有一定帮助，但经过实验发现水解后的效果大打折扣，所以在实验改进过程中省去水解步骤是科学的。

2. 应遵循拓展性原则

开展实验既不仅仅是为了加深对已有知识的印象，也不仅仅是为了锻炼学生的动手能力，实际上教师也希望在教材实验的基础之上进行相应的拓展，使学生能够利用已有的知识去解决更多生活中的问题。比如，在学习了还原糖的检测方法后，可以让学生自己尝试检测某种尿液中是否有还原糖；在学习了植物细胞质壁分离之后学生能够解释“烧苗”的原因；在模拟了性状分离比后学生可以利用现有的材料来解释男女比例 1∶1 的问题等。总而言之，实验要拓展，要发散，要让学生感受生命的魅力和知识的魅力。

3. 应遵循创新性原则

党的二十大报告指出，必须坚持科技是第一生产力、人才是第一资源、创新是第一动力，深入实施科教兴国战略、人才强国战略、创新驱动发展战略，开辟发展新领域新赛道，不断塑造发展新动能新优势。

创新是社会发展的动力，很多实验教材都给出了实验方法或步骤，即使是探究性实验也给了较多的提示，但在课堂上教师要允许学生使用教材之外的方法设计实验方案，要允许学生进行本课题之外的探究，或许学生会走弯路，会犯错误，但这些都是值得的。例如在“绿叶中色素的提取和分离”实验中，有学生利用多种材料提取的色素进行纸层析，发现有的色素用无水乙醇层析后没有扩散过程，反倒是用水层析能够看到明显的扩散过程，学生就此展开了讨论，自己摸索出水溶性色素和脂溶性色素的差异。

二、基于典型案例分析优化生物学实验教学

现行人教版高中生物学教材设计了 30 多个具有较强操作性的实验，由于重视知识的逻辑关系，注重和生活实际的联系，增强了对探究能力的考查，得到了全国绝大多数地区教师和同学的青睐。人教版生物学教材的知识呈现比较符合学生身心发展的逻辑，具有较强的通用性，但由于不同地方的自然条件和实验室条件存在较大的差别，在教学过程中，教师应该创造性地使用教材，既要遵从人教版教材知识呈现的方式，也要结合本地学生的特点进行适当改进和延伸。以“绿叶中色素的提取和分离”实验为例开展生物学实验教学优化的分析研究，为其他实验的优化提供实践教学范式。

(一)原有实验教学方案存在一些不足之处

“绿叶中色素的提取和分离”实验是高中生物学新课程中的基础性生物学实验，从实验类型上看，该实验属于观察或鉴别实验。从学生参与探究的程度和探究活动的难易上看，该实验属于“零级水平探究”，即活动的各个步骤在实验之前均由教材呈现给学生，学生只要依步进行即可。如果在此基础上，挖掘一些适合学生的探究性课题，不仅可以训练学生的实验技能，也可以提升探究活动的层次，培养学生探究性学习的能力。

叶绿体中色素的提取常用的方法有：水蒸气蒸馏法、压榨法、有机溶剂萃取法。高中阶段常用有机溶剂来提取色素。从结构看，叶绿体的色素是一类含脂的色素家族。但它们有一个共同点，是有机化合物，易溶于有机溶剂，如乙醇、丙酮、乙醚、氯仿等。在绿色植物光合作用的场所——叶绿体中，数百个色素分子聚合在类囊体膜上，与各种蛋白质结合成复合物，因此提取时要与有

机溶剂充分研磨。目前，最常用的有机溶剂是无水乙醇。

本实验是人教版生物学教材中开展最为普遍的实验之一，主要目的是通过学生的动手操作，鉴别绿叶中光合色素的类型，并且能够对现实生活中的相关现象进行合理的解释，教材中给出的实验步骤如图 3-1 所示。

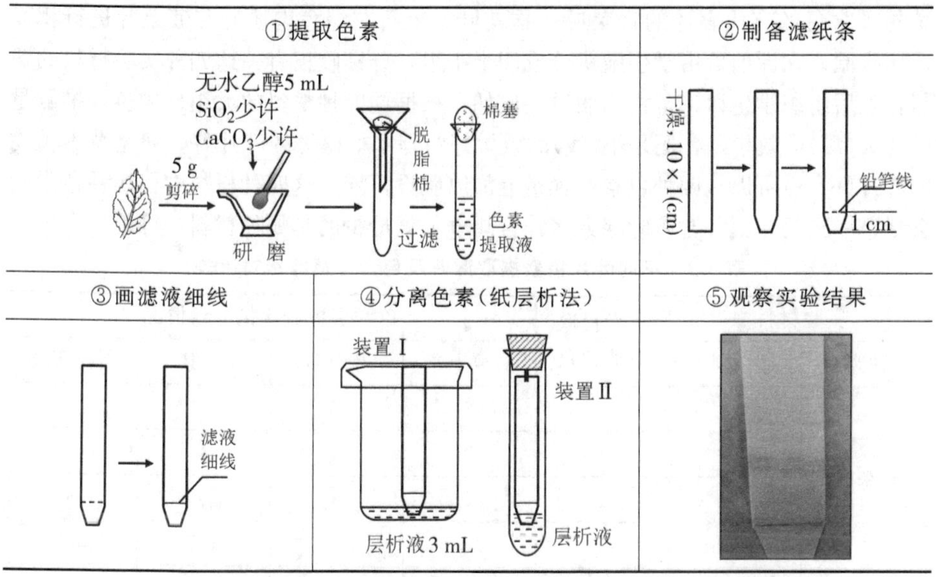

图 3-1　绿叶中色素的提取和分离实验流程

在实验开展的过程中，上述实验原型存在的问题主要有以下几个：

(1)提取色素过程中，需要较多的实验用具和用品，成本较高；无水乙醇容易挥发，造成研磨不充分，导致提取的色素浓度不高；操作过程烦琐，要称取、剪碎、研磨、过滤，花费的时间较多。

(2)毛细吸管太脆，在画线过程中如果用力不均匀很容易断裂。在毛细吸管涂抹色素时，很难保证均匀涂抹，最终导致色素带分布不整齐。

(3)在加层析液到试管中时，试管壁常吸附一定量的层析液，一旦滤纸条贴近试管壁，即会被打湿，很可能导致实验失败。

(二)可以从多角度尝试实施实验优化方案

1. 因地制宜优化实验材料

菠菜是进行色素提取与分离实验的常用材料，它的色素含量较高，分离效果也比较明显。但是菠菜的生长适温为 10 ℃～20 ℃(多在秋季)，选择它作为实验材料受季节的限制较大。如我市高一学生安排该实验操作的时间一般在 11—12 月，这时市场上的菠菜数量比较少，学生大批量做同一实验不实际也不经济。

盲目地随意选择其他材料进行实验，缺乏科学依据，效果往往也不令人满意。所以，从实验材料角度探究此项实验，有一定的现实意义。关于实验材料的选取，有些同行选用了多种不同的材料，如用小青菜、韭菜、桂花叶、紫鸭趾草等进行了探索(表 3-2)。考虑到我校学生实验的实际条件，以及当地的自然条件，我们选择了常见的有代表性的青菜叶、桂花叶、宝石花绿色肉质叶和菠菜叶进行相互对照实验。在课前可由学生随机分成四个小组，分别收集有关这四种实验材料的资料，然后组织学生讨论，构想假设。比如，根据这四种材料的大小、颜色，推测是叶片大(深)的效果好，还是小(浅)的效果好？是木本植物的叶片好，还是草本植物的叶片好？也可以从四种色素的含量上加以假设，如，这四种材料中，四种色素的含量都一致吗？哪种含有叶绿素多？含胡萝卜素最少的是哪种材料？等等。

表 3-2　不同叶片色素提取溶液及色素含量等级对比表

实验材料		色素提取溶液颜色	色素层析后含量等级情况			
种类	分组		胡萝卜素	叶黄素	叶绿素 a	叶绿素 b
青菜叶	A_1	4	2	2	5	4
	A_2	3	3	2	4	4
	A_3	4	2	3	5	3
	平均值	3.7	2.3	2.3	4.7	3.7
桂花叶	B_1	4	3	2	4	4
	B_2	3	3	3	4	3
	B_3	3	2	3	4	3
	平均值	3.3	2.7	2.7	4	3.3
宝石花绿色肉质叶	C_1	3	3	2	5	4
	C_2	3	3	2	4	3
	C_3	3	2	3	4	3
	平均值	3	2.7	2.3	4.3	3.3
菠菜叶	D_1	4	4	4	5	4
	D_2	3	3	3	5	5
	D_3	4	4	3	5	3
	平均值	3.7	3.7	3.3	5	4

注：色素提取溶液的颜色分为 4 级，分别为：4-墨绿色、3-深绿色、2-绿色、1-淡绿色；色素层析后含量分为 5 级：根据层析后滤纸上各类色素含量的多少分级表示，“5”代表某一色素含量最多、颜色最明显、最清晰，以下类推。

总结上述实验可以看出：叶片必须是鲜绿的，不能是蜡质和革质的，细胞含水量少且软。叶片要鲜绿的原因是：鲜绿的叶片中含有较多的色素；不能是蜡质和革质的原因是：蜡质和革质的叶片不易磨碎，叶绿体中的色素不易被充分地释放出来，影响实验效果；含水量少的原因是：叶绿体中的色素不溶于水，水分多了不利于叶绿体色素的提取。

2. 优化色素提取溶剂种类

采用教材的方法将试剂全部加入再研磨，会使研钵内液体较多，不易着力，容易导致研磨不充分。过滤得出的滤液呈淡绿色，使分离的色素带颜色过浅。研磨时加入二氧化硅有助于研磨充分，加入碳酸钙可防止研磨中色素被破坏，加入无水乙醇是为了溶解与提取色素。针对三种试剂的作用，可减少用量，分次加入，两步研磨，以便更好地提取叶绿素(表 3-3)。

表 3-3　提取试剂加入种类的设计

序号	处理(按顺序操作)	甲组	乙组	丙组	丁组
1	称取 5 g 绿色叶片，剪碎	√	√	√	√
2	SiO_2(少量)	√	√	√	√
3	$CaCO_3$(少量)	√	—	√	√
4	丙酮(5 mL)	√	√	—	—
5	无水乙醇(5 mL)	—	—	—	√
6	蒸馏水(5 mL)	—	—	√	—
7	迅速充分研磨	√	√	√	√
8	过滤研磨液(漏斗基部放一块单层尼龙布)	√	√	√	√
9	将滤液收集到小试管中，用棉塞塞紧试管口	√	√	√	√

注：“√”表示操作或加入；“—”表示不加入。

结果分析：小组相互交流所得实验结果，组织语言描述实验现象。甲组滤液呈深绿色，乙组滤液呈黄绿色，丙组滤液几乎无色，丁组滤液呈深绿色。教师评价各小组的实验结果，让学生根据叶绿体中色素的颜色，分析实验结果差异的原因，并展开讨论。最后教师再引导学生得出相应的结论。甲组结果说明叶绿体中的色素能溶于丙酮。结论：叶绿体中的色素能溶解于有机溶剂如丙酮，可以用有机溶剂如丙酮来提取叶绿体中的色素。得出提取叶绿体中色素的方法，也是该实验的原理。乙组与甲组结果的差异，是由于未加入碳酸钙，叶绿素受到了破坏。结论：加入碳酸钙的目的是防止在研磨过程中叶绿素受到破坏。丙组与甲组结果的差异，是由于色素不溶于蒸馏水。结论：不能用蒸馏水提取叶绿体中的色素。丁组与甲组结果相同，说明色素也能够溶于乙醇。结论：乙醇也是有机溶剂，可以利用乙醇提取叶绿体中的色素。同时，本研究还设计了不同提取试剂提取的溶液及色素含量对比实验(表 3-4 和图 3-2)来探究不同提取试剂提取到的色素最佳效果。

表 3-4　不同提取试剂提取的溶液及色素含量等级对比

不同提取试剂组合	提取色素溶液颜色	色素层析后含量等级情况			
		胡萝卜素	叶黄素	叶绿素 a	叶绿素 b
2 mL 无水乙醇＋1 g 碳酸钙＋少量二氧化硅	4	4	4	5	4
2 mL 90%乙醇＋1 g 碳酸钙＋少量二氧化硅	3	3	3	4	3
2 mL 无水乙醇＋1 g 碳酸钙＋少量二氧化硅＋少量氯化钠	4	5	4	5	4
2 mL 丙酮＋1 g 碳酸钙＋少量二氧化硅	3	4	3	4	4
2 mL 甲醇＋1 g 碳酸钙＋少量二氧化硅	4	4	3	4	3
2 mL 92 号汽油＋1 g 碳酸钙＋少量二氧化硅	3	3	2	3	3

注：色素提取溶液的颜色分为 4 级，分别为：4-墨绿色、3-深绿色、2-绿色、1-淡绿色；色素含量分为 5 级：根据层析后滤纸上各类色素含量的多少分级表示，“5”代表某一色素含量最多、颜色最明显、最清晰，以下类推。

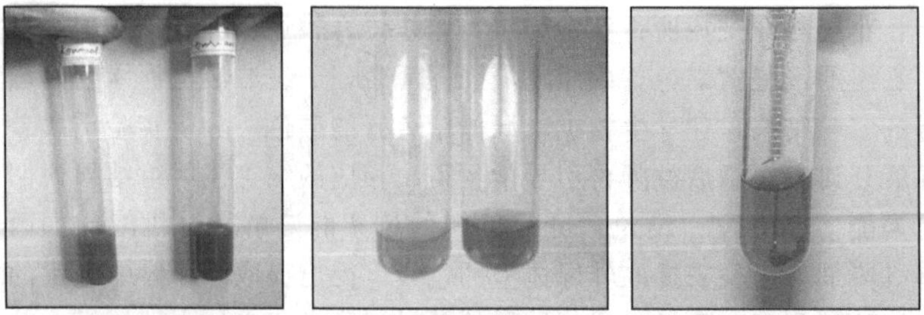

左侧未加氯化钠，右侧加氯化钠　　左侧未加碳酸钙，右侧加碳酸钙　　使用甲醇提取

扫码看彩图

图 3-2　不同条件下提取的色素溶液

由于叶绿体中的色素能够溶解在有机溶剂(无水乙醇)中，参考萨克斯(Sachs)利用天竺葵探究光合作用能产生淀粉的实验中设计的酒精脱色的方法，将绿色叶片放入无水乙醇中并水浴加热。具体操作为：称取 1 g 绿色叶片，剪碎放入试管中，加入 2 mL 的无水乙醇，塞好棉塞。用试管夹把试管置于沸水浴中加热 5～10 min(注意观察色素颜色，时间不宜太长，否则温度过高会破坏色素。)，当试管中的液体呈深绿色时，取出试管。由于加热导致无水乙醇挥发，提取液会减少，因此在熄灭酒精灯后取出试管，再向试管中滴加 1～2 mL 无水乙醇，并放在热水中约 5 min(此时酒精灯已经熄灭)。取出试管，待冷却后将色素提取液转移至一洁净试管中待用。这样处理的好处是：①相比研磨法提取色素，取材广泛。只要是深绿色的叶片，都可以进行提取。②色素提取充分，节约材料和药品。原来要 5 g 叶片，改进后只要 1 g；原来要 5 mL 的无水乙醇，改进后只要 2mL；改进后不需要二氧化硅和碳酸钙。③节约时间。④色素提取液深绿透明，色素含量高，效果明显[①](图 3-3)。

扫码看彩图

研磨法色素提取液　　酒精沸水浴脱色法色素提取液

图 3-3　两种方法制备的色素提取液

3. 滤纸条制作的优化

教材中建议将滤纸条的一端剪去两角，以减少滤纸边缘的浸润现象，让色素带跑得更平直。那么，如何剪去两角，剪成何种形状更有利于色素带的平直呢？于是设计了 6 种形状的滤纸条进行实验，探究何种形状的滤纸条利于色素带的平直(图 3-4)。

① 孟凡龙. 水浴加热法提取绿叶中色素实验的初步探索[J]. 生物学教学，2015，40(7)：46-48.

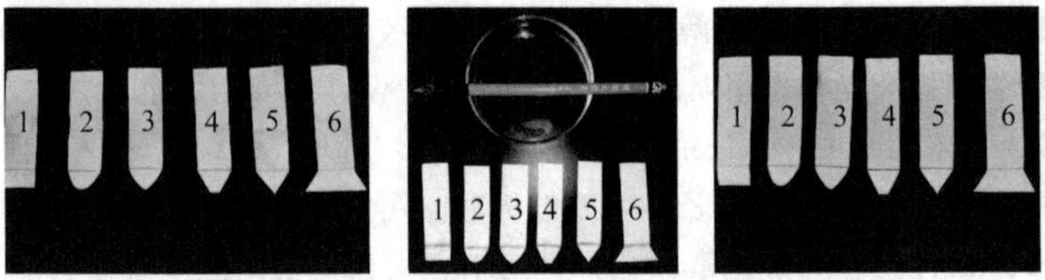

扫码看彩图

图 3-4　六种形状滤纸条的画线效果与层析效果

首先取空白的圆形滤纸 2 张，用铅笔、直尺(或载玻片)在空白滤纸上绘制设计的 6 种形状的滤纸条(每张圆形滤纸上设计 3 种形状)，同时也画好铅笔细线。然后用剪刀将滤纸剪成需要的 6 种形状，裁剪时注意手尽量不要捏住 6 种形状内的区域，可以捏在多余的滤纸区域，防止手上的油脂等污物黏附到滤纸上，影响实验效果。画滤液细线时采用毛笔画线，可以较好地保持滤液细线的细、匀、直。

从层析效果可以看出：色素带主要是绿色，而黄色色素带很不明显，分析原因可能是加热时间过长，温度过高，破坏了部分色素。加热时分子运动加快，色素溶出更为迅速。酒精是易燃、易挥发的物质，直接加热容易引起燃烧，所以加热时要隔水加热，也不能直观烧杯口。此外，水浴加热可以得到一个均匀受热的反应环境。酒精与挥发的蒸汽遇明火会引起火灾，同时要保证温度不能太高，否则会破坏色素。因此还可以设计实验来探究加热温度、加热时间、加热后是否再进行研磨等因素对色素的影响，从而拓展学生的思维，找到提取叶绿体中色素的最好方法。

4. 优化画滤液细线方法

从 6 种形状的滤纸条的层析效果图可见，一端较尖长的滤纸条(3、4、5 号)能更好地减少边缘浸润作用。同时，长梯形端能起到提示学生画线部位的作用。层析滤纸的干燥程度，折痕，操作者手上的护肤品、汗液、水分都会影响层析效果，产生峰谷状色素带。教师可在实验中让学生做一个对比实验，自己探究影响纸层析的因素，使能力目标进一步提升。

教材中建议的方法是用毛细吸管吸取少量滤液，沿铅笔细线均匀地画一条细线。待滤液干后，再画 1～2 次。由于毛细吸管是玻璃的，在画滤液细线时，容易使滤纸划破、毛细吸管容易断裂，而且每次学生都画得粗细不均，也不齐，实验效果不佳。画滤液细线的要求是细、直、齐、快，画线时尽量注意双手不捏纸面，避免手上的油脂或其他物质污染滤纸。画线的方法，除了教材中所用的毛细吸管外，还有多种改良措施，包括盖玻片法、蘸水笔法、圆形滤纸点样法等。不论哪种方法，一定要均匀，重复 2～3 次，每次应等上次滤液细线干燥后再画下一次。肉眼可见该滤液细线颜色较深。

(1)条形滤纸画线。

钢笔画线：由于对滤液细线的要求高，可改用吸水钢笔代替毛细吸管。具体操作如下：距滤纸条尖角端 1 cm 处用铅笔画一横线，用钢笔吸取少量色素提取液沿铅笔线画滤液细线。每画一次后用吹风机吹干滤液细线，再重复画几次。那么，改进后的效果又如何呢？实践证明，用钢笔画滤液细线更方便快捷，克服了毛细吸管易堵塞、破裂且所画细线粗细不匀的缺点。

玻片画线：距滤纸条尖角端 1 cm 处用铅笔画一横线，用盖玻片的一侧作为“印章”，蘸取滤液对齐滤纸条上的铅笔细线垂直按下，待滤液干后，重复 5～6 次。此方法省时省力，且滤液细线细、直、齐。但用盖玻片画的滤液细线中的色素含量较少，需要多次重复。笔者还尝试了另一种方法：先在干燥的载玻片上滴几滴滤液，再用另一片载玻片和它成 45°倾斜，用倾斜的那片载玻片往前推，如同做血涂片一样把滤液推成一薄层，制成一张色素滤液的涂片，再把滤纸在画铅笔线处折叠，把新折叠出来的边直接在载玻片中的滤液上小心沿一个方向推干色素，干燥后重复几次。此方法操作简单，画出的滤液细线不仅直，而且色素分布较均匀，色素含量高，效果明显，但推出的滤液线粗细不易控制。综合以上实验情况，最后笔者直接用载玻片画线：用载玻片两侧的短边缘蘸取滤液，待不再有滤液滴下来时开始拓印，若滤液细线较粗，待干燥后可重复 2～3 次。该方法得到的滤液细线色素含量较高，但不太好控制色素的宽度。或用菠菜叶将载玻片的短边缘包住，直接在滤纸上画线，这样得到的绿色效果不是很明显，色素较少，且不够均匀，但可以省去提取的过程。

毛笔画线：距滤纸条尖角端 1 cm 处用铅笔画一横线，用未泡开的新毛笔尖端蘸取少量滤液，沿铅笔线均匀画出一条滤液线。用吹风机吹干滤液细线或待滤液线干后，重复 3～5 次。采用新毛笔尖画线效果很好，其优势有：毛笔易购买，可重复使用，且笔杆长，蘸取滤液非常方便；毛笔画线与学生书写习惯相近，更容易画出平直的细线；滤液细线容易晾干，相同的时间内可反复画更多次，弥补每次画线所吸收的色素量较少的不足，保证滤液线含有足够的色素；毛笔轻柔，多次描画也不会划损滤纸，可以很好地控制滤液细线的宽度；用毛笔画线，滤纸条吸收叶绿素更加均匀集中，色素分离更快，也更平整，有利于在更短的时间内，正确认识绿叶色素的种类和含量，尤其能很好地体现课本所给出的各种色素含量的比例关系。笔者推荐采用该方法画线。

牙签画线：用滴管吸取色素提取液，滴在牙签上，待牙签上的色素提取液不滴下时拓印在滤纸条上。特点是拓印出的滤液线细、齐、直，但色素不够多，与用载玻片拓印相比，重复拓印相同次数时，效果不如用载玻片拓印，而且操作起来较麻烦。

图 3-5 为四种工具画线效果，从左到右依次为钢笔、玻片、毛笔、牙签画线。

扫码看彩图

图 3-5　四种工具画线效果

(2)圆形滤纸画线。

在圆形滤纸上进行色素的分离实验，一般将“画线”改为“点样”(图 3-6)。

方法一：将滤纸剪为圆形放在一烧杯上，在圆形滤纸中央点上滴 2 滴色素提取液，静置约 1 min，然后依次滴 3～5 滴层析液，每滴中间间隔 30 s，然后盖上培养皿盖，几分钟后，观察结果。实践后发现很难形成圆形的色素带，且内外颜色分布不够清晰。

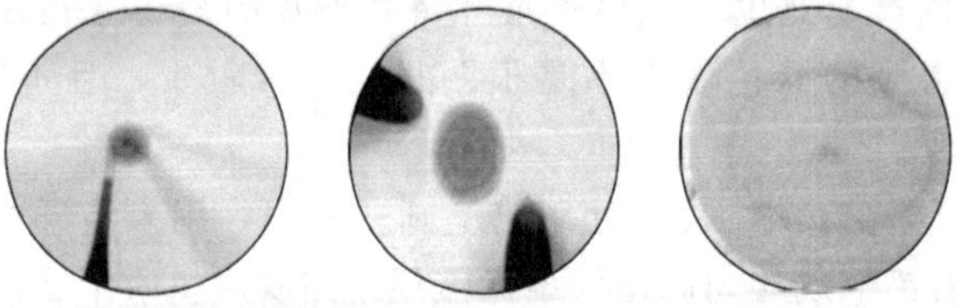

扫码看彩图

图 3-6　圆形滤纸点样方法一

方法二：将 1 张干燥的圆形定性滤纸(直径大于培养皿底)盖在培养皿上，用毛细吸管吸取色素提取液后在滤纸中央点上 2～3 次，形成圆形色素斑。“点样”后，取 1 枚缝衣针，穿 1 根细棉线，在棉线末端打个结，将针从滤纸的正面穿过色素斑中心。向培养皿中加入适量的层析液或无水乙醇，把做好的滤纸扣在培养皿底的上面，棉线的无结一端浸没在层析液中，再将培养皿盖盖上，可以观察到滤纸上出现色素同心圆。在操作过程中可以发现，“点样”后很难形成圆形色素斑，所以分离色素后形成的色素同心圆也就欠佳。于是在此基础上又进行了改进：在圆形滤纸的圆心用 1 枚缝衣针，穿 1 根细棉线，在棉线末端打个结，将针从滤纸的圆心穿过。然后用 10 mL 试管的试管口蘸取色素提取液，以圆心为中心拓印一个圆形色素斑，待干燥后再重复 2～3 次，然后再进行色素的分离，这样在滤纸上就可以看到比较完美的色素同心圆(图 3-7)，且色素分离效果较好。若要对多种材料的色素提取液进行色素分离的比较，就要用钢笔或毛笔绘制半圆或三分之一圆的滤液细线，干燥后再重复几次。

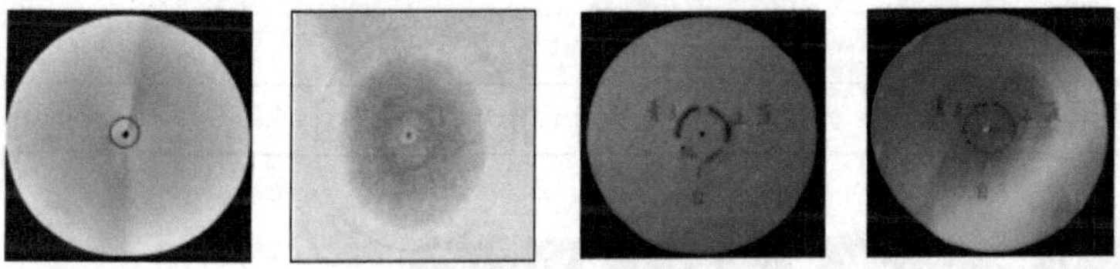

扫码看彩图

图 3-7　圆形滤纸点样方法二

5. 优化层析液的组分

层析液很容易挥发，按照常规操作实验员预先配好，几个班共用，后面的班级因层析液的挥发(其中的成分挥发程度不同)而现象不明显，如果改成层析液现配现用，效果就比较理想。遇到天气较冷，应先把层析液加热一下，这样层析速度快且效果好。同时教材还建议可用 92 号汽油代替，笔者尝试用 92 号汽油分离，但是效果不是很明显，过一会颜色消失，分析可能汽油扩散速度太快。同时笔者发现实验室的四氯化碳化学性质稳定，有令人感到愉快的气味，与水互不相溶，可与乙醇、石油醚等混溶。那么四氯化碳可否用于分离色素，效果如何呢？怎样的层析液配制既能取得较好的效果，又是安全环保的呢？为此，本堂课以教材推荐的菠菜叶片为材料进行层析液比较研究，以期获得更加安全的实验方法。

表 3-4 列出了层析 10 min 后各色素带离开原始起点的距离。从 1 组可以看出单一石油醚作为层析液时，与其他两种层析液结果相比，橙黄色的胡萝卜素条带不清晰；从 4 组可以看出单一四氯化碳能分离橙黄色和黄色，但是分离不太明显，黄色的叶黄素很不明显；5 组的石油醚＋四氯化碳(1∶2)效果比 4 组单一四氯化碳分离效果明显；2 组的石油醚＋丙酮和 3 组的石油醚＋丙酮＋苯两种层析液中，4 条色素带均能很好地展开(表 3-5 和图 3-8)。相比之下，用 2 组的石油醚＋丙酮进行层析，4 条色素带的分离更明显，层次更清楚。因此以 2 组的石油醚＋丙酮作为层析液，能够清晰地分离植物叶绿体色素，满足中学生物学教学的要求。层析液中排除苯，不仅可以节约药品，还能

减少实验室有毒化学试剂的用量，减少空气的污染。

表 3-5　不同组分层析液对菠菜叶绿体色素分离的影响

不同组分层析液		色素带离原点距离/mm			
		胡萝卜素	叶黄素	叶绿素 a	叶绿素 b
1 组	石油醚	不明显	17	14	10
2 组	石油醚＋丙酮(20：2)	55	39	31	25
3 组	石油醚＋丙酮＋苯(20：2：1)	52	37	28	25
4 组	四氯化碳	46	不明显	20	14
5 组	石油醚＋四氯化碳(1：2)	50	35	28	22

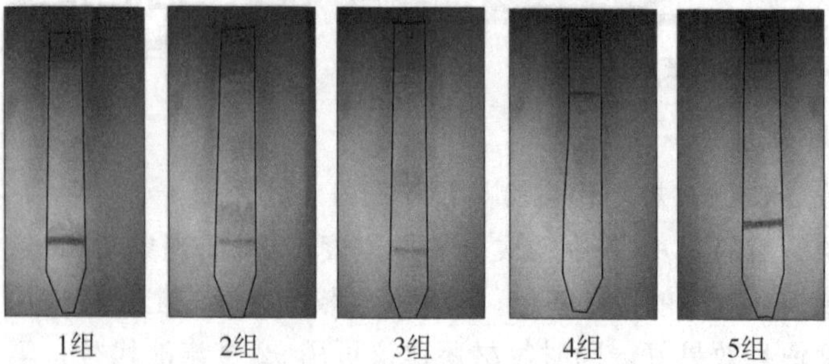

扫码看彩图

图 3-8　不同组分层析液分离菠菜色素的效果

6. *优化层析方法*

层析法是利用不同物质理化性质的差异而建立起来的技术。所有的层析系统都由两个相组成：一是固定相，二是流动相。当待分离的混合物随流动相通过固定相时，由于各组分的理化性质存在差异，与两相发生相互作用(吸附、溶解、结合等)的能力不同，在两相中的分配(含量比)不同，且随流动相向前移动，各组分不断地在两相中进行再分配。分部收集流出液，可得到样品中所含的各单一组分，从而达到将各组分分离的目的。目前，层析法主要有吸附层析、分配层析、纸上分配层析、薄层层析分离、聚酰胺薄膜层析、气相层析、高压液体层析。

(1)条形滤纸层析法分离色素。

分离叶绿体色素常用的是纸层析法，它是一种分配层析。其原理是利用混合物各组分在流动相和固定相两种不同溶剂中的分配系数差异，将它们分离。在层析过程中，当层析液在毛细拉力作用下，上升流经色素滤液细线时，滤液细线上的色素就相继融入层析液，有一部分色素从层析液分配溶解到固定相中，直到平衡。由于分配系数的不同，那些分配系数大的色素分子(胡萝卜素和叶黄素)，随层析液向上移动得快，形成的色素带集中在滤纸的上部；而分配系数小的色素分子(叶绿素 a 和叶绿素 b)，则集中在滤纸的下面。

结合教材层析方法的建议，在分离色素的实验中，设计了方案一：事先根据烧杯的高度制备滤纸条，使其长度超过烧杯 1 cm，将超过部分做直角折叠，另一端按制备滤纸条的实验要求画滤液细线。在培养皿盖的内面贴上双面胶，将滤纸条折叠部分贴在双面胶上，就能稳稳地立在中间了，效果非常好，同时可以贴多条滤纸条(图 3-9)。向小烧杯中注入适量层析液，把贴好滤纸条的培养皿盖在烧杯上，进行层析。此方法可以避免滤纸接触到烧杯壁，从而减少色素在滤纸上扩散的阻力，减少了无关变量对实验结果的影响，同时该做法可以让多个小组一起进行，节约了药品材料，降低了空气污染，对开展探究性实验和设置对照实验来说都是不错的选择。

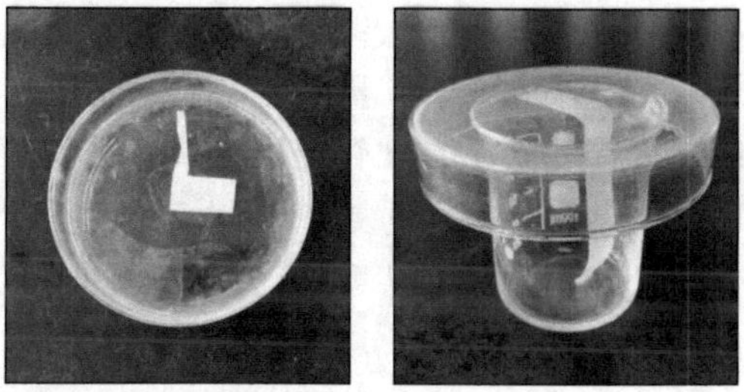

扫码看彩图

图 3-9　条形滤纸层析法分离色素(一)

教科书采用试管作为层析的装置。虽然试管口小，可减少层析液的挥发，但试管空间窄而深，容易造成滤纸条贴壁，致使实验失败。由于层析液易挥发、有毒，可以尝试自己设计简易层析瓶。因为密闭效果好，所以能有效防止层析液挥发造成的空气污染，从而避免了实验对师生身体健康的影响。设计了方案二：取一片圆形滤纸和一个 10 mL 烧杯，将圆形滤纸作为烧杯的盖子，折好圆形滤纸。用小刀在滤纸上划出间隔合理的多个刀口，根据烧杯高度，折叠好滤纸的上端，插到滤纸刀口上，并固定好滤纸条的长度，使滤纸条垂直整齐地接触烧杯底部。用橡皮筋或细线将制作好的滤纸固定在烧杯口上。此装置(图 3-10)可同时放置多条滤纸条，而且位置固定，可避免滤纸条贴壁或相互交叠。简易盖子可减少层析液挥发，同时能避免学生因错误操作而倒入滤液，污染层析液，致使实验失败。此装置制作简便，可重复使用，能满足多名学生做实验的需要，实验员每节课后统一回收和加液也比较方便(可使用针筒或掀开盖子)。

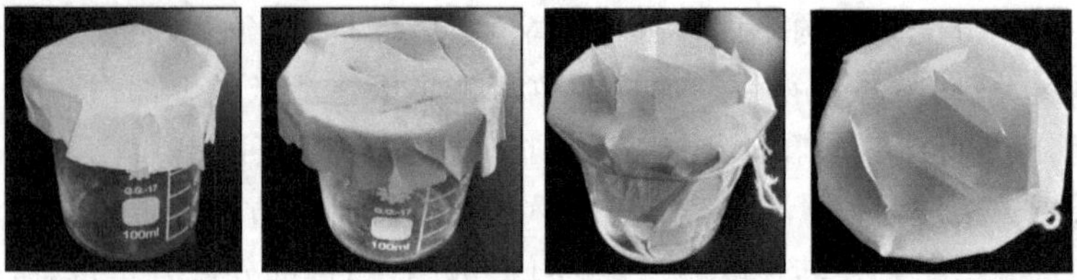

扫码看彩图

图 3-10　条形滤纸层析法分离色素(二)

(2)圆形滤纸层析法分离色素。

在研磨菠菜后过滤时，用玻璃棒引流，几分钟后，倒掉尼龙布中的绿叶残渣，发现白色的尼龙布上以玻璃棒接触点为圆心，出现了 4 个色素带，分层现象明显，和学生在圆形滤纸上做出来的效果差不多(只是颜色淡一点)。其原因是无水乙醇能溶解色素也有层析功能，只是它的溶解度小一点，而且在过滤时所有的研磨液中的色素都集中以玻璃棒接触的点为圆心，相当于用圆形滤纸做实验时的点样点。由此设计了如下方法：取 1 张干燥的直径大于培养皿底的圆形定性滤纸，在其圆心剪一小孔。取少量棉花制成短而粗的棉线，穿过滤纸的圆心小孔。取出棉线，然后用 10 mL 试管的试管口蘸取色素提取液以圆心为中心拓印一个圆形色素斑，待干燥后再重复 2～3 次，然后再将粗棉线穿过小孔，进行色素的分离，这样在滤纸上就可以看到比较完美的色素同心圆(图 3-11)，且色素分离效果较好。

扫码看彩图

图 3-11　圆形滤纸层析法分离色素

“绿叶中色素的提取和分离”实验在具体的实施过程中常出现的问题及原因有：①滤液过少。漏斗基部的尼龙布或纱布不能太厚，否则滤渣太多太细，滤液无法滤出。②颜色过浅。可能的原因有实验材料不足，提取到的色素量少。该实验可适当增多叶片的用量，但应在研磨后不影响过滤，因此加入少许二氧化硅和碳酸钙即可，这样能保证提取色素滤液的浓度。也可能是材料中的色素未充分提取。学生往往研磨不充分就急于过滤，使得分布于类囊体膜上的色素没有充分溶解到有机溶剂中。③层析失败。裁取定性滤纸条时，在一侧剪去两角后，用铅笔所画细横线不宜太短．太短易使滤液细线在层析的时候浸没在层析液中，实验失败。④色带不清。由于提取色素不够，以及滤液细线画得不均匀，出现见不全 4 条色素带或色素带波峰大及辨不清的情况。此时，教师应多选择几个学生的实验结果，进行比较，分析操作失误的原因，同样会达到较好的效果。

（三）实验优化方案需要进行多维实验评价

生物学实验原理是对生物学知识的高度概括和应用，是实验教学设计的核心，在设计实验时教师必须做到心中有实验原理，并将实验原理作为实验教学设计的理论指导和实验分析的依据，这样实验课上才能在尽可能短的时间内让学生对原理有一个清晰的认识。然而，现在的实验课堂往往是教师向学生讲述（或者是学生自己阅读）实验原理，这种教学方法导致很多学生即使做了实验，仍然没有真止理解实验原理，教学效率低下。“绿叶中色素的提取和分离”实验，涉及提取和分离的原理，实验教学时如果在一开始就把两个原理一并出现，学生是不能理解的。实验教学时可将实验原理分解，提取的原理放在学生进行提取色素之前进行讲述，一般通过色素提取原理探究的演示实验视频来完成：在两个体积相同的小烧杯中，分别盛等量的清水和无水乙醇，将两块被相同菜汁污染的白布分别放入清水和无水乙醇中，用玻璃棒搅拌，边搅拌边观察白布上的污渍消失的情况。学生通过观察得出实验结论即实验原理：绿叶中的色素能溶解在无水乙醇中，所以可以用无水乙醇来提取绿叶中的色素。提取色素之后，通过问题：试管的滤液中含不同的色素，怎么将它们分离，依据的原理是什么呢？引入分离的原理。通过这种分解，绝大部分学生能较好、较快地把握实验原理。

一节实验课最核心的目标，是学生能否理解实验原理，明确进行操作的原因，进而达到实验教学的目的。本节实验课的主要问题是学生对实验的原理，特别是层析分离的原理不是很清楚，许多学生往往可照教师的要求完成实验，但却不知道为什么一定要这样做。教学中可以尝试改变评价方式来带动整个实验课堂的组织策略的改变。

在实验课前先让学生预习，理解实验过程。要求学生对实验的原理、步骤进行描述。课上分组实验，以非正式评价促实验操作与思考。重点讲解实验的原理，并选出学生提出的典型问题，如“清水可以提取色素吗？还有什么方法可以提取绿叶中的色素呢？”“纸层析法是怎样将色素分离的呢？”为了达到实验教学目标，把评价表发给大家，根据学生实验的情况，巡视每一小组，针对实验的过程，提出问题，评价学生对原理和操作方法的理解，对有创新的小组，给予肯定。具体评价内容如表 3-6 和表 3-7 所示。

表 3-6 “绿叶中色素的提取和分离”实验过程性评价表

评价项目	评价要点	分值	自评	互评	师评
绿叶处理	菠菜叶擦洗干净，去除叶脉，称取 5 g，剪碎	5			
色素提取	研磨绿叶：剪好的菠菜叶放入研钵中，加少许 SiO_2 和 $CaCO_3$，再加入 10 mL 无水乙醇，进行迅速、充分的研磨	5			
	过滤研磨液：将研磨液迅速倒入玻璃漏斗进行过滤，将滤液收集到试管中，及时用棉塞将试管口塞严	5			
制备滤纸条	将干燥的定性滤纸剪成略小于试管长与宽的滤纸条，将其一端剪去两角，并在距这一端 1 cm 处用铅笔画一条横线	5			
画滤液细线	用毛细吸管吸取少量滤液，沿铅笔线均匀地画出一条细线。待滤液干后，再画一两次	10			
色素分离	将适量的层析液倒入试管中，将滤纸条轻轻插入层析液中(注意：不能让滤液细线触及层析液)，随后用棉塞塞紧试管口	10			
观察记录	观察滤纸条上色素带的颜色，排列顺序，并记录结果	10			
能力考查	如何解释滤纸条上色素带的排列顺序	10			
	滤纸上的滤液细线，为什么不能触及层析液	10			
交流表达	勇于接受他人意见，结论表达规范、全面	10			
情感态度	积极参与实验，分工合作，有环保意识、实事求是的精神	10			
实验改进	实验中发现新的问题并能改进、创新	10			

课后根据学生实验情况做好总结。教师从评价表获取的信息及实验中发现的问题，与学生进行总结分析。学生在该实验的具体操作过程中会遇到许多问题，这些问题其实不需要教师回答，可反问学生，如“为什么要加碳酸钙”“过滤时，滤液流不下去怎么办?”“叶绿素 a 和叶绿素 b 好像没分开，为什么?”整节实验课正是由于有这样的师生互动评价环节，让教师和学生都对实验中出现的许多问题有了更深的思考，动脑去完成实验，清楚操作的原因。由于要布置预习任务、收集问题、课堂上的互动评价等，学生和教师的工作量都将增大，但通过预习、实验中的操作与评价思考，以及课后的分析，学生对整节实验课的理解比常规的实验操作收获更多，对本节课的难点实验原理理解更深入。

表 3-7　“绿叶中色素的提取和分离”实验表现性评价表

评价项目	项目标准	分值	自评	互评	师评
科学态度	①积极参与实验操作	6			
	②认真观察实验现象	6			
	③如实记录实验数据	6			
	④实事求是报告实验结果	6			
	⑤充分参加交流讨论	6			
实验设计	①实验目的明确	5			
	②实验设计有新意	5			
	③仪器和用具准备充分	5			
	④理解实验原理	5			
	⑤了解实验所用试剂的性质和作用	5			
实验过程与方法	①按照实验室规章制度进行实验操作	6			
	②了解实验器具、试剂的用途、原理、使用方法及注意事项，能够科学准确地使用实验器具和试剂	6			
	③实验操作逻辑顺序合理，操作规范	6			
	④能预见实验室和野外研究中存在的潜在危害，并对自身实施有效的保护措施，危险发生后能正确及时从容应对	6			
	⑤提出、分析、解决实际操作问题的应变能力	6			

续表

评价项目	项目标准	分值	自评	互评	师评
实验效果	①小组合作按时完成实验	5			
	②实验效果较好	5			
	③能提出改进实验操作的建议或方法	5			

【学以致用】

1. 你尝试过引导学生一起做教材实验的优化吗?
2. 根据某个具体实验来设计实验优化的思路。

【拓展延伸】

结合开设过的实验，尝试从实验问题与解决方案、教学问题与解决方案、改进策略与优化措施等角度加以阐述：

实验名称 研究角度	实验问题与解决方案	教学问题与解决方案	改进策略与优化措施

第四章　生物学实验教学评价

【学习目标】

通过本章的学习，学习者应能够：

1. 阐述发展性评价的意义，并能在具体实践时遵循发展性评价的实施原则。

2. 根据教学内容和目标灵活选择合适的评价方式，特别是表现性评价、纸笔测验、档案袋评价等典型评价方式。

3. 根据具体情况创造性地开发合适的评价工具。

【内容概要】

生物学实验教学评价有其典型的评价方式，如表现性评价、纸笔测验、档案袋评价等，生物学实验教学评价应是质化与量化相结合、多元化、发展性的评价。生物学实验教学评价实施需要开发不同的评价工具，不同的评价工具具有不同的测评维度，如侧重实验技能形成的评价工具要从观察技能、操作技能和统计技能三个维度进行评价，侧重探究能力发展的评价工具要从观察和描述生物现象、提出问题、做出假设、设计方案、实施方案、处理数据、根据证据做出合理判断等维度进行评价，侧重信息素养整合的评价工具要从课堂热情、知识理解、实验技能三个维度进行评价。生物学科学实践评价应走向以素养为本。

【学法指引】

本章内容按照循序渐进、由浅入深的结构层次，对生物学实验教学评价的典型方式、综合与创新运用及实施原则等进行了全面梳理与概括。学习者可首先通过“学习目标”“内容概要”模块，对本章主要内容及结构脉络进行整体把握，之后对各节内容进行精读学习，对表现性评价、纸笔测验、档案袋评价等典型教学评价的内涵、特点和实施过程进行理解，在此基础上学会根据不同实验教学内容和目标选择或开发恰当的评价工具，并掌握以素养为本的生物学科学实践评价的实施原则。通过“案例分析”“学以致用”等模块，学习者将理论与案例相结合；通过案例或练习，学习者对生物学实验教学评价方式进行思考和应用，从而对学习结果进行进一步巩固，真正将所学与所用结合起来。

第一节 生物学实验教学评价的典型评价方式

【问题聚焦】

1. 生物学实验教学评价的本质与目的何在?
2. 生物学实验教学评价有哪些典型评价方式?
3. 如何在生物学实验教学中运用典型评价方式?

【案例研讨】

某中学即将进行高中生物学实验考试，周老师为本次考试制订了如下方案。

行为目标：学生能独立和熟练地使用显微镜(高倍镜)观察玻片标本，能根据环境的光线调节视野亮度，并能将观察到的图像正确地绘制出来。

测试情境：地点是实验室，室内光线明暗度分布不均匀，每张实验台上有一台显微镜、一张永久装片(如叶绿体装片)、一张纸和一支铅笔。指导语写在桌面的纸上或前面的黑板上。

指导语：我们将用一个实验来测评你的实验操作技能水平。请用高倍镜观察桌面上的这张玻片标本，将视野调至最佳观察状态后，绘出所观察到的图像。绘图及其显微镜中的相应视野状态是教师评分的依据，请注意保留。完成时间为 10 min，完成后请离开实验室。

收尾工作：教师对学生的应试情况进行评价，以书面形式给出相应的评级、评语以及建议，连同学生的绘图一并发还给个人，由学生保存到各自的生物学学习档案袋中。

周老师的这一方案包含了哪些评价方式？有何特点？其作用是什么？是如何体现的？生物学教师在实验教学中应该应用哪些典型评价方式？

一、生物学实验教学评价应是质化与量化结合的评价

生物学实验教学评价就是以教学目标为依据，以科学的评价方法为手段，确定学生达到教学目标的程度并对此做价值判断，从而为教学决策提供依据，以促进学生综合整体发展的过程。① 生物学实验在培养学生学习生物学的兴

① 史刚荣. 生物实验教学评价[J]. 生物学通报，1995，30(6)：32-33.

趣，提高学生生物学实验基本技能和创新水平等方面都有着重要作用。①

质化教学评价（简称“质化评价”）是指评价过程中采用观察记录、建立档案等非测验的方式去收集与某一教学有关的学生实际表现或所取得进步的资料，并对所获得的资料进行定性分析后，对教学效果做出评价。这种评价方式更多地用于对教师的教学和学生的学习过程进行评价，在当前学校教育教学改革中使用较多。②

量化教学评价（简称“量化评价”）是指在评价过程中采用测验的方式去收集与某一教学有关的学生实际表现或所取得进步的资料，并对所获得的资料进行数量化分析后，对教学效果做出评价。运用常模参照评价与标准参照评价以及标准化学业测验和教师自编测验所进行的评价，均属于量化教学评价。这种评价方式更多地用于对教师的教学和学生的学习结果而不是过程进行评价，在传统教学中使用较多。③ 质化评价与量化评价的特点、优势和不足对比如表 4-1 所示。

表 4-1　质化评价和量化评价比较

项目	质化评价	量化评价
评价目的	通过对评价对象及内容的分析，从整体上进行描述、解释和评价，有生动、准确的描述	量化评价对象，通过数据直接统计评价对象的各项水平
角色定位	评价者是观察者、描述者，与研究事物进行深入接触，了解事物的深层内在	评价者抽身在外，负责客观统计和事实陈述
功能	沟通、反思、改进	甄别、区分、鉴定
侧重点	非认知维度	认知维度
优点	能把握评价对象的价值和特点	客观、统一、分数分布区间大，操作性强
缺点	主观性强，不够客观，没有完全统一的评价标准	忽略评价对象的过程性、成长性、价值性

① 俞莉丹，陆建身，高靖. 中美中学生物实验教学差异探析[J]. 生物学杂志，2009，26(2)：14，91-92＋14.

② 莫雷. 教育心理学[M]. 北京：教育科学出版社，2007：331.

③ 同②.

生物学实验技能包括设计技能、观察技能、操作技能和报告技能，并且有思维技能贯穿其中。① 在生物学实验中，对于学生外显行为的评价侧重于技能的熟练程度、问题解决能力、交流合作能力等不可量化的特性，倾向于质化评价；而对于学生内在知识和思维的评价，例如知识的掌握程度，以及批判性思维、逻辑思维、创新思维的发展，更倾向于以量化的形式进行评价。由此可见，不同的实验教学评价方式都有其专属的目的性和范围的局限性，以及在质和量方面的侧重性，所以我们应该采用多样化的评价方式，即应当将质化评价和量化评价相结合。

此外，质化评价与量化评价结合的评价方式对生物学实验教学具有独到作用。首先，这种评价方式并不仅仅局限于知识的掌握和操作的熟练，还增加了对实验现象和结果分析的评价，在科学探究中发现生物学规律、掌握生物学核心概念，促进学生核心素养的发展。其次，评价时使用检核表、双向细目表和评价细则对学生实验过程中的行为表现和作品成果进行实作评价，能够从更多角度考证学生实验能力的发展程度。最后，这种评价方式能有效指导学生取长补短，帮助学生明确知晓自身在实验学习中的不足之处和发展水平，从而有目的地补齐短板，达到“评价是为了促进发展”的目的。

二、生物学实验教学的三种典型评价方式

生物学实验教学的典型评价方式各有质化和量化的侧重，在教学实践中应当是相结合的评价，为了便于叙述，下面就生物学实验教学常用的三种典型实验教学评价方式分别对其内涵、特点、适用情境等方面进行阐述。这三种实验教学评价方法分别是：侧重量化的生物学实验教学纸笔测验法，质化与量化双重特性的生物学实验教学表现性评价，侧重质化的生物学实验教学档案袋评价(表 4-2)。

表 4-2　生物学实验教学的典型评价方式

评价方式	质化倾向	量化倾向
生物学实验教学纸笔测验法		☆☆
生物学实验教学表现性评价	☆	☆
生物学实验教学档案袋评价	☆☆	

注：“☆”的个数代表倾向程度。

① 胡继飞. 关于生物学实验技能的测评问题[J]. 生物学通报，2002，37(9)：34-36.

(一)侧重量化的生物学实验教学纸笔测验法

纸笔性质的标准化成就测验简称“纸笔测验(paper-pencil test)”，是生物学实验教学中的传统测验方法，是指以书面形式的测验工具，评定学生在科学知识方面学习成就高低或在认知能力方面发展强弱的一种评价方式。① 然而，无论是客观性题目(如选择、判断、匹配)还是主观性题目(如简答、论述、设计)，也无论测验的标准化程度如何，纸笔测验主要考查的是低水平的书本知识、孤立的内容和技能，难以评价学生在真实情境中复杂问题的解决能力。②

让学生设计一个方案、回忆一个实验的操作步骤或回答一些有关实验过程中的具体问题，都可以采用纸笔测验法。实验技能中的纸笔测验与传统的纸笔知识测验的不同之处在于，它强调模拟情境下实验技能的应用。其最大的优点是操作简便，可进行大规模的测评；缺点是测验情境的真实程度很低，往往难以反映学生的实际技能水平。所以纸笔的实验技能测验主要用于两个方面，一是不太强调真实情境的实验设计技能的实测，二是用于需要强调真实情境实验技能的预测。为提高纸笔测验的准确性，必须精心设计测试题。题目应主要测试那些对学生来说是新知识的内容，或者是演示实验和学生实验的变式，这样可以减少学生预先知道答案对测试结果的影响。③ 例如下面的测试题：

下面是有关细菌 A 的 4 项实验：

实验 1　将 A 接种于一般培养基，结果出现菌落。

实验 2　用放射线处理 A，以产生 a_1 突变种。将 a_1 接种于一般培养基后，不出现菌落；但在培养基内添加营养物质甲后，就出现菌落。

实验 3　另用放射线处理 A，得突变种 a_2。将 a_2 接种于一般培养基后，也不出现菌落；但在培养基中添加营养物质乙后，就出现菌落。

实验 4　将 a_1 和 a_2 一起接种于一般培养基，数日后出现菌落。

请解释实验 4 中出现菌落的原因，并说明需要哪些证据才能使你的解释更为合理。

通过纸笔测验引导学生对一些现象进行解释并做出分析，是一种评价学生学业成就的有效方式。它不仅能了解学生是否懂得了一个特定的事实或概念，

---

① 李能国. 生物学实验探究能力的评价研究[J]. 生物学教学，2016，41(5)：15-17.

② 胡继飞，郑晓蕙. 生物学教育心理学[M]. 北京：北京大学出版社，2007：32.

③ 胡继飞. 关于生物学实验技能的测评问题[J]. 生物学通报，2002，37(9)：34-36.

还能了解学生理解的广度和深度。①

（二）质化与量化双重特性的生物学实验教学表现性评价

20世纪中叶以来，人们一直在积极寻找一种替代性的评价方式，以克服传统测验的这些弊端。表现性评价(performance assessment)因此应运而生，它能测量出学生在真实世界中的复杂成就和轻易表现，因而替代传统标准化测验成为影响和推动教学实践的重要评价方式，因此也有人将其称为替代性评价(alternative assessment)。

> **核心概念**
>
> **表现性评价**(performance assessment)是20世纪90年代美国兴起的一种评价方式，是指"教师让学生在真实或模拟真实的生活环境中，运用先前获得的知识解决某个新问题或创造某种东西，以考查学生知识与技能的掌握程度，以及实践、问题解决、交流合作和批判性思维等多种复杂能力的发展状况"。表现性评价是注重过程的评价，在课堂教学与评价中受到普遍的重视和推广。

表现性评价有效克服了传统标准化测验的弊端，能有效评价学生在真实情境中运用先前所学分析与解决关键问题的能力。与判断题、选择题等传统题型相比较，它与真实生活的关联更密切。这一优势不仅符合现代学习理论重视主体参与和意义构建的理念，而且恰好呼应了当前基础教育课程改革强调教学与生活结合，重视问题解决能力的趋势。

生物学实验教学评价中应用表现性评价，是通过记录学生在实际问题解决过程中的操作、演示、口头陈述等外显行为或者是学生的设计方案、论文等学业成果来评价学生能力的。教师应当鼓励学生成为评价的主体，让学生意识到评价是发现问题、提高自我的方式，从而促进学生主动学习和进步。

生物学实验表现性评价力求在真实的情境中完成任务，关注学生在活动中外显的行为表现，不仅包括生物学实验学习活动的结果，更重要的是还应包括学生在具体的生物学实验学习活动过程中的一系列行为。

对于学生外显行为的评价侧重于技能的熟练程度、问题解决能力、交流合作能力等不可量化的特性，倾向于质化评价；而对于学生内在知识和思维的评

① 方红峰. 教学评价的理念和技术——普通高中生物课程标准中"评价建议"的介绍[J]. 生物学通报，2003，38(6)：25-28.

价，例如知识的掌握程度、批判性思维的发展，更倾向于以量化的形式进行评价。因此表现性评价具有质化与量化的双重特性。

例如，对学生“观察植物细胞有丝分裂”实验①进行评价时，使用评分细则工具进行评价。具体做法是：①通过形成性测验完成动作认知的考核；②依据教学目标，制订《动作技能考核评分细则》(表 4-3)，逐步量化评分考核；③总评成绩＝动作认知考核成绩×权重＋动作技能考核成绩×权重。

表 4-3 动作技能考核评分细则

考核项目	考核标准与等级			得分
	优良	合格	不合格	
清洁玻片(5)	擦干净(5)	没有擦净(3)	没有擦(0)	
滴 水(5)	正中，水不溢出载玻片(5)	正中，有少量水溢出载玻片(3)	不正中，有大量水溢出载玻片(2)	
根尖离碎(10)	用镊子尖，根尖被离碎(8～10)	未用镊子尖，根尖被离碎(7)	根尖未被离碎(5)	
盖 片(5)	用镊子，整体无明显气泡(5)	用镊子，材料上无明显气泡(3)	用手或材料上有明显气泡(2)	
压 片(10)	加载玻片，细胞分散(10)	加载玻片，细胞稍有重叠(8)	不加载玻片或细胞未被分散开来(6)	

注：括号内为对应得分。

表现性评价也有其不足之处，在实际进行的过程中面临着极大的难度和挑战。一方面，表现性评价的任务设计、实施与评分需要耗费相当大的时间和精力；另一方面，表现性评价的信度问题也值得关注，评价结果是否可靠则需要更详尽的分析。

(三)侧重质化的生物学实验教学档案袋评价

档案袋又称为成长记录袋，通过学生成长记录袋，记录学生成长过程中的点点滴滴。如将实验报告、实验设计、小论文、作业等收入成长记录袋中，作为衡量学习态度和能力的依据之一②，用以评价学生在特定领域学习中的努力、进步与成就。与传统以标准化为核心特征的纸笔测验法相比，这种新型评

① 史刚荣．生物实验教学评价[J]．生物学通报，1995，30(6)：32-33.

② 中华人民共和国教育部．普通高中生物学课程标准(2017 年版 2020 年修订)[S]．北京：人民教育出版社，2020.

价方式将评价与教学有机整合起来，能有效考查学生在真实复杂情境中的自主思考、积极建构、分析问题和解决问题的能力，呼应和促进认知学习理论和建构主义理论指导下的学生学习方式变革，表现出了相当大的生机和活力。

> **核心概念**
>
> **档案袋评价**（portfolio assessment）又称为“学习档案评价”或“学生成长记录袋评价”，是以档案袋为依据而对评价对象进行的客观的、综合的评价，它是20世纪90年代伴随着西方“教育评价改革运动”而出现的一种新型教育教学评价工具。档案袋是指由学生在教师指导下收集起来的，可以反映学生的努力情况、进步情况、学习成就等一系列学习作品的汇集。它展示了学生在某一段时间内、某一领域内技能的发展。

首先，档案袋的基本成分是学生作品。生物学实验成长记录袋中的内容，是与学生生物学实验学习的过程和结果有关的材料，是学生个人生物学实验学习的过程和结果方面的材料，因此，它可以反映和体现学生的个性，展示学生自己独特的生物学实验学习过程。它主要收集学生在学习过程中生成的各种作品，用以真实展现学生的努力、成就与进步，客观描述学生学习的过程与结果。如实验设计的文字方案、实验结果报告、实验用实物模型、完成实验后所作的小论文、记录实验过程和结果的照片、采集到的标本等，都可以作为档案袋收集的内容。

其次，档案袋给学生提供发表意见和对作品进行反思的机会。档案袋的创建和使用，都重视学生的参与，始终是为学生的自我评价和反思而存在的。学生评价自己的作品，反思自己的学习过程，从而发现自己的优势和不足，形成追求进步的愿望和信心，明确改进的目标和途径。学生自己选择作品与自我反思的结合可以为教师提供有关学生成就的信息，同时也为教师了解学生的自我评价机能提供了一个窗口。

档案袋评价标准的制订最终取决于评价目的。比如，成长记录袋是用于展示学生最满意的作品，那么就不需要设计具体的评分细则，因为学生放进袋中的已经是自己认为最满意的作品，这些作品也就能够体现出学生的最高水平了。而当进行形成性评价和终结性评价时，就需要对具体的作品进行细致的评分，需要教师和学生共同制订评价的细则，确定评价指标，并根据不同指标所占的重要性设置一定的权重。在确定评价指标的时候，要遵循既全面又精练可行的原则，根据不同的教学目标和任务，选择最重要和最能体现出评价目的的评价指标，防止因评价指标过于详细造成评价方向的迷失和负担的增加。

例如，在小组合作进行实验时，可以使用小组合作学习评价指标表(表 4-4)。如果学生在生物学实验合作学习中出现与评价指标中相对应的表现，那么该学生或者小组成员可根据其对应的表现给出对应的分数。

表 4-4　小组合作学习评价指标表

评价阶段	评价指标	分值	成绩
讨论生物学实验问题时	能够积极主动地参与组织讨论，并有新异的想法	5	
	跟着别人做，没有新异的想法，并且较强的依赖别人	3	
	能够积极参与讨论，不会的向小组成员虚心请教	2	
实验学习过程中	在同伴实验遇到困难时能够及时给予帮助	2	
	能够在同伴实验进行过程中看到同伴的优点并指出不足	1	
	能够与同伴共同完成实验并进行探讨	2	
	能够运用以前所学的生物学实验知识解决现在的问题	3	
	能够在实验进行的过程中与同伴和睦相处，共同完成实验任务	2	
解决实验问题时	有别人没想到的新的实验思路时，能够及时分享并讲解给大家	4	
	没有新的实验想法，但能够帮助同伴及时解决问题	3	
	在实验进行过程中能够及时表达自己的建议	3	
总分		30	

表 4-4 不但可作为学生在合作学习中的自评表，也可作为在合作学习中的互评表。组内成员可根据自己在实验合作过程中的表现进行自评，进行组内互评时，组内的其他成员依据评价指标对其进行评价。一方面，将评价结果放入档案袋内，能引起学生足够的重视，提升其学习积极性；另一方面，在实验结束后进行评价，能够帮助学生对实验过程进行回顾，通过客观的思考来发现优点、认识不足，不断促使自己进步。①

三、生物学实验教学评价应是多元化评价

学生的能力在实验教学中的体现是多方面的，学生的能力是综合的，因此对学生的评价应该是多方面的，多元化评价应当专注于评价主体多元、评价方

① 贾璐璐．档案袋评价在高一生物实验教学中的应用研究[D]．郑州：河南大学，2018.

法多样、评价视角多维和评价内容多样。

(一)评价主体多元是全面评价学生的良好助力

评价的主体不再是单一的教师评价，学习者参与到评价中来，成为评价的主体，学习者个体评价、小组评价和教师评价相结合，即评价主体由教师、学生个人和同伴构成，各占一定的比例。根据系统演示答辩看出：系统项目成绩由20%的组长评分、5%的组员个人自评分和76%的系统项目得分构成，如表4-5所示。教师再根据各小组的项目所得成绩，参考组长对小组成员的工作评价及学生自评成绩，给出每个学生的最终实验成绩，如表4-6所示。

表4-5 系统项目成绩给分表

评价构成项目	组长评价	组员个人自评	系统项目得分	总和
权重	20%	5%	75%	100%

表4-6 学生实验成绩给分表

评价构成项目	组间互评得分	教师评价	总和
权重	50%	50%	100%

这样的实验教学评价模式既能提高学生学习积极性和主观能动性，激发学生的学习兴趣，同时也杜绝了传统填鸭式教育的机械刻板。其独有的特征为：面向学习过程和真实任务以及学生的实际表现，是动态的、持续的，是学习的组成部分，内容涉及技能、能力、交流、情感等多种维度。

(二)评价视角多维是全面评价学生的良好途径

1. 实验技能评价视角

教师在进行评价时，应当注重对其实验技能的评价。实验技能是学生在实验学习活动中非常重要的技能，而中学生往往着眼于书本知识，在进行实验操作时常常力不从心。

这就要求教师在对其进行实验技能评价时，注重技能的培养以及实验基本原理的渗透，将理论联系实践，使同学们理解课本知识和实验操作之间的关系。同时要照顾学生情绪，以鼓励和指导为主。学生的动手能力的提升将极大地提高其实验进行的效率，指引他们获得更好的实验结果。

【案例研讨】

在“用苏丹Ⅲ染液检测脂肪”这一实验中，需要对泡开的花生进行切片，而且是尽量薄的切片。在实验课堂中，小明不小心伤了手，小红总是切不好，切片太厚。

教师在帮助同学处理伤口后进行了点评："同学们，我们实验中要保证安全第一，切片操作确实容易发生意外，但是大家也可以多想想如何不让意外发生，比如我们切片的时候，可以用左手拿花生子叶的下半部分，右手的刀片高度离左手稍微高一些。我们切的时候可以先掌握切的技巧，再尝试切薄一点，眼睛看准，手要稳，可以多切几次，多练习一下，选择最薄的进行装片制作。好的，同学们，我们继续吧。"

在这个案例中，教师对同学的操作进行了点评，同时给出了方向性的指导，还鼓舞了同学们，能够比较好地推动同学继续操作。

2. 实验思维方法视角

实验思维是学生实验学习过程中要着重培养的技能，所以对学生的要求和评价要更加重视。外显化的知识容易进行测试和评价，而内里的实验思维则需要教师进行更合适的测试和评价。

在进行实验思维评价时，要着重于实验的大思路，弱化实验的具体操作，对生命科学实验所要遵循的基本原理和思维进行渗透，对实验思路进行更加缜密的评价和修正。以肯定合理思路，鼓励发散思维为原则进行评价，学生就可以在运用生命科学实验基本思维的同时，兼顾探究思维，进行更好的实验探究活动。

3. 实验知识评价视角

对学生的实验知识进行提问和评价，能够及时地监测到学生对实验知识的掌握情况，学生不仅要会做，还要知道为什么要这样做。对实验的操作要熟练，但同时也要知道各个实验材料及试剂的作用，对生物学基本原理和概念有一定的掌握，从而对学生整体的素养发挥支撑作用。

教师在对学生进行实验知识评价时，应当重视基本概念的整体性，对学生进行提问和评价时，要有针对性地对其产生的问题给以评价，同时对整体概念做出梳理，帮助更多的同学理解实验操作和基本原理之间的联系。

4. 学科素养整体评价视角

教师在对学生实验技能和实验知识进行评价的同时，也要对其学科素养进行一定的评价。当下的教学应当着眼于核心素养的培养，对同学核心素养的各个层面，即生命观念、科学思维、科学探究、社会责任这四个方面都进行客观准确的评价，同时本着发展学科核心素养的态度进行针对性的提升引导，尊重学生身心发展的“最近发展区”，以评价促进提升。

指导同学如何形成相应的学科素养，对学科素养进行较高的凝练的同时对学生在实验课中的表现进行指导，分析其问题并给出相应解决方案。将学科素养与学生的表现紧密结合，将如何养成学科素养，如何将外部行为内化为学科素养渗透给学生。在举例时要重视课上出现的典型例子，也要组织同学们对自己进行客观的评价，审视自身的情况能够帮助他们理解学科素养。

(三)评价内容多元是学生全面成长的重要前提

评价内容应该包括：对学生的实验态度、预习情况、纪律、操作、实验结果、实验报告、实验习惯、实验总结和反思的评价；对实验教师的教学态度、教学内容、教学方法、教学效果的评价；对实验技术人员的工作态度、课前准备、课堂教辅工作、实验室管理工作的评价。

实验教学评价不应只局限于学生的实验表现或实验结果，也不应局限于实验教师的教学内容和教学方法，评价内容应当包括各个方面。学生和教师的表现都是各项内容的综合，每一项内容都或深或浅地影响着同学们的成长。教师应当对学生进行多元的评价，学生也应当对教师进行多元的评价。

四、生物学实验教学评价应是发展性评价

我国教育部颁布的《2020 年修订版高中生物学课标》明确指出：“学业评价促发展”“致力于创建一个主体多元、方法多样、既关注学业成就又重视个体进步和多方面发展的生物学课程评价体系”。① 由此可见，构建教学评价的发展性功能是当前我国生物学课程改革的重要内容之一。

生物学实验在生物学课程中居于重要地位，其教学评价环节自然也应推行发展性评价。受教育条件及教育观念等因素的影响，传统的实验教学评价往往具有多种局限性，如评价主体局限于教师，忽视学生自评及互评，评价主体单一，不利于学生自我和相互监督发展的积极性；过于依赖纸笔测验而对实操考核等重视不够，评价方式单一，学生实践探究能力难以真正得以发展；片面强调终结性评价，忽视过程评价，不利于学生创新思维、实践能力和科学精神等素养的全面发展。

学生发展是教育的最终目的，生物学实验教学应重视评价机制的改进，摒弃片面关注实验结果和学生卷面成绩的传统观念，关注评价的意义与价值，将

① 中华人民共和国教育部. 普通高中生物学课程标准(2017 年版 2020 年修订)[S]. 北京：人民教育出版社，2020.

教学评价贯穿于生物学实验教学的始终，充分发挥评价的发展性功能，促进学生生物学学科核心素养的发展。

(一)生物学实验发展性评价旨在促进实验教学改进及学生发展

1. 生物学实验发展性评价着眼学生全面发展

生物学实验发展性评价应以学生发展为本，对学生在生物学实验课程中体现出的生命观念、科学思维、科学探究和社会责任等学科核心素养进行全面评价，关注学生的素养发展，使学生切实通过生物学实验课程学习培养相应的正确价值观念、必备品格和关键能力。

核心概念

诊断性评价是指在某一教学阶段开始之前或初期所开展的评价，旨在评估学生发展现状，了解学生需求和问题。诊断性评价是制订或改进教学计划的重要参考。

形成性评价是指在教学过程中为调节和完善教学活动、促进教学效果而对学生学习和发展状态进行的连续性评价。相较于终结性评价，形成性评价可伴随整个教学过程，是改进教学，促进学生发展的重要手段。

终结性评价是指在某一教学阶段结束后所开展的评价，用以评判预期教学目标的达成情况。相较于形成性评价，终结性评价较为看重最终结果，评价内容覆盖范围较广，具有较高的总结概括性。

2. 生物学实验发展性评价注重评价方式与评价主体的多元性

生物学实验发展性评价贯穿生物学实验教学全过程，应合理整合多元的评价方式与评价主体，形成性评价① 与终结性评价相结合，质性评价与量化评价相结合，自评与他评相结合，构建完整、完善的发展性评价体系。

3. 生物学实验发展性评价注重诊断及反馈功能

生物学实验发展性评价重视过程评价，能够及时反映学生当前情况，教师可根据评价结果诊断当前学生存在的问题和需求，及时对实验教学方案进行针对性改进，提升教学质量；同时学生也可根据评价给予的信息反馈判断当下自身学习的现状和不足之处，及时自我调节以促进自身发展。

① 李玉芳. 如何进行学生评价[M]. 上海：华东师范大学出版社，2014.

4. 生物学实验发展性评价注重导向及激励作用

生物学实验发展性评价的实施需以根据教学目的和课程目标建立的评价标准为基础。在实施评价的过程中，学生会产生朝向评价标准努力的倾向性，将自身生物学学科核心素养发展现状与评价标准进行对照，从而改进自己的学习行为，这体现了发展性评价的导向作用。同时，生物学实验发展性评价重视学生在生物学实验课程学习过程中的收获、进步和潜力，这一类评价结果又反过来对学生产生激励作用，激发其主动发展的积极性。

【案例研讨】

张老师是一名中学生物学教师，他所在的学校为提升教学质量，发展学生核心素养，提倡教师对传统教学评价方式进行改进，改变过去“期末一考定全局”的评价方式，将形成性评价与终结性评价相结合。于是张老师在进行实验教学的过程中，根据教学中的知识和技能目标设计阶段性测试题，对学生的学习情况进行定期小测，期末时将各次平时测验的成绩进行统计，采取加权平均的方式与期末成绩共同计入学科总成绩。张老师的做法符合发展性评价的要求吗？为什么？

显然，张老师将形成性评价片面理解为了多次阶段性测验，其实质与期末纸笔测验并没有区别，只是将原本的一次终结性测验拆分为多次分阶段进行，并没有改进原有生物学实验评价方式局限于关注卷面成绩、忽略学生过程体验和素养提升的弊端。教师实施发展性评价应首先从评价观念上进行革新，充分认识评价的意义，合理选用多元评价方式促进学生全面发展。

(二)生物学实验发展性评价应围绕生物学核心素养的达成

1. 生物学实验发展性评价目标应基于促进学生核心素养发展进行定位

在进行教学评价的过程中，评价目标的设置是对评价质量起到重大影响的一项工作，只有确立科学、详细、可操作的评价目标，评价工作才能得以有效实施。

(1)生物学实验发展性评价目标应关注学生核心素养发展的全面性。核心素养是指适应终身发展和社会发展所需的必备品格和关键能力，具体到某一学科，核心素养又具有更加具备学科特性的内涵。生物学学科核心素养(图 4-1)包括生命观念、科学思维、科学探究和社会责任，是生物学学科育人价值的综合体现①。发展学生的核心素养是生物学教育的宗旨，生物学实验评价目标设置应关注学生生物学学科核心素养的全面发展。

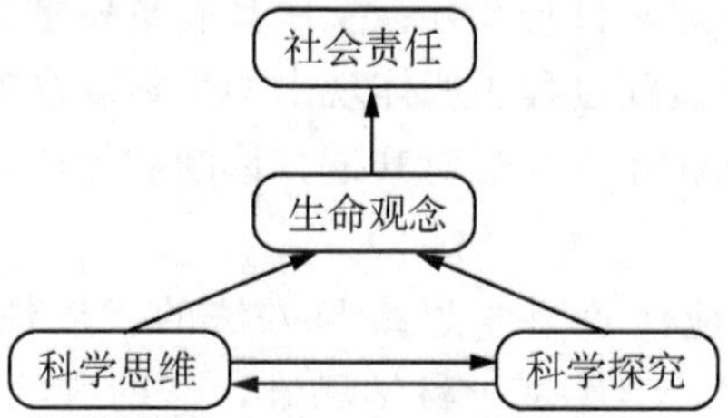

图 4-1　生物学科核心素养

(2)生物学实验发展性评价目标应考虑学生发展的个体差异。学生的发展具有差异性，教育的目标并不是消除差异，而是促进学生的全面和个性发展。生物学实验课程的实施过程中，不同的学生会表现出各自不同的发展特征和潜力，因此教学评价不能简单采取“一刀切”的模式刻板要求学生，教学目标设置要充分考虑学生的个体差异促进“扬长”，并辅以合作学习的教学方式助其“避短”，从而更有针对性、适切性地促进学生核心素养的发展。

(3)生物学实验发展性评价目标应具有明确且可操作的阶段目标与总体目标。对生物学实验发展性评价来说，评价活动是贯穿于教学全程的，评价目标对于教学过程起着指导引领的作用。因此，为与教学过程紧密配合，生物学实验教学目标应明确设置可操作性的阶段目标和高度凝练总结的总体目标，构建既具有具体操作性又具有整体导向性的科学目标框架，避免目标设置过大过空而难以有效应用于教学实践。

2. 生物学实验发展性评价实施要围绕核心素养达成过程

学生发展是教学评价的根本目的。在生物学实验课程中，学生的发展并不局限于实验结果的正确和知识、操作的掌握，而是表现于生命观念、科学思维、科学探究和社会责任等素养的综合提升，这些素养的发展是贯穿于整个生物学实验教学过程中的，以发展为本的生物学实验教学评价也贯穿于这一过程之中。因此，生物学实验发展性评价的实施应关注学生学习与实践的过程体验，围绕核心素养的达成过程。

(1)教与学过程中应注重生命观念的发展性评价。学生在生物学实验课程

---

① 中华人民共和国教育部. 普通高中生物学课程标准(2017 年版 2020 年版)[S]. 北京：人民教育出版社，2020.

中发展的不仅是实验知识与技能，还包括通过切身的学习和实践所逐步形成的结构与功能观、物质与能量观等生命观念，进而树立科学的自然观和世界观，这对于学生认识世界、适应自身及社会发展具有重要意义。因此，生物学实验教学应关注学生在学习实践过程中所体现出的生命观念的现状及变化发展，通过实施科学合理的发展性评价及时对其进行诊断和导向，促进学生生命观念素养的达成。

(2)教与学过程中应注重科学思维与方法的发展性评价。生物学实验是一门实践性极高的课程，学生基于科学思维，借助科学方法，完成实验探究，为未来参与科学实践活动或解决实际问题打下必备的素养基础。学生的归纳概括、演绎推理、创造性思维等科学思维素养，以及完成提出问题、设计方案、实施及验证方案、讨论交流过程的科学探究素养都能够通过实验课程得到培养与提升。因此，生物学实验评价应抛弃传统片面追求知识理解和书面成绩的价值导向，以培养学生的实践创新能力为重点，重视教与学过程中对学生科学思维与方法的发展状况的评价。

(3)教与学过程中应注重社会责任与品格的发展性评价。正确的价值观念和品格是一个全面发展的人必不可少的素养，生物学对于学生关注相关社会议题、参与相关社会事务讨论与决策、解决社会相关实际问题的责任感与品格的树立具有重要作用。生物学实验教学评价不能局限于对操作技能、实验知识的量化评价的关注，要注重质化与量化评价相结合，关注对学生参与课程过程中的社会责任与品格等方面发展情况的质性评价，引导学生形成必备的社会责任与品格素养。

【学以致用】

挑选某一生物学实验进行评价设计，同时思考以下问题：其中应包含哪些评价项目？各项目应选择哪些评价方式？是基于什么原则如此设计的呢？

第二节　生物学实验教学评价实施需要开发不同的评价工具

【问题聚焦】

1. 生物学实验教学关注何种教学目标的实现？

2. 生物学实验教学评价需开发何种测评工具？

【案例研讨】

《观察根尖分生组织细胞的有丝分裂》实验评价方案①

1. 确定评价目标

本实验对学生的各项能力要求比较高，既要熟练使用实验器材，实验药品，还要进行临时装片的制作、显微镜的使用，绘图以及数据的统计分析。对于实验操作技能的评价目标如下：

(1)生物学实验材料的处理能力。

(2)洋葱根尖分生区细胞有丝分裂装片的制作。

(3)熟练操作显微镜。

(4)能够绘制出有丝分裂各个时期简图。

(5)对实验数据进行分析汇总，测出细胞周期中各个时期的时间多少。

2. 编制评价任务

“观察根尖分生组织细胞的有丝分裂”是人教版《普通高中教科书　生物学　必修1　分子与细胞》中的学生实验。有丝分裂是真核细胞最主要的分裂方式。由于生物体存在大量的细胞，每个细胞的分裂过程是独立、互不干扰的，所以能够在同一分生组织中可以观察到处于各个分裂时期的细胞。利用高倍显微镜观察每个时期细胞中的染色体的存在形式，就能够辨认这些细胞处在有丝分裂的哪个阶段，进而掌握整个有丝分裂的全部过程。所以笔者要求学生按照课本上的步骤完成该实验，即制作临时装片、利用显微镜观察装片并统计各个时期细胞的数量、绘制各个时期细胞的图像。这是一个能体现学生多项实验技能的实验，而且实验中的相关技能可以应用到其他验证性实验中，因此实验评价的任务极为重要，既要考查学生实验材料的选择和处理能力、显微镜操作能力、临时装片的制作能力，又要考查对实验现象绘图和数据的统计分析能力。所以本实验要评价的任务就是评定学生的实验态度、操作能力、合作能力，最重要的是学生总结实验现象和数据的实验分析能力。以评促教、以评促学，通过评价实验课程，提高学生的关注程度，有助于实验技能的提高。

3. 设计评价标准

把本实验的实验任务定位为限制性任务，所以只需要根据教材中实验操作过程的前后顺序来确立实验步骤的评价标准与评分规则。

---

①　周蓉蓉．高中生物实验教学中应用过程性评价培养学生实验技能的研究[D]．上海：上海师范大学，2014．

<table>
<tr><th>评价任务</th><th colspan="7">评价标准</th></tr>
<tr><td>(1)实验材料的选择和处理能力</td><td colspan="3">①掌握选用根尖分生组织作为实验材料的原因并能辨认根尖四个部位的细胞特征</td><td colspan="4">②根尖的取材长度为 5 cm，在上午 10 点至下午 2 点取材</td></tr>
<tr><td>(2)有丝分裂临时装片的制作能力</td><td>①解离的根尖长度为 2～3 mm</td><td>②解离的时间为 3～5 min</td><td>③漂洗的时间为 10 min</td><td>④掌握临时装片的制作步骤</td><td>⑤压片后显微镜下观察无大块组织</td><td>⑥装片细胞分开、没有重叠</td><td>⑦染色后装片干净整洁</td></tr>
<tr><td>(3)显微镜操作能力</td><td>①先对光再观察</td><td colspan="3">②低倍镜观察：眼睛注视镜筒，调节粗准焦螺旋下降镜筒至最低；然后左眼观看目镜，调节粗准焦螺旋缓慢上升镜筒直到看到物象，再调节细准焦螺旋直到能够清楚观察到物像</td><td colspan="3">③高倍镜观察：先将要观察的物象移至视野中央，转动转换器，换成高倍镜，调节反光镜和光圈直到视野清晰明亮</td></tr>
<tr><td>(4)绘图和处理数据的能力</td><td colspan="3">①绘图清晰能准确清晰反映染色体的形态特征</td><td colspan="2">②会辨认视野下各时期细胞，统计数量、总结特征</td><td colspan="2">③能计算各时期的长短</td></tr>
</table>

4. 评价等级标准

评价等级	A	B	C	D
等级标准	操作过程全部达到要求	基本上达到要求，仍有某些不足	按要求去做，但存在明显的缺点和错误	基本没有达到要求，缺点和错误严重
等级赋值/分	90～100	80～89	60～79	40～59

根据上述案例，如何根据实验类型来选择合适的评价工具？

一、侧重实验技能形成的生物学实验评价及工具

生物学实验技能包括观察技能、统计技能、操作技能。

统计技能包含三个方面。一是实验数据的统计和测量能力，例如能够正确使用血球计数板统计红细胞数目；二是处理实验数据的能力，包括运用有效数字表示测量数值、正确运算和描绘图线等；三是用数据进行表征的能力，例如运用实验数据验证自由组合定律。

操作技能包含两个方面。一是实验准备，包括安装及调整仪器、按一定的

顺序操作、会使用有关工具并达到一定的工艺水平；二是实验操作，包括正确选择观察目标、观察迅速、读数准确、判断正确、实验中能够发现事先未说明的问题。①

实验技能评价的过程，就是以形成性测验为依据，对动作技能层次进行达标测验和价值判断的过程。传统的生物学实验教学评价，关注对结果的评价，对学生在生物学实验过程中的具体表现重视不够；强调从学科角度出发，注重所谓的“规范性”，脱离学生的生活实际；对生物学实验知识与技能的评价也往往停留在浅层次的记忆、操作和简单应用上，很少有在真实情境或模拟真实的情境中对学生生物学实验知识与技能的应用能力和解决实际问题能力的考查。

二、运用侧重探究能力发展的评价工具开展生物学探究性实验评价

科学探究是科学的本质属性之一。《2020 年修订版高中生物学课标》指出，“科学探究”是指能够发现现实世界中的生物学问题，针对特定的生物学现象，进行观察、提问、实验设计、方案实施以及结果的交流与讨论的能力。学生应在探究过程中，逐步增强对自然现象的好奇心和求知欲，掌握科学探究的基本思路和方法，提高实践能力；在探究中，乐于并善于团队合作，勇于创新。所以，生物学课程倡导探究式学习，也重视对学生探究能力的评价，教师应结合探究活动的全过程评价学生的探究能力，包括学生是否具备了观察能力、发现问题的能力、设计和实施探究方案及探究结果的分析、交流等能力。《普通高中生物课程标准（实验）》对学生的科学探究能力提出了具体要求，如表 4-7 所示。②

表 4-7　《普通高中生物课程标准（实验）》对科学探究能力的界定

（1）	客观地观察和描述生物现象
（2）	通过观察或从现实生活中提出与生物相关的、可以探究的问题
（3）	分析问题、阐明与研究该问题相关的知识
（4）	确认变量
（5）	做出假设和预期

① 张昌银．多媒体在实验教学评价中的运用[J]．新课程（下），2011(5)：37.

② 赵占良．高中生物学新课程科学探究能力目标解析[J]．生物学通报，2007(5)：39-41.

续表

(6)	设计可行的实验方案
(7)	实施实验方案，收集证据
(8)	利用数学方法处理、解释数据
(9)	根据证据做出合理判断
(10)	用准确的术语、图表介绍研究方法和结果，阐述观点
(11)	听取他人的意见，利用证据和逻辑对自己的结论进行辩护以及做必要的反思和修改

表4-4较为清晰地界定了科学探究能力的基本要求，也在一定程度上表明了探究能力培养的预期成果。那么，教师要评价学生某种或者某几种特定的生物探究能力，就必须确保题目与预期成果保持一致。

量规(rubric)便是其中一种有效的探究性学习评价工具。① 例如，在“探究口腔中的化学性消化”实验中，要求学生从咀嚼馒头的生活经验中提出问题，做出假设，根据假设制订实验方案并实施实验，在实验过程中要记录数据，分析数据并得出结论。为了减少评分者的主观因素对评价结果的影响，提高评价的信度，需要编制观察量表，将观察项目具体化，如表4-8所示。②

表4-8 “探究口腔中电化学性消化”观察量表

观察项目	子项目	观察结果
自变量的确定和无关变量的控制	试管是否编号	
	加入馒头是否等量和适量	
	加入唾液和清水是否等量	
	水浴的温度和时间	
因变量的测量	滴加碘液的量	
	是否振荡试管	
实验结果和结论	实验结果是否符合预期	
	能否根据实验结果得出相应结论	

① 闫寒冰．信息化教学评价：量规实用工具[M]．北京：教育科学出版社，2003.

② 李能国．生物学实验探究能力的评价研究[J]．生物学教学，2016，41(5)：15-17.

【案例研讨】

吴老师是一所初中的生物学教师，为提高学生的学习兴趣，他带领学生在国庆节前后观察了校园里摆放的盆栽菊花。众所周知，菊花一般在秋天开放。经过一段时间的观察，学生们发现，校园里摆放的盆栽菊花开花有早有晚。学生们因此提出了问题，影响这些盆栽菊花开花早晚的生态因素是什么？吴老师请同学们自由提出假设，学生有的认为“菊花开花早晚受温度的影响”，有的认为“菊花开花早晚受日照时间长短的影响”。吴老师请同学们根据自己的观点，设计实验验证假设。

吴老师这样做的目的是什么？

做出假设和预期是探究能力的重要成分，为探究活动明确了初步的方向，避免了盲目性。在上面这个情境中，学生需要根据自己已有的生物学知识提出假设和表述假设。学生可以提出一系列假设，如“菊花开花早晚受日照时间长短的影响”“菊花开花早晚受空气湿度的影响”以及受土壤湿度、空气湿度、气温等因素影响的假设。提出合理的猜想与假设，就为进一步设计实验进而验证假设做了铺垫。

【案例研讨】

就哪些生态因素会影响菊花开放时间，有同学提出假设“日照时间是影响菊花开花早晚的一个因素”。于是他设计如下实验：取十盆大小、长势都差不多且未开放的菊花，放在其他环境条件(如气温、水肥、风向等)都适宜且相同的地方，其中五盆放在日照时间短的地方，另外五盆放在日照时间长的地方，经过一段时间后，观察开花情况。

吴老师对此做出评价：

(1)实验中有且只有一个实验变量，是日照时间，设计合理；

(2)实验控制了“其他环境条件”等无关变量，准确性较高；

(3)实验未考虑到“其他环境条件”之外的一些无关变量，如菊花的品种、大小等。

学生实验方案的设计过程很难通过其外显行为直接加以测量，所以学生的实验设计结果(文字方案和实物模型)就成为测评的重要内容和依据。衡量一个实验设计的好与坏，最重要的指标是它的内在效度，也就是“实验者所操作的实验变量对因变量所造成的影响的真正程度”。该评价者不仅询问学生是否知道实验应给予控制的其他环境条件(如气温、水肥)，而且考查学生是否意识到这个实验还需要控制“其他环境条件”之外的一些无关变量，比如菊花的品种、菊花植株的大小等，这些都是让学生分析实验的内在效度。内在效度有效地引发出教师所要测量的目标行为，有效地测量了学生的实验设计能力。

三、用侧重信息素养整合的评价工具开展生物学虚拟实验评价

【案例研讨】

宁陕中学创建的“高中生物虚拟实验室在线学习系统”不仅可以为高中生物学教师在进行生物学实验教学和教学指导时提供丰富的教学课件及虚拟演示，也可以为学生正确掌握和理解实验相关知识原理和操作方法提供有利的条件。

NOBOOK 虚拟实验(简称 NB 实验)是北京乐布教育有限公司开发的一款用于教育方面的虚拟软件。NB 实验采用 3D 技术，实验材料和仪器高度仿真，可以克服实验安全性和时空的限制，提高生物学教学质量，有利于学生核心素养的培养。应用 NB 实验进行高中生物科学史虚拟实验教学研究，能够让学生体验科学史实验。

开展生物学虚拟实验的目的是什么？对学生的生物学学习有什么意义？

在实际的教学过程中，由于课堂的时间有限、空间也很固定及仪器的缺乏，只能要求学生在规定的时间、规定的地点，用规定的步骤去完成实验。而虚拟实验具有良好的交互性、沉浸性、灵活多样性以及虚拟性和实践性的统一等特性，运用虚拟实验则可能模拟不同的实验环境和实验条件，让同学了解各种条件下的实验结论，也可以让同学知道按不同的实验步骤会导致什么样的结果。将虚拟实验运用到实验教学中，不但能够节约教学成本，而且可将那些抽象的、微观的实验现象(比如蛋白质的合成与运输、DNA 的复制等)变得形象和宏观，便于强化学生对缄默知识的获取与理解。总之实验教学对激发学生的学习兴趣，培养学生实际动手的操作能力，提升学生的科学素养都具有非常重要的促进作用。

在虚拟实验教学评价时，运用计算机软件辅助进行交互式评价，既可以评价整个班级的实验操作过程，也可以评价某个同学在实验操作中的各个环节，方便地指出学生在操作中的优点和不足，同时找出比较典型的同学的操作过程进行评价，从而更有利于学生掌握规范的操作顺序。

常用的评价工具包括量表、测试以及计算机软件主动记录的其他评价节点等数据。生物学虚拟实验评价更倾向于考查学生设计实验的能力，包括理解实

验原理、编写实验步骤、设计记录表格等。此外，还应当考查学生分析与总结的能力，包括分析结果、得出结论、用公式或文字表述结论、写出实验报告、思考实验有待改进的地方及相应的改进措施等。

【知识链接】

欧倍尔虚拟仿真实验网站是一个较为完善的虚拟实验软件，为多门学科和领域提供自由实验的平台。其中生物学领域包含生化与分子生物学虚拟仿真、微生物学虚拟仿真、动物学虚拟仿真和植物学虚拟仿真等软件。在这个虚拟实验室中，学生可通过虚拟实验软件进行大肠菌群计数、金黄色葡萄球菌检验、菌落总数测定等操作。场景漫游、仪器介绍和知识点讲解可以让学生提前了解实验室情况和实验具体内容。同时，此软件以真实的实验结果为支撑来模拟实验室环境和操作过程，并以图片、视频或文字记录过程现象，并在实验结束后呈现评分。此软件不但能确保实验过程的安全，而且能让学生获得真实的情感体验和丰富的知识。

中央电化教育馆虚拟实验教学服务系统全面覆盖中学生物学、物理、化学、科学和小学科学等学科，配合学科课程实验教学需求，融合 AI、3D、VR 等技术，通过开发虚拟实验资源库、仿真实验器材和虚拟实验软件，构建稳定、安全、逼真的实验模拟操作环境，助力实验教学质量提升和创新发展。

国家虚拟仿真实验教学课程共享平台(简称：实验空间)是汇聚全部学科、覆盖各个层次高校、直接服务于高等院校和社会学习者的实验教学公共服务平台。

评价量表的设计，应当结合具体实验的教学实际情况而定。总体上可以从课堂热情、知识理解、实验技能三个维度进行设计。其中，课堂热情是指学生在实验教学中所表现出来的热烈、积极、主动、友好的情感或态度和在心理上的爱好和追求；知识理解是指学生对生物学实验中基本概念、基本原理的理解，包括利用已学的概念和原理，通过推理和判断来理解新知识，也就是对教学目标中知识目标的达成情况，最常用的了解学生知识性水平情况和教学评价的方式是纸笔测试；实验技能是指学生在生物学实验中所形成的相关技能，包括实验操作能力、观察能力、信息收集能力、数据分析能力、设计实验、作图、预测、推论等能力，可以分为实验操作技能和心智技能两大类。验证性实验要求学生按照教材中的既定步骤进行实验，因为是重复实验，所以这类实验的实验技能主要是指实验操作能力和观察能力。而探究性实验是在不知晓实验结果的前提下，通过实验、探索和分析，进而形成科学概念的实验活动。因为没有既定的步骤，这就要求学生独立或小组合作进行实验设计、实验操作、实验观察和分析总结，这类实验更多体现的是心智技能。①

此外，进行实验评价时，还应考虑实验是否能发展学生的知识技能和情感态度价值观等。我们还要注意实验中学生是否具有科学的实验精神、良好的实验态度等。总之，一个科学客观的实验评价是全方位的，不是一点、一面，只有这样的评价才能持续发展。

第三节　生物学科学实践评价应走向以素养为本

【问题聚焦】

1. 生物学科学实践与生物学实验有何区别与联系？

2. 应如何设计生物学科学实践评价方式？

【案例研讨】

王老师是一名中学生物学教师，为培养学生的创新实践能力，他所在的学校决定在原有生物学实验课程的基础上，开设生物科学实践课程，让王老师设计若干课时的课程内容。

王老师对这项任务有些迷茫，生物学科学实践与生物学实验有什么区别呢？

实验是人们根据研究目的，运用科学方法和仪器、设备等工具，获取事实证据或验证假设，从而认识事物或规律的实践活动，是科学研究的基本方法之一。科学实践是综合运用知识与技能达成目标的活动，相较于侧重观察、解释、验证的实验，科学实践更加注重实际问题的解决。科学实践对于过程中所采用的方法和步骤要求较为宽松，具有更高的学科综合性、创新性和开放性，是培养学生解决实际问题的创新实践能力，提升学生综合素养的重要手段。

同学科课程一样，科学实践课程的有效实施也离不开教学评价的辅助。教学过程通过教学评价检验实施效果，教学评价对教师与学生的信息反馈也引导师生不断改进教学，发展自我。

① 曾凡伟．虚拟实验在高中生物教学中的应用和评价研究[D]．赣州：赣南师范大学，2017.

一、素养为本的生物学科学实践评价

进行评价的第一步是评价框架的建立，科学合理的评价框架会对课程实施起到积极的导向作用，充分发掘学生的学习热情和潜力，促进学生发展。

科学实践课程内容往往指向现实问题的解决，由于现实问题的复杂性和综合性，科学实践对于学生的知识整合能力和实际应用能力有更高的要求，它追求的不只是某一知识或技术掌握的正确性，而是在实际情境下能动地运用一切已有能力储备达成目标的创新实践素质，这一价值导向与核心素养适应社会发展和自身发展所必需的取向是相通的，因此，生物学科学实践评价框架的构建应以素养为本。

(一)生物学科学实践评价应关注学生能力提升

受传统应试教育的影响，教师的“教”和学生的“学”大多围绕知识点进行，教学评价也基本以知识性评价为主，导致学生的知识储备与有效运用之间出现脱节。科学实践课程即为扭转这一情况而设立，学生通过实际问题的探究和解决，将头脑中的知识存储转化为可用于创造性的实践能力。因此科学实践评价框架也应贴合这一课程特点，关注学生在课程实践过程中各项能力的提升。

(二)生物学科学实践评价应关注学生品格培养

要达成问题解决或项目完成的目标，学生不仅需要充足的知识和技能，还需要求真务实的科学精神、坚韧不拔的毅力、互助共赢的团队精神等品质，因此学生在科学实践过程中表现出的情感、态度和价值观及其变化发展是重要的评价项目。科学实践课程对于帮助学生树立正确的价值观念、养成良好的品格，从而促进其终身发展具有重要作用。

(三)生物学科学实践评价应重视实践过程

顾名思义，科学实践的最重要特征就在于它的“实践性”，学生在课程中的实践体验和表现不仅能够体现各项素养的发展程度和特征，而且能够及时向教师反馈学生需要和当前课程实施存在的问题，因此生物学科学实践的过程应得到充分的重视，在进行评价时要关注学生在科学实践中的表现和思维，关注学生在实践过程中是否形成了正确的生物学观念和社会责任，探究能力、解决实际问题的能力是否得到提升。

(四)生物学科学实践评价应重视问题解决

在生物学科学实践课程中，学生将自身所掌握的知识、技能融入实践之中，通过参与整个实践过程并最终解决问题使自身素养得以提升，可以说，解决问题这一目标的达成情况是学生综合素养的集中体现。能够灵活解决现实问题是科学实践课程着重培养的学生能力，因此，科学实践评价在关注学生的实践过程体验和表现的同时，也要重视问题的解决。

(五)生物学科学实践评价应重视学科整合

学科整合性是科学实践课程的重要特征。科学实践课程多取材于现实，由于现实问题的错综复杂，科学实践课题仅依靠某一学科的知识或技术是难以解决的。因此生物学科学实践课程的实施强调联系与整合的教学观，需要调动与课题相关的生物学、数学、物理甚至语文等学科的教师和教学资源配合完成，学生则需要打破传统观念中各学科知识间的壁垒，在不同学科的知识间建立联系，并根据实际需要将其进行融合重构，形成解决问题的综合能力。评价框架的建构要考虑到科学实践课程的这一重要特色，重视学生的学科整合能力。

二、素养为本的跨学科实践评价方式

促进学生素养发展是当前生物学科学实践课程改革围绕的中心点。为发展学生的核心素养，《2020年修订版高中生物学课标》指出："注意学科间的联系""生物学和数学、技术、工程学、信息科学是相互渗透、共同发展的"①，由此可见在科学教育中重视跨学科实践的重要性。

STEM教育强调融合与联系的教学观②，一般采用基于问题或者项目教学的方式，将科学、技术、工程、数学等多门学科高度整合起来，从而培养学生解决问题的综合能力与创新思维，具有高度的实践性、整合性、合作性和情境性。教育研究者对STEM教育的评价方式已进行了大量研究，开发出例如由

核心概念

STEM是科学(science)，技术(technology)、工程(engineering)、数学(mathematics)四门学科英文首字母的缩写，STEM教育发源于美国，是一种以问题或项目为驱动，强调多门学科间的高度联系与整合的教学模式。

STEM教育旨在使学生通过基于问题解决或项目的实践活动，获得探究与创新的实践体验，培养真实情境下解决现实问题的综合素养。

① 中华人民共和国教育部. 普通高中生物学课程标准(2017年版2020年修订)[S]. 北京：人民教育出版社，2020.

② 董泽华. 美国STEM教育发展对深化我国科学教育发展的启示[J]. 教育导刊，2015(2)：87-90.

练习、逻辑发展、责任制和减少焦虑四个维度构成的PORTAAL课堂教学评价系统①、从“个体—项目—区域/共同体”三个层面构建的校外STEM教育成效评价框架②等。

STEM教育与我国新课标的跨学科理念是相契合的，STEM教育理念对于生物学科学实践教育具有很好的启发意义，生物学科学实践课程的设计、实施应重视跨学科整合，可采用以项目或问题解决为驱动的构建方式，通过学生实践小组的合作实践，激发学生自主探究热情，提升学生解决实际问题的能力和核心素养。在这一背景下，生物学科学实践评价也应贴合上述课程特点，科学合理开发以素养为本的跨学科实践评价方式，深化生物学科学实践评价，提升教学质量，促进学生全面发展。

（一）学生个体层面的跨学科科学实践评价

学生是科学实践课程的实践主体，课程实施是学生在教师的辅助引导下自主进行实践探究，从而达成各项素养综合发展的动态过程。促进学生发展始终是教育最根本的目的，跨学科科学实践评价应以素养为本，首先从学生个体的层面出发，关注每个学生个体在自主实践过程中能力、品格、价值观念等各方面的发展变化，从而促进学生个性、全面的发展。

（二）学生与周边环境交互层面的跨学科科学实践评价

学生往往以实践小组的组织形式参与科学实践课程，且科学实践课程打破了科目与科目之间、课堂内与课堂外、校内与校外之间的界限，因此，学生在进行科学实践时就需要与包括他人在内的周边环境进行大量的互动，使得合作意识、沟通能力、实践水平等都能够得以锻炼与提升。跨学科科学实践评价应对这一交互过程提起足够重视，以联系的视角看待学生的实践活动，关注学生素养在与外界进行互动的过程中发生的变化与发展。

（三）问题解决层面的跨学科科学实践评价

生物学科学实践是围绕现实问题或项目展开的，问题的解决或项目的完成是学生在课程实践中达成的素养发展的重要体现形式，因此，跨学科科学实践评价应对问题的解决情况进行关注。问题解决层面的科学实践评价并不是片面

---

① 高巍，王莉娟．如何通过教学促进大学生主动学习？——美国大学STEM课堂教学评价系统PORTAAL研究及启示[J]．开放教育研究，2019，25(1)：55-61．

② 陈舒，刘新阳．美国校外STEM教育成效评价：视角、框架与指标[J]．开放教育研究，2017，23(2)：102-110．

追求结果的“正确”或“完成”，而是一个动态的评价过程，通过分析不同学生在问题解决过程和最终的项目成果中体现出的特质，判断学生的逻辑思维、创新能力、解决问题能力等各方面素养的发展状况。

【学以致用】

请选择一个与生物学相关的待解决问题或项目，据此设计一个生物学科学实践活动，并思考以下问题：要完成这一科学实践需整合哪几个学科的知识与技能？这一科学实践可以培养学生哪些素养？如何对学生通过这一科学实践获得的素养发展情况进行评价？

【拓展延伸】

对身边的学校、教师或学生进行生物学实验教学评价现状调查或了解，其评价方式有何优点与问题，应如何改进？

第五章　生物学实验室建设与运行

【学习目标】

通过本章的学习，学习者应能够：

1. 概述生物学实验室建设和运行的基本要点和基本规则。

2. 结合具体情境，因地制宜地建设实验室，并开展生物学实验教学活动。

3. 将生物学实验室建设为安全、合理、适于教学的场所。

4. 合理管理生物学实验并不断对生物学实验、生物学实验室进行改进和更新。

【内容概要】

生物学实验室建设是以生物学教学为目的进行的，其建设和管理应当服务生物学教学。生物学实验室建设应当因地制宜，因各学校的预算成本进行最全面的设计，其基本原则应包括安全性原则、性价比原则、服务教学原则、发展性原则等。生物学实验室应当由专人管理，并且与时俱进不断进行培训和进修，改进实验室，使实验室成为更适宜教学的实践性场地。

【学法指引】

生物学实验室建设是理解实验室格局、实验室管理的根本出发点，在本章的学习中，应当注意安全性原则、性价比原则、服务教学原则、发展性原则等基本原则在实验室建设中的应用。

第一节　生物学实验室建设应因地制宜

【问题聚焦】

1. 生物学实验室建设中如何因地制宜地进行设计和建设？

2. 在装备实验室时应如何充分关注并依照新的理念，为新的课程标准的实施打好物质基础？

3. 如何保证和落实中学生物学实验室的基本要求和标准？

【案例研讨】

教育部在2006年以标准的形式发布的《中小学理科实验室装备规范》(以下

简称《规范》)中提出“4～8、8～12、12～16个平行班的学校，其高中生物学实验室数量的基本要求分别是1～2、2～3、3～5间，其规划建议分别是2～3、3～4、4～6间”。因此，目前规划建设的学校新校区都应达到基本要求，才符合要求并满足教学需求。为了保证实验开展过程中的顺畅性、安全性，根据《规范》要求，生均使用面积基本要求和规划建议应不小于1.80 m^2 和1.92 m^2。除实验室在数量和面积上的要求之外，在总体的规划布局上也应注重位置安排的合理性。主要体现为以下两点：一是仪器室的位置安排应充分考虑实验员工作开展的便利性，应根据实验室的总体数量及功能场室的分布及真正投入使用的情况进行仪器室位置的设计；二是功能场室的布局应合理化、多样化、专一化，在数量达标的基础上，可根据学校的实际教学情况，将初、高中常用的同功能实验室分开，这样有利于实验员的管理及仪器的分配，同时将场室固定，避免学生因实验室过多而导致走错教室耽误上课的情况发生。①

以上为广东华侨中学新校区实验室建设总体规划。

新课程更加注重科学探究、实验过程及科学思维的经历。这样实验室在生物学教学中就起着更加重要的作用，中学如何适应新课程，创造有利于实施新教育的校内环境？

一、基本生物学实验室建设是实验室设计的基础选择

在经济发展落后地区的学校及普通县级中学中，实验条件较差是必须面对的现实问题，在这样的条件下，如何开展生物学教学实验，如何将资金花在刀刃上建设实验室，是一个必须攻克的问题。在这样的条件下，基本生物学实验室建设是实验室设计的基础选择。

基本生物学实验室具有器材简单但全面，基本实验能保证，复杂实验能演示等特点。

(一)必备的实验仪器

烧杯、试管、酒精灯、三脚架、铁架台、胶头滴管、量杯、容量瓶、干湿计、注射器、血球计数板(16×25、25×16两种规格)、恒温水浴锅、刻度移液管、细玻璃管、比色管、涂布器、分液漏斗、圆底烧瓶、冷凝管、牛角管等。

① 谢爱丽. 中学生物实验室的常规建设——以广东华侨中学新校区实验室建设为例[J]. 中国现代教育装备，2016(20)：15-17.

(二)必备的药品

美蓝(即甲基蓝，用于酵母菌染色)、健那绿(即 Janus green B，用于线粒体染色)、酚酞、溴麝香草酚蓝、洋红、碱性品红。

(三)空间布局

基本生物学实验室空间布局应当以“保证安全，降低成本”为主要原则。

实验室必须配备的水源、安全电源、应急照明灯、灭火器等，都应准备齐全，以保证实验进行时的突发状况能够良好应对。

同时降低成本，实验台数量可以稍少，增加每组同学数量以减少建设成本和实验试剂使用成本，黑板和多媒体设备可以选用性价比较高的品牌，较为复杂的实验教师进行演示，不组织学生进行复杂的专门的操作。

(四)其他

除必备的实验仪器和药品外，实验室还应具备相关的模型及标本。如成本较低的木质或塑胶制结构模型，以及成本较高但保存时间久的标本。以方便学生观察和学习，能够通过直观的观察获得知识。

实验室的墙壁和走廊墙壁中，应该有相关科学家的介绍或者中学相关知识的挂图，以引起学生兴趣。

总之，基本生物学实验室的配置应当是以课本和课标所要求的实验为基准进行配置，将基础实验器材和试剂配备齐全，在能替代使用和简单使用的环节压缩成本，同时在教学时应当清晰讲解器材之间替代使用和简易使用器材的原理。以安全为基本，以帮助学生传递概念和提升实验操作能力为基准配置实验室。

二、中端生物学实验室建设是实验室设计的次优选择

在条件较好的县级中学或者市级普通学校中，经济条件较好，可以负担起较复杂的生物学实验室建设成本。在这样的情况下，中端生物学实验室建设是实验室设计的性价比选择。

(一)配备仪器及试剂

中端生物学实验室具有能开展大部分实验，能容量较多学生的特点。除成本较高的大型实验仪器外，普通实验仪器和各种必备药品一应俱全。应适当配备恒温水浴锅、高压蒸汽灭菌锅、电泳仪等大型仪器。应定量购买(满足正常实验教学需要)生物学课程必备的药品，如美蓝、健那绿、吡罗红甲基绿粉等，选修课中的药品，如刚果红(CR)、伊红(曙红)、对氨基苯磺酸、琼脂、牛肉

膏、蛋白胨、酵母膏等较为常见及实验中常用的试剂也应当进行相应配备。

(二)空间布局

中端生物学实验室空间布局应当以“保证安全，兼顾效率”为主要原则。

实验室必须配备的水源、安全电源、应急照明灯、灭火器等，都应准备齐全，以保证实验进行时遇到突发状况能够良好应对。

在保证成本的同时兼顾效率，实验台可以设置为群组型以减少水电工程成本，增加每组同学数量以减少建设成本和实验试剂使用成本，黑板和多媒体设备可以选用性价比较高的品牌，较为复杂的实验教师进行演示，不组织学生进行复杂的专门的操作。

这类学校有条件区分实验室和准备室，但配置演示室的成本较高，可以不进行演示室的设置，演示室的功能可以在实验室中进行。

(三)其他

除必备的实验仪器和药品外，实验室还应具备相关的模型及标本。如成本较低的木质或塑胶制结构模型，以及成本较高但保存时间久的标本。以方便学生观察和学习，能够通过直观的观察获得知识。

实验室的墙壁和走廊墙壁中，应该有相关科学家的介绍或者中学相关知识的挂图，以引起学生兴趣。

中端生物学实验室建设的原则是，应当在满足学生的基本需求外，尽可能地多做实验，多放模型，对同学们的素养进行更加充分的开发。

三、高端生物学实验室建设是实验室设计的最优选择

经济发达地区的学校以及各级重点学校，能够负担起高端生物学实验室的建设成本，在这样的条件下，建设高端生物学实验室是实验室设计的最优选择。

高端生物学实验室具有安全系数高，实验器材全，与课程契合度高，适宜师生交流等优点，同时兼顾学校所处环境，合理利用校园内生物资源。

高端生物学实验室除能开展各项实验外，还应具备将实验改良的相应条件，能够带领学生通过发散思维改良课本实验。

观察植物的花、叶等实验，其实验材料可以采摘校园内的植物进行，同时可以培养学生的观察能力和实践能力，拉近学生与自然和生命科学之间的距离。

(一)实验改进条件配置

具备将课本中的实验进行改良的条件。将课本中简易甚至简陋的实验材料

进行改良，用更精细、更准确的材料和方法进行实验。

例如人教版《普通高中教科书　生物学　必修1　分子与细胞》中“绿叶中色素的提取和分离”实验，可以摆脱课本的束缚，不用毛细管改用钢笔进行，此例可以引导学生摆脱束缚大胆对实验范本进行合理改良。

(二)空间布局

高端生物学实验室空间布局应当以“效率优先，兼顾发展”为主要原则。实验室必须配备的水源、安全电源、应急照明灯、灭火器等，都应准备齐全，以保证实验进行时的突发状况能够良好应对。

同时在保证最多同学有实验可以做的条件下，实验台可以进行数量上的增加，减少每组同学数量以提高学生的体验，黑板和多媒体设备可以选用功能齐全、效果良好、质量过硬的品牌，十分复杂的实验教师进行演示，不组织学生进行复杂的专门的操作，但课本要求的实验都应组织学生完成，在开展相关实验时可以组织学生用更广泛的实验材料进行，不局限于课本中所给出的实验材料。

这类学校有条件区分实验室、演示室和准备室，功能区分的空间会使得学生对实验室有更好的体验和更便利的学习环境。

(三)其他

除必备的实验仪器和药品外，实验室还应具备齐全的模型及标本。木质或塑胶质结构模型，以及相关重要标本，更有条件的学校还可以购买更加复杂的标本，如塑化标本等。以方便学生观察和学习，能够通过直观的观察获得知识。还可以有相关现代设备以增加学生的直观性体验。

实验室的墙壁和走廊墙壁中，应该有相关科学家的介绍或者中学相关知识的挂图，以引起学生兴趣。

高端实验室建设准则应当是在配备能配备的所有实验器材和药品后，对实验进行改进和增强，为了更佳的实验效果进行实验操作步骤和实验器材和试剂的改良。在讲授时着重讲授实验原理、科学思维以及科学探究的应用，帮助学生提高生物学科核心素养。同时增设数码设备，以帮助同学更加清晰地观察实验结果，帮助教师更加便捷地展示实验结果。

【学以致用】

生物学实验室建设中如何应用安全性原则、性价比原则、服务教学原则、发展性原则等原则呢？在实验室建设中，是整体规划重要一些，还是细节处理重要一些呢？

第二节　生物学实验室运行应具备物力并驱动人力

【问题聚焦】

生物学实验室运行依赖于基本硬件设施的完善，同时也依靠于人力的管理，丰富的物力储备和合理的人为管理，都将使实验室发挥应有的作用。合理完善实验室硬件，增强实验室管理，是生物学实验室运行的必经之路。

【案例研讨】

利用实验室管理软件，能优化并提升中学生物学实验室日常管理水平，提高实验室工作效率，降低生物学实验教师的劳动强度，提高实验室的利用率，使实验室管理步入精细、创新、网络、智能、科学管理的轨道。同时，也是增强学生生物学实验知识、方法、技能，以及培养学生动手能力、创新能力和提高学生生物科学素质的重要保证，并为建立开放型实验室创造了条件。①

思考，实验室管理软件对实验室有何意义？

一、生物学实验室的空间、安全与装备是实验室运行的物力必备条件

(一)生物学实验室的空间设计是实验室运行的物质基础

1. 实验室布局要适应教学方式

新课程理念倡导探究性学习，因此，生物学实验室的配置与布局也需做出相应的调整，力图尽可能多地让学生参与实验和其他实践活动，目前最重要的一点就是开展小组合作和讨论，如实验台摆放选择群组型。因此在实验室的设计和布置上，应尽量为学生着想，力争满足学生的多种需求。例如提供足够的实验桌面，保证水、电甚至燃气的供给；保持实验仪器、药品的开放性，常用的、工具性的仪器最好有固定的位置，并配有详细的使用说明书，供学生随时使用；利用实验室剩余的零散空间摆放一些标本、模型，以及一些正在培养的实验材料，将这些不常拿出来的教学资源放在平时进行展示，激发学生的好奇心和探知欲。

---

① 周文军．以实验室管理软件提升生物实验室管理水平[J]．实验教学与仪器，2016，33(10)：65-66.

2. 实验室的布局应适于培养学生学习

科学探究常常是协作性的活动，因此学生们应该在小组合作中认识到进行信息、观念、思考和相互启发的意义，并获得交流合作的经验和能力。现在的教育目标不单要培养学生独立解决问题的能力，还应重视培养学生之间的交流与合作能力。新课标中提出的实验类型有很多，其中有很多分析材料、小组讨论、合作探究的内容。美国 BSCS 高中教材中对学生分组的要求不是固定的，依实验内容的不同而变化：课外观察、记录和查阅等必须自己完成，所以 1 人一组，实验室中的实验 1～6 人一组。实验分组和实验桌的分布有关，目前流行的 2 人一组不利于开展小组探究活动，实验桌的组合性能也差，应着手研究合理解决这一问题的方案。根据实验内容类型的不同，学生分组的人数会有变化。操作性较强的实验器材可以做到 2 人 1 份或者 1 人 1 份。如“探究 DNA 双螺旋结构”所用的组件，做显微镜观察有关的器材(显微镜)以及玻片标本等，虽然仪器份数增多了，但是小组成员仍然在一起活动，而像“探究光合作用和哪些因素有关”的器材和许多的生理生化实验器材以及较大的模型每组一份就足够。

分组不同，实验桌的布置也应不同。过去的生物学实验室常常是两个学生共用一张实验桌，面向黑板，模仿教师的操作，突出教师的作用，这是和以往验证性实验和强调操作技能的演示实验要求相适应的，但是无法提供小组合作、共同讨论的环境。另外有很多学校设置两间实验室，一间供显微镜观察用，一间供解剖用，中间设有两排水槽和上下水，占用了许多宝贵的空间。显然这些设置也和新教材实验安排不相符，因为新教材没有那么多的解剖实验。实验桌的排布为实验的内容服务，可以采取灵活多变的方式，可以多应用一些岛式的、组合式的或可移动式的实验桌椅，为学生尽可能提供宽大的实验台面，方便小组活动与讨论。许多学校受条件所限，不可能应用岛式的或组合式的实验桌椅，可以考虑用大一些的实验桌，比如 4 人桌或 6 人桌。这并不代表装备上的倒退，看似实验分组少了，但仪器的配备标准没有降低，工具性的器材，如显微镜，最好是每人一台，变的只是实验环境和氛围以及实验教学的理念。

3. 生物学实验室的布置应充满生命气息

每个实验室必须要有实验室的文化。充满生命科学信息的实验室将直接影响学生的发展。例如，某学校的实验室右边养殖着自由自在的热带鱼，在灯光的照射下美丽而鲜艳，左边种植着一棵四季常青的发财树。走廊两侧布置着配合生命科学教学的图片：细胞的构造、植物根尖细胞有丝分裂的各个时期等，这些图片都是由实验室管理员制作而成的，并根据教材内容进度定期更换，常换常新，使生命科学实验室保持着浓郁的生命科学气息。观看图片后，学生经常感慨地说："生命科学真有趣，实验室布置得那么生动、丰富多彩，增添了我们学习生命科学的兴趣。"这些图片对学生做实验既有参考作用，又有指导作用。

(二)生物学实验室的安全设施是实验室运行的基本保障

随着现代实验室技术的不断发展，人类对各种病原微生物的研究也在不断深入，实验室的生物安全问题亦日益突出。对学校来说，保证学生及教师的安全是第一位的，没有安全，教学活动和育人活动都不能顺利开展。我国的多数学校是学生多、空间小，特别是实验室。因此在建设和改造实验室时要特别注意安全性的考虑，而这也正是被很多学校忽视的地方。实验室生物安全要求实验室的生物安全条件和状态不低于容许水平，可避免实验室人员、来访人员、社区及环境受到不可接受的损害，符合相关法规、标准等对实验室生物安全责任的要求。

1. 实验室的安全性设施是实验室安全的基准线

实验室的基本安全性设施是实验室安全的基准线，没有基本安全设施，教师和学生难以应对突发状况，小的问题容易酿成大错。实验室的安全性设施应当包括实验室基本设计和实验室水电安全保障。

首先，一定要保证生物学实验室面积达标，这也是最基本的安全保证。保证安全出口和通道的畅通也非常重要，学校占用教室后门或者后门紧闭的情况常常发生，这样在发生危险时很不利于学生的疏散。实验室中间纵向通道及实验桌端部与墙面间的通道也是安全疏散通道，一定要严格按照标准规范的要求执行，预留合理的实验室内通道及实验楼安全通道，防火门也要保证常闭。

其次，要提高水电安全的意识。国外的实验室不但配备有灭火器，更为学生配备了防护围裙、护目镜、防护手套、防火毯等。国内实验室可以在现有经济条件下设置足够多的安全设施。设置电源、水源、气源的总开关，以便突发事件时教师采取措施；采用耐酸、碱和抗腐蚀的实验台面；采用防漏电的电源并合理安排水源、电源位置等。最基本的设备是安全的水源、电源以及应急照明灯和灭火器。

另外，随着实验室的仪器设备的不断增多，实验室的开放性加强，学生在使用仪器时发生危险的可能性也随之增加。一些危险性大的仪器，如离心机、高压灭菌锅等在放置时要选择好位置，并随时处于教师的监管之中。

2. 实验员的安全知识培训是实验室安全的操作线

除了实验室的基本安全设施应该到位，实验室管理人员的安全知识培训也应该时时更新，每个学校有不同的实验室的设计和布局，涉及的实验室安全管理办法也不尽相同。

实验员应当定期参与安全知识培训和考核，对实验室的基本安全知识有专业的认识，能够在实验课上出现突发状况时迅速做出反应。同时实验员应当对实验室地形和基本情况有非常熟悉的了解。新任实验员应当在老员工的带领下迅速熟悉实验室的情况，尤其是地形、水源、电源、灭火设备、逃生路径等情况。

在实验员优良的安全知识培训下，学生的实验课才能更加安全。

3. 课前的安全提醒及定期安全演习是实验室安全的重要防线

教师要针对所学课程中容易出现的安全问题对同学们做出反复提醒，对出现安全问题后的操作和解决办法予以演示。在实验中对同学们的操作进行规范性的约束，以降低安全问题发生的概率。在发生问题时及时到位，进行迅速、准确、有效的处理。

教师应该带领学生在学期开始时进行实验室安全演习，以迎接整个学期的实验课程，并进行统一的培训和考核。

(三)生物学实验室的传统装备是实验室运行的基本条件

1. 传统装备类型齐全是实验室运行的物质基础

生物学实验室传统装备主要包括实验室必备的水源、电源及实验必需的操作设备，如恒温水浴锅、离心机等。此外，还有各类模型、标本等供学生观察学习的装备。

这些装备具有基础性、实用性的特点，是每个实验室必备的传统装备，学生在课堂中必须会用，且要用得好，才能算是学好。

2. 传统装备的良好设计是实验室运行的便利基础

传统装备在实验室中起到基础的保驾护航的作用。实验室的传统装备是为了完成生物学实验中最主要的基本实验，是为了保证基本教学任务的开展设计的，其基本装备应当包括科学合理的用水管道设计、安全防火的用电线路设计以及通风设计等环节的细节设计。

(1)实验室的用水设计。实验室的用水主要涉及前期的管道预埋和入水、排水问题。在进行实验楼建筑设计时，可考虑是否通过楼层沉降进行管道预埋。这样设计的好处是布管方便，同时保证实验室的美观。但是这种建筑设计费用较高，需根据现实因素加以考虑。在图纸设计时，实验教师应明确哪些功能室需要用水，以免后期施工时出现漏装，给后期工作造成困扰。对于实验室的入水，一般建议在每间教室的入水口设置总水闸。除此之外，学生桌上的每个水槽下方也各设置水闸。这样的设计目的是教师可控制学生用水。

由于生物学实验的特殊性，常会使用新鲜材料，实验中产生的实验垃圾如果排入下水道，极容易造成堵塞。所以，实验室应选择口径较粗(≥5 cm)的排水管，保证排水通畅。在埋管时应注意有一定的倾斜设计，避免管内积水。由于有些生物学实验也会产生酸碱等废液，因此排水管的材料应耐酸碱，延长水管的使用寿命。

(2)实验室的用电设计。实验室用电主要涉及线路设计及用电功率。首先，应明确各功能场室的用电需求，尤其是显微镜室的用电设计，如桌面插座的位置、规格、数量等。其次，为了保证学生的用电安全及避免学生乱用实验室电源，可在讲台设计带密码的总电源开关。最后，仪器室等可根据仪器数量及用电情况设计一定的插座，以供用电仪器使用。由于仪器的用电功率不同，所以实验室在前期设计时应考虑哪些实验室可用正常电压，哪些需配备较高电压等不同情况。同时，明确学校总电源的控制点，以保证实验室的用电安全。

(3)其他细节设计。

①实验室在审核排气扇的设计图时，应留意是否预留排气扇的位置。因为在开展部分实验时，可能会使用带刺激性的实验试剂。如在“叶绿素的提取和分离”实验中使用到的汽油，带有强烈的气味，需排气扇加速室内空气的流通，保证实验的安全性。

②如果空间允许，在每间实验室靠讲台的前端，可考虑设计加热台。主要用于放置水浴锅等仪器，同时实验教师可放置备用实验材料，利于授课过程中材料的及时补给。

③准备室可以设计滴水柜，用于晾干生物学实验使用较多的玻璃器皿，因此清洗后加速器皿的干燥，是实验教师提高工作效率的保证。而通过配备一定的设备，便可轻松解决。如滴水柜通过悬空、漏孔的设计达到排水的目的，还可以在侧边增加小抽风机，加速空气流动，缩短干燥时间。

④实验室的各类模型及标本放置应当遵循保存优先、便于观察的原则。一些不便于保存或对保存条件有严格要求的标本应当放在储存室，使用的时候再移动到实验室或者观察室中供师生进行观察使用。便于保存或对保存条件要

求不严格的标本及模型应当优先放置于实验室后侧或侧面的观察柜中，能够更方便学生的观察，同时可以节约储存室的空间。

3. 传统装备是生物学实验教学的基本保证

中学生物学实验室的建设在保证基础实验开展的情况下，应注重各场室的功能化，让其功能更具科学性、现代性。同时，实验室在规范化建设中应特别注意安全性，如过道安全距离、用电安全、防火措施、药品安全等。

传统装备是生物学实验的基础保障，在传统装备的保证下，高中生物学课本上的全部实验都能够以基本方式完成，以传统方式展现给学生，能够在确保学生人身安全的基础上保证教学任务的完成。虽然有耐腐蚀的管道以及滴水柜等特殊设备，但整体来看，都是传统装备，对生物学实验教学的作用是基础性的作用，即保证生物学实验能够完成的作用。

(四)生物学实验室的现代装备是实验室运行的有效保证

1. 现代装备类型

随着计算机技术和数字技术的发展，许多现代装备应运而生，将它们应用到生物学实验室的建设中，无异于锦上添花，可以使原本抽象枯燥的实验变得直观有趣。当前比较流行的实验室现代装备有以下几种。

(1)显微数码设备。

显微数码设备是基于显微镜与电脑或平板电脑等外接直观显像设备的硬件设备条件，设计得更易于学生观察显微材料，便于教师规范学生操作、指导学生学习知识的实验室现代装备。

基于显微镜的操作，学生通过操作显微镜，重点观察实验材料的某一核心部分，显微镜视野将同步在显示屏上，学生可以录制屏幕、截图(图 5-1)。通过这样的方式清晰地留存自己观察的实验材料的显微影像，能够便于学生观察和复习显微材料。教师在旁侧可以规范学生的显微镜操作，同时也可以通过监测学生显示屏上的视野，来指导学生学习生物学知识。是兼具实验操作性和知识直观性的实验室现代装备。

(2)平板电脑+“超级眼镜蛇”。

与显微数码设备类似，平板电脑+“超级眼镜蛇”的组合也是为了方便学生观察实验材料。“超级眼镜蛇”是一类小巧的能够将装片放大多倍的小型显微镜头。将它固定在平板电脑的摄像头上，通过平板电脑中“相机”的使用，能够直接观察到装片中的生物材料，还可以通过平板电脑摄像头的放大功能继续对视野进行放大。学生可以进行录像和拍照。是比较便携的实验观察设备。

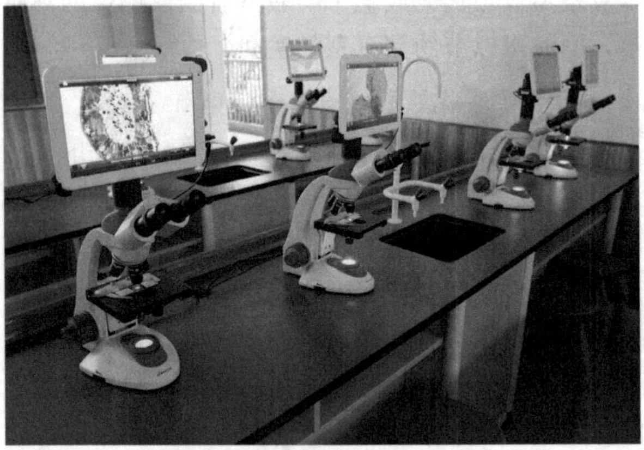

图 5-1 显微数码设备

与显微数码设备不同的是，这套设备不具备显微镜设备，所以无法通过这套现代设备的使用锻炼并指导学生的显微镜操作，但其轻巧方便，占地空间小，且平板电脑与多媒体连接方便，便于展示观察。

2. 现代装备是生物学实验教学的有效辅助

现代装备基于现代数字媒体技术的发展，有直观性强、可操作性强的特点。既可以通过简单的操作获得十分直观的观察效果，方便教师和学生对实验的观察和学习。同时实验观察可监控、可记录，方便教师对学生的指导。

班上有好的观察结果，教师可以进行及时的展示和讲解，提高时间的利用率，提高了和学生的互动，同时对知识的讲解更加直观和有效，能获得较好的效果。现代装备是生物学实验教学的有效辅助。

二、师生主动开发与创新生物学实验是实验室运行的人力驱动

(一)教师实验教学历年的更新是有效利用生物学实验室的前提

生命科学前沿的发展应当带动中学生物学实验教学的发展，中学生物学实验教学应当以课本为基础，以生命科学前沿为导向，教师的实验教学设计应当及时更新。当生命科学前沿研究有进展的时候，当实验室设备和设施有进展的时候当中学生物学课标、课本有更新的时候，都应当对实验教学进行更新。

教师应当及时对自己的教学进行更新，以贴近生命科学研究进展、提高学生各项核心素养为导向，对生物学实验室进行更有效、更全面的利用。通过教师教学的不断更新，可以改进课本原有的教学设计，以启发学生，可以更好地利用实验室的各类设备。从而使学生在实验室有所学、有所获。

(二)因地制宜的实验改进与创新是切实发挥生物学实验室作用的核心

生物学的每一套课本都要使用多年，随着时间的推移，课本中的实验设计难免出现滞后性。实验教学中对实验设计进行因地制宜的改进就成为切实发挥生物学实验室作用的核心。

学生在实验室要发展核心素养，需要以生命观念为依托，培养科学思维，提高科学探究能力，最终通过实践达到社会责任层面的提升。在实验室中突出发展学生的科学思维和科学探究素养。如果一味地按照课本的设计进行实验的教学和操作，学生难免陷入“非课本不对”的误区。科研应当以尝试和突破的角度向前进步。学生应当领会这一精神，才能更好地提高自己的核心素养。

人教版《普通高中教科书　生物学　必修 1　分子与细胞》第 5 章第 1 节中的实验“比较过氧化氢在不同条件下的分解”，其中的“肝脏研磨液”这一实验材料可以用香菇提取液替代，香菇方便易得，便于保存，且含有大量过氧化氢酶，代替动物肝脏进行该实验可以避免肝脏易腐败等诸多弊端。这样降低成本的同时可以引导学生理解到过氧化氢酶普遍存在于生物中。①

除了对实验材料进行优化和改进，也可以改变实验用具和调整实验分组设计来启发学生的思维，不要让学生形成固化、死板的思考方式，而要引导他们形成逻辑性强、开放度高的思考模式，培养他们的科研基本素养和思路。

(三)管理模式创新是生物学实验室运行活力的重要保证

实验室管理模式是生物学实验室运行的后备力量，是运行活力的重要保证。

生物学实验室要求教师应该通过自身的行为准则来教育学生，提高学生对实验室的保护，也要扩宽学生的思维，将实验室的意义发挥到极致。对实验教师的专业程度要尤为重视，有条件的学校可以对其进行培训学习，提高业务水平的同时也增加了对实验室管理的意识。

实验室应该将工作人员分为实验员、教师、技术维修工人这三类，实验员应当由专人担任，不建议兼任，负责实验室各类模型、标本的管理和归档工作，以及实验课前各项用品的准备和与实验课老师进行沟通。教师负责组织学生进行实验课并进行教学，应在课前与实验员进行沟通和准备相关实验材料、仪器等，应有一定水平的专业素养，涉及大型实验操作仪器的实验要熟练掌握其操作方法。技术维修工人由懂得保修护理实验室内部器械的人担任。长期以

① 耿旭珂，岳建明．“比较过氧化氢在不同条件下的分解”实验改进[J]．生物学通报，2019(3)：42-43.

来各个中学对于实验室管理人员的分配都属于实验室管理上的弱项，最基本的原则是每个实验室都应该有专职人员协作管理。不论是实验员还是技术维修工人，都要明确自身的责任，学校应该提高这类工作人员的薪资待遇，技术维修工人定期的维修护理能确保实验室正常的使用，保证研究的顺利进行。

实验室管理模式应当基于工作人员较为强大的专业素养，进行合理的分配任务，进行及时的进修培养，同时对实验教学要以社会需求为主，学校根据自身的特点、条件制订自己的计划，生物学对社会的影响其实是非常重要的，如何培养出社会需要的人才也是需要思考的。建立健全与时俱进的实验教学体系，变通实验教学之间的地位，明确教学目标，培养学生的创造力和独立性。

【学以致用】

1. 如何在最低的成本下将实验室的设备装备到最先进，在先进设备之中该如何选择呢？

2. 如何保持教师和实验员的积极性，不断开拓进取进行实验和实验室的创新和改进呢？

【拓展延伸】

与同学们开展活动：扮演实验室建设中各个环节中的人物，如校长、教育局工作人员、实验员、教师等，从不同角度模拟进行实验室的规划建设，提出实验室建设在落实过程中可能出现的问题，并尝试解决。

参考文献

[1]刘恩山，曹保义.《普通高中生物学课程标准(2017 年版 2020 年修订)》解读[M]. 北京：高等教育出版社，2020.

[2]于惠棠. 辩证思维逻辑学[M]. 济南：齐鲁书社，2007.

[3]徐作英，王重力. 中学生物学实验教学论[M]. 2 版. 北京：北京师范大学出版社，2016.

[4]刘恩山. 中学生物学教学论[M]. 北京：高等教育出版社，2003.

[5]陈迪妹. 中学化学实验教学与创新研究[M]. 北京：科学出版社，2014.

[6]何克抗，林君芬，张文兰. 教学系统设计[M]. 北京：高等教育出版社，2006.

[7]陈晓慧. 教学设计[M]. 北京：电子工业出版社，2005.

[8]郑晓蕙. 生物学实验教学与研究[M]. 上海：华东师范大学出版社，2008.

[9]陈继贞，张祥沛，曹道平. 生物学实验教学研究[M]. 北京：科学出版社，2004.

[10]莫雷. 教育心理学[M]. 北京：教育科学出版社，2007.

[11]胡继飞，郑晓蕙. 生物学教育心理学[M]. 广东：广东高等教育出版社，2002.

[12]李玉芳. 如何进行学生评价[M]. 上海：华东师范大学出版社，2014.

[13]顾华，翁景清. 实验室意外事件应急处置手册[M]. 北京：人民卫生出版社，2016.

[14]闫寒冰. 信息化教学评价：量规实用工具[M]. 北京：教育科学出版社，2003.

[15]冯梦伶. 以科学与工程实践为核心的高中生物课堂教学策略研究[D]. 长沙：湖南师范大学，2016.

[16]王师琼. 高中生物探究性实验教学建模探析[D]. 成都：四川师范大学，2012.

[17]王俊民. 核心素养视域下国际大规模科学学业评估框架与试题研究[D]. 重庆：西南大学，2018.

[18]贾璐璐．档案袋评价在高一生物实验教学中的应用研究[D]．开封：河南大学，2018.

[19]罗成．虚拟实验辅助中学生物实验教学的实施与效果评价[D]．扬州：扬州大学，2015.

[20]曾凡伟．虚拟实验在高中生物教学中的应用和评价研究[D]．赣州：赣南师范大学，2017.

[21]周蓉蓉．高中生物实验教学中应用过程性评价培养学生实验技能的研究[D]．上海：上海师范大学，2014.

[22]陈剑波．在生物学教学中开展科学实践活动的探索[A]．上海市青少年科普促进会，2009.

[23]卢姗姗，毕华林．从“科学探究”到“科学实践”——科学教育的观念转变[J]．教育科学研究，2015(1)：65－70.

[24]唐小为，丁邦平．“科学探究”缘何变身“科学实践”？——解读美国科学教育框架理念的首位关键词之变[J]．教育研究，2012，33(11)：141－145.

[25]王威，刘恩山．美国科学教育框架设计理念的发展动态[J]．外国教育研究，2012，39(8)：70－75.

[26]黄芳．美国《科学教育框架》的特点及启示[J]．教育研究，2012，33(8)：143－148.

[27]周玉芝．美国新版 K-12 科学教育框架对我国基础教育阶段科学教育的启示[J]．课程·教材·教法，2012，32(6)：120－124.

[28]王琨，李雪，王重力．生物学跨学科实践活动[J]．中学生物学，2020，37(12)：35－37.

[29]钟媚．英国 APU 科学探究能力测评及其启示[J]．外国中小学教育，2010(11)：38－42.

[30]狄海廷，李耀翔，辛颖．虚拟仿真实验室资源共享模式[J]．实验室研究与探索，2015，34(12)：148－151.

[31]夏小俊，顾乃景，柏毅．TIMSS 2015 与 NAEP 2015 科学评估框架的比较研究[J]．考试研究，2016(1)：96－101.

[32]刘艳丹，吴建华．高中生物学探究性实验教学中的提问设计[J]．生物学教学，2013，38(12)：27－28.

[33]于华会．例析高中生物学教学中探究性实验的设计与应用[J]．生物学教学，2013，38(4)：40－42.

[34]李春霞．关于高中生物预实验的探索[J]．中学生物学，2016，

32(2)：38－39.

[35]刘红．高中生物学实验教学中存在的主要问题及改进建议[J]．生物学教学，2019，44(1)：75－76.

[36]林玛莉．例析高中生物学实验的改进[J]．福建基础教育研究，2017(2)：118－119.

[37]孟凡龙．水浴加热法提取绿叶中色素实验的初步探索[J]．生物学教学，2015，40(7)：46－48.

[38]史刚荣．生物实验教学评价[J]．生物学通报，1995，30(6)：32－33.

[39]俞莉丹，陆建身，高靖．中美中学生物实验教学差异探析[J]．生物学杂志，2009，26(2)：91－92＋14.

[40]胡继飞．关于生物学实验技能的测评问题[J]．生物学通报，2002，37(9)：34－36.

[41]李能国．生物学实验探究能力的评价研究[J]．生物学教学，2016，41(5)：15－17.

[42]方红峰．教学评价的理念和技术——普通高中生物课程标准中"评价建议"的介绍[J]．生物学通报，2003，38(6)：25－28.

[43]张昌银．多媒体在实验教学评价中的运用[J]．新课程(下)，2011(5)：37.

[44]赵占良．高中生物学新课程科学探究能力目标解析[J]．生物学通报，2007(5)：39－41.

[45]李能国．生物学实验探究能力的评价研究[J]．生物学教学，2016，41(5)：15－17.

[46]董泽华．美国 STEM 教育发展对深化我国科学教育发展的启示[J]．教育导刊，2015(2)：87－90.

[47]高巍，王莉娟．如何通过教学促进大学生主动学习？——美国大学 STEM 课堂教学评价系统 PORTAAL 研究及启示[J]．开放教育研究，2019，25(1)：55－61.

[48]陈舒，刘新阳．美国校外 STEM 教育成效评价：视角、框架与指标[J]．开放教育研究，2017，23(2)：102－110.

[49]丁娟．中学生物学实验教学的关键细节初探[J]．生物学教学，2010，35(1)：43－44.

[50]吴志华，崔玉影．关于目前中学生物实验课教学的思考[J]．课程．

教材．教法，2001(8)：47－50.

[51]傅志祥．中学生物实验操作评价初探[J]．生物学通报，1993(10)：24－26＋16.

[52]谢爱丽．中学生物实验室的常规建设——以广东华侨中学新校区实验室建设为例[J]．中国现代教育装备，2016(20)：15－17.

[53]周文军．以实验室管理软件提升生物实验室管理水平[J]．实验教学与仪器，2016，33(10)：65－66.

[54]耿旭珂，岳建明．“比较过氧化氢在不同条件下的分解”实验改进[J]．生物学通报，2019，54(3)：42－43.

[55]陈晨．中学生物实验的一些改进措施[J]．生物学通报，2002(3)：14.

[56]李涛，黄彩霞，赵浩斌．高中生物教学中的虚拟实验[J]．教学与管理，2017(7)：53－54.

[57] SNEIDER C. Core Ideas of Engineering and Technology: Understanding A Framework for K-12 Science Education[J]. Science and Children，2012，49(5)：6-9＋11.

[58]MINNER D D，LEVY J A，CENTURY J. Inquiry-based Science Instruction—What is it and does it Matter? Results from a Research Synthesis Years 1984 to 2002[J]. Journal of Research in Science Teaching，2010，47(4)：474-496.

[59]National Research Council. A Framework for K-12 Science Education: Practices，Crosscutting Concepts，and Core Ideas[M]. Washington，D. C.: National Academies Press，2012.

[60]UGOLINI F，MASSETTI L. Teaching the Carbon Cycle Using IBL in the Secondary Schools[M]. New York：Springer，2013.

[61]LIU Q T，YU S F，LIN L Y，et al. Design and Implementation of an Immersive Virtual Reality Biological Courseware—Miraculous Eyeball [M]//CHEUNG S，KWOK Lf，KUBOTA K，et al. Blended Learning. Enhancing Learning Success. ICBL 2018. Cham：Springer，2018.

[62]ZHANG X P，ZHONG S C，PAN Z G，et al. Entertainment for Education. Digital Techniques and Systems[M]. Berlin Heidelberg：Springer，2010.

[63]LI K G，ZHONG W. Promoting the Hands-on Skills of Engineering

Students by Blending Practice Teaching Method[M]//LIU S, GLOWATZ M, ZAPPATORE M, et al. e-Learning, e-Education, and Online Training. eLEOT 2018. Cham: Springer, 2018.

[64]QIU W W, XIAO N, LU H Y, et al. The Design of Experimental Nodes on Teaching Platform of Cloud Laboratory (TPCL)[M]. Berlin Heidelberg: Springer 2012.